Annping Chin erschließt dem westlichen Leser die Lebensgeschichte des chinesischen Weisen Konfuzius (etwa 551-479 v. Chr.), der wie kein zweiter die Moralvorstellungen der gesamten ostasiatischen Kultur geprägt hat. Dabei läßt die Autorin Konfuzius ausführlich selbst zu Wort kommen und spürt feinfühlig seinen Gedanken nach. So entsteht ein differenziertes Bild seiner Person und der gesellschaftlichen und politischen Hintergründe der chinesischen Antike. Die zahlreichen Zitate ermöglichen die Lektüre zentraler Textstellen aus den *Gesprächen (Lunyu)*, dem Hauptwerk des Konfuzius, und anderer klassischer chinesischer Werke, beispielsweise der Konfuzius-Biographie des berühmten Historikers Sima Qian (145-86 v. Chr.). Chin gewährt nicht nur Einsicht in den Werdegang des großen Lehrers und Kulturstifters Konfuzius, seiner Schüler, Zeitgenossen und Nachfolger, sondern auch einen Zugang zur konfuzianischen Philosophie. Faktenreich erzählt die Wissenschaftlerin die Geschichte seines Lebens und das Abenteuer seines Denkens.

Auch für das Verständnis des heutigen China spielt die Beschäftigung mit Konfuzius eine entscheidende Rolle, denn der in seiner Heimat lange als Vertreter »feudalistischer Gesinnung« geschmähte und entthronte Weise ist dort zu neuen Ehren gelangt. Vergleichbar den Goethe-Instituten richtet das chinesische Bildungsministerium überall auf der Welt Konfuzius-Institute zur Verbreitung der chinesischen Sprache und Kultur ein.

Annping Chin studierte Mathematik an der Michigan State University und promovierte über chinesische Philosophie an der Columbia University. Sie lehrt heute an der Yale University. Ihre Forschungsschwerpunkte sind Konfuzianismus, Daoismus und Chinas intellektuelle Tradition. Sie ist Autorin und Herausgeberin mehrerer Werke zur chinesischen Geistesgeschichte.

VDWR

ANNPING CHIN
KONFUZIUS – GESCHICHTE SEINES LEBENS

Aus dem Amerikanischen von Ursula Gräfe

VERLAG DER
WELTRELIGIONEN

Gefördert durch die
Udo Keller Stiftung Forum Humanum

Bibliographische Information der Deutschen Nationalbibliothek
Die Deutsche Nationalbibliothek verzeichnet diese Publikation
in der Deutschen Nationalbibliographie; detaillierte bibliographische
Daten sind im Internet abrufbar.
http://dnb.d-nb.de

Einband: Hermann Michels und Regina Göllner
Satz: Hümmer GmbH, Waldbüttelbrunn
Druck: Druckhaus Nomos, Sinzheim
Bindung: Buchbinderei Lachenmaier, Reutlingen
Printed in Germany
Erste Auflage 2009
ISBN 978-3-458-71023-3

1 2 3 4 5 6 – 14 13 12 11 10 09

KONFUZIUS – GESCHICHTE SEINES LEBENS

INHALT

Es macht mir Freude, wenn ich sehe ⟨. . .⟩ wie Brutus, als sich Himmel und Erde gegen ihn und die römische Freiheit verschworen hatten, seinen nächtlichen Kontrollgängen im Feldlager hier und da eine Stunde abzugewinnen wußte, um in aller Ruhe den Polybius zu lesen und zu exzerpieren.

Michel de Montaigne, *Über die Erfahrung*

PROLOG

Konfuzius war immer bestrebt, sein Leben so zu führen, wie es seinen Vorstellungen entsprach. Einer seiner wenigen Wünsche war es, »das Alter von fünfzig zu erreichen«, denn dann, meinte er, »möchte ich wohl die Prinzipien des Wandels zu verstehen und wenigstens ernsthafte Irrtümer zu vermeiden imstande sein« (*Lunyu* VII,17).[1] Der Drang nach Wissen und der Wille, sich zu vervollkommnen, zeichneten Konfuzius aus. Er wußte, daß ihm zur Verwirklichung seines Strebens mit allem darin enthaltenen Potential nur dieses eine Leben zur Verfügung stand. Vielleicht verfolgten andere Zeitgenossen ein ähnliches Ziel, doch keiner von ihnen arbeitete so entschlossen wie Konfuzius daran, sich überliefertes Wissen – Geschichte, Poesie, Rituale und Musik – anzueignen, um das Wesentliche und die Konstanten der Natur des Menschen und seines Schicksals zu verstehen.

Männern wie Konfuzius war zu Lebzeiten kein Ruhm beschieden. Seinem Anliegen fehlte es an unmittelbarem Reiz. Wer wollte sich schon abmühen, sich selbst zu erkennen oder sich zu ändern, und das ohne Aussicht auf Befreiung von den Wechselfällen des Daseins? Seine Lehre bot nicht einmal angesichts der Unvermeidlichkeit des Todes Trost. Selbst Bewunderer gestanden ihrem Meister, daß ihre Kraft nicht ausreiche, um ihm auf seinem Weg zu folgen (vgl. VI,12). Doch die wenigen, die bereit waren, seine Worte zu beherzigen, verschafften ihnen nach seinem Tod Bedeutung. Konfuzius wäre gewiß erstaunt über den Einfluß, den er postum gewonnen hat. Er rechnete sicher nicht damit, noch Jahrhunderte später eine so große Rolle in der Welt zu spielen. Etwas bekümmert

1 Ich folge hier dem Kommentar in: *Lunyu zhengyi*, S. 144.

wäre er wohl über den Ausverkauf seiner Lehren und über die Legenden, die über ihn geschrieben wurden – selbst wenn es zu seinem Ruhm geschah.

Bis zur Mitte des 20. Jahrhunderts war das ganze Leben in China untrennbar mit den Ideen des Konfuzius verschmolzen. Das Regierungs- und Gesellschaftssystem, die Auffassung vom Ich, die zwischenmenschlichen Beziehungen sowie sämtliche Entwicklungen in Kultur und Geschichte – einfach alles – schien aus seinem Denken hervorgegangen zu sein. Selbst Außenstehende verbinden mit dem Namen Konfuzius nicht nur China, sondern man assoziiert mit ihm sowohl Begriffe wie Familie, Bildung, Lehrer, Gelehrte, Wissenschaft, Kultiviertheit, Bescheidenheit, Höflichkeit und Ordnung als auch Gehorsam, Unterdrückung der Frau, Triebunterdrückung, Konformismus, Furcht und Schwäche. Doch wer Konfuzius wirklich war, ist nicht bekannt, und deshalb wird alles, was sich in China gut oder schlecht entwickelt hat, ihm zugeschrieben. Aus diesem Grund wollte ich Konfuzius besser kennenlernen. Besonders seit ich selbst unterrichte, fühle ich mich zu seinen Ideen hingezogen. Seine Liebe zum Lernen und seine Bemühung um die Moral interessierten mich. Ich wollte *ihn* erreichbar für *mich* machen. Er selbst sollte mir den Weg zu seinen Lehren weisen. Also begab ich mich auf die Suche nach mehr Anhaltspunkten und durchforschte zwei Jahrzehnte lang ältere und neuere Werke und Kommentare. Je länger ich an diesem Buch arbeitete, desto stärker wurde mein Wunsch, zu einer authentischeren Vorstellung von Konfuzius' Persönlichkeit zu gelangen.

Konfuzius wurde 551 v. Chr. geboren, gegen Ende der in China als Frühlings- und Herbstzeit bezeichneten Epoche. Sein Familienname war Kong; er erhielt den Vornamen Qiu und den Initiationsnamen Zhongni. Seit dem 17. Jahrhundert ist Meister Kong oder Kongfuzi im Westen unter der latinisierten Form seines Namens Konfuzius bekannt. Seine Heimat war Lu, ein Regionalstaat im Nordosten Chinas – einer von vielen, die durch ihre Geschichte, Kultur, Familienbande und moralische Verpflichtungen an den kaiserlichen Hof der Zhou-Dynastie gebunden waren. Es gibt genügend Material über den Staat Lu und die Geschichte der Zhou – besonders über die zweite Hälfte der langen Dynastie der Östlichen Zhou, die hier ausschlaggebend ist. Zuverlässige Quellen über das Leben des Konfuzius hingegen sind rar, denn er stand in keiner bedeutenden Beziehung zu den mächtigen Männern seiner Zeit und hatte keinen politischen Posten inne. Dementsprechend selten wird er in den Annalen erwähnt. Dennoch war ich von Anfang an entschlossen, soviel wie möglich aus diesen Quellen zu schöpfen. Daraus resultierende Lücken mußte ich in Kauf nehmen.

Die auffälligste Lücke betrifft Konfuzius' Ehe. Ältere Bearbeitungen seiner Lebensgeschichte legen nahe, daß die Ehe mit einer Scheidung endete. Gesichert ist das nicht, da diese Quellen mindestens dreihundert Jahre später entstanden sind. Eine Scheidung liegt also nur im Bereich des Möglichen. Hinzu kommt, daß das Thema Ehe und Scheidung für Konfuzius und seine Zeitgenossen nicht von gleichem Interesse gewesen sein muß wie für uns; und selbst wenn sie sich dafür interessierten, wissen wir nicht, in welcher Hinsicht und in welchem Ausmaß. Dennoch sind solche Lücken kein großes Problem, vielmehr wirken sie sogar allzu kühnen Mutmaßungen entgegen. Konfuzius selbst war dieser Ansicht: »Ich habe noch Schreiber *(shi)* erlebt, die eine Lücke im Text ließen, wenn sie sich eines Wortes nicht sicher waren, und Pferdebesitzer, die Fachleuten das Fahren überließen. Heute gibt es das nicht mehr.« (XV,26) Ab einer gewissen Zeit übernahmen in China die Schreiber die Aufgaben von Geschichtsschreibern. Bei Konfuzius' Kritik an den Schreibern seiner Zeit würde es nicht überraschen, wenn die Historiker, die dreihundert Jahre später lebten, sich ebenso verhielten und Lücken schlossen, die man besser belassen hätte.

Hat man sich einmal damit abgefunden, daß nur Fragmente zur Verfügung stehen, fällt es leichter, sich auf ihre Aussagen zu konzentrieren. Sie mögen nicht allzuviel über Konfuzius' Privatleben enthüllen, bieten jedoch genügend Anhaltspunkte für eine Erkundung. Die zwei zentralen Quellen meines Buches sind: *Lunyu (Gespräche)*[2] und *Zuozhuan (Überlieferung des Zuo)*. Die *Gespräche* sind in zwanzig Bücher unterteilt und eher eine Sammlung als ein in sich geschlossenes Werk. Sie beinhalten: Chroniken von Konfuzius' aktiven und inaktiven Phasen und seinen Gesprächen mit guten Freunden oder bei zufälligen Begegnungen, eigene Bemerkungen und Einschätzungen sowie die Aussagen anderer über ihn. Mitunter fällt es schwer, den Stoff in einen Kontext zu bringen, aber aus den *Gesprächen* erfahren wir, was Konfuzius von den frühen Heroen und seinen Zeitgenossen hielt; was ihn erzürnte und aufbrachte; was ihn begeisterte und fesselte. Auch seine Ansichten zu Wettkämpfen im Bogenschießen, Musik und Poesie und seine Kenntnis der menschlichen Natur und Fähigkeiten gehen daraus hervor. Insgesamt vermeiden es die *Gespräche*, Konfuzius als starren Verfechter seiner Lehre darzustellen. Seine Persönlichkeit wird weder geschönt, noch fehlt es an Hinweisen auf seine Spontaneität.

Die Idee, diese Aufzeichnungen in einem Buch zusammenzufassen, entstand vermutlich ein Jahrhundert nach dem Tod des Meisters. Wer die ersten Kompilatoren gewesen sind, wissen wir nicht. Am Anfang und am Ende der *Gespräche* treten einige seiner Anhänger recht häufig auf, daher liegt es nahe, daß sie als erste bestrebt waren, ihr Wissen über den Mann zu weiterzugeben, der ihrer Ansicht nach nicht vergessen werden sollte.

Die zweite wichtige Quelle, die *Überlieferung des Zuo*, umfaßt den größten Teil der sogenannten Frühlings- und Herbstzeit Chinas (722-468). Es handelt sich hierbei um ein *zhuan*, eine Reihe von veranschaulichenden Erläuterungen und Kommentaren zu den *Frühlings- und Herbstannalen (Chunqiu)*, der offiziellen Chronik des Staates Lu. Da diese ein Regierungs-

2 Bei Zitaten aus dem *Lunyu* werden in Klammern die Kapitel in römischen und die Verse in arabischen Ziffern angegeben. Die Zählung bezieht sich auf die von A. Chin verwendete chinesische Ausgabe und nicht auf die deutsche Übersetzung von Richard Wilhelm, der eine andere Vorlage zugrunde liegt. (Anm. d. Übers.)

dokument war, wurden darin nur Ereignisse von einer gewissen Tragweite festgehalten: Vereinbarungen zwischen Staaten, Hochzeiten und Todesfälle regionaler Herrscher, das Ein- und Absetzen hoher Staatsräte, wichtige Missionen, Verträge, Entlassungen und Hinrichtungen, Aufstände und Feldzüge, Ahnenopfer und Vorzeichen. Der Aufbau ist schematisch, und der Inhalt so komprimiert, daß nahezu alle menschlich interessanten Aspekte fehlen. Die *Überlieferung des Zuo* diente dazu, Einzelheiten zu ergänzen, beispielsweise zu erklären, weshalb ein Krieg stattfand oder ein Staatsrat gehen mußte. Und obgleich dieses Werk im Aufbau – Eintrag folgt unverbunden auf Eintrag – den Annalen entspricht, sind die meisten Texte erzählender Natur, wobei Dialoge und direkte Rede vorherrschen. Sie erzeugen ein lebendiges Bild der handelnden Personen und erlauben es, das Starke vom Schwachen zu unterscheiden, das Echte vom nur Wahrscheinlichen. Dabei kommen sie weitgehend ohne literarische Kunstgriffe aus. In dieser Hinsicht hat die *Überlieferung des Zuo* viel mit den *Gesprächen* gemein, deren Stärke es ebenfalls ist, zu berichten, was Menschen zueinander sagten und was sie andere zueinander sagen hörten. Die *Überlieferung des Zuo* erklärt außerdem, woher Konfuzius kam – nicht seine familiäre, sondern seine kulturelle Herkunft – und was der Hintergrund seiner moralischen Vorstellungen war. Warum zum Beispiel war Konfuzius der Ansicht, daß eine gründliche Kenntnis der Dichtung das moralische Kapital eines Menschen mehren und sich zugleich zu seinem politischen Vorteil auswirken konnte? Konfuzius nahm nicht für sich in Anspruch, der Urheber neuer Gedanken zu sein, wie es in der folgenden Äußerung sehr deutlich wird: »Ich gebe weiter, aber ich erschaffe nicht. Ich liebe das Altertum, denn ich vertraue darauf.« (VII,1)

Als ich mit den Arbeiten zu diesem Buch begann, hatte ich vor, weit mehr aus den vor dem ersten Jahrhundert entstandenen Berichten über Konfuzius zu schöpfen, sie wie Primärtexte in meine Beschreibung seines Lebens einfließen zu lassen. Eine eingehendere Lektüre überzeugte mich jedoch, daß es sich vornehmlich um Erfundenes handelt, also habe ich nur wenige Beispiele verwendet, bei denen mir meine Intuition und Kenntnis der Epoche sagten, daß der Erzähler der Wahrheit auf die Spur gekommen war. Als Leitfaden dienten mir die *Gespräche*, die ausführlichste Quelle zu Konfuzius. Das in ihnen umrissene Bild seiner Person scheint authentisch. Ohne die *Gespräche* wäre der historische Konfuzius in den späteren Schilderungen untergegangen, so glanzvoll sie auch sein mögen.

Schließlich muß ich noch das Werk des berühmten Historikers Sima Qian erwähnen, der in der Han-Zeit, im ersten vorchristlichen Jahrhundert, lebte. Er verfaßte als erster eine ausführliche und anspruchsvolle Konfuzius-Biographie, die bis heute ein Standardwerk der chinesischen Geschichtsschreibung ist. Da Sima Qian Konfuzius zeitlich sehr viel näher war als wir (er lebte nur fünfhundert statt zweitausendfünfhundert Jahre nach ihm), braucht man gute Gründe, um seine Aussagen in Zweifel zu ziehen. Sima Qian ist dafür bekannt, daß er seiner Phantasie auch in historischen Darstellungen mitunter freien Lauf ließ. War er einem Ereignis und seinen Akteuren auf der Spur, ließ er sich weder vom Gewicht historischer Fakten noch von Lücken in den Annalen beeindrucken. Seine Biographie des Konfuzius ist nur eine von über hundert Lebensbeschreibungen in seinem Werk. Die Kenntnis seiner Arbeitsweise erlaubt es, einige Fragen, die er nicht berücksichtigt hat, näher in Augenschein zu nehmen, denn Sima erfand lieber ein paar Fakten oder eine Überleitung, als die Richtigkeit einer Aussage zu überprüfen. Demzufolge ist meine Version von Konfuzius' Leben in großen Teilen eine Antwort auf Sima Qians Fassung. Meine Darstellung ist – im Gegensatz zu seiner – keine vollständige Biographie. Diese Lücken entsprechen der Quellenlage.

Meine Geschichte beginnt um 500 v. Chr., als Konfuzius Eingang in die historischen Chroniken findet. Es war eine düstere Zeit. China war überaltert und mutlos. Die Menschen sehnten ungeduldig einen Wandel herbei. Sie waren bereit, auf alles, was früher als gut und wirksam gegolten hatte, zu verzichten und etwas Neuem eine Chance zu geben. Konfuzius war damals etwa fünfzig Jahre alt. Er hatte viel über persönliche Rechtschaffenheit und eine gerechte und effektive Regierungspolitik nachgedacht. Seit kurzem widmete er sich diesen Themen auch in der Praxis. Bei einem Machtkampf am Hof von Lu hatte Konfuzius seine Gegner falsch eingeschätzt und mußte fliehen. Die erste Hälfte meines Buches behandelt die Jahre seiner Wanderschaft und seine Beziehung zu den drei oder vier Männern, die ihm ins Ungewisse folgten. Obgleich sie sich als seine Anhänger bezeichneten, waren sie eher Schüler oder Lehrlinge, die bei ihm blieben, um von ihm zu lernen und sich seine Fertigkeiten und Eigenschaften anzueignen. Ohne diese Gefährten wäre Konfuzius unterwegs verloren gewesen, und auch seine Fähigkeiten wären wohl weniger deutlich hervorgetreten.

Im Kapitel *Familien und Politik* habe ich mich bemüht, Konfuzius in der Geschichte der Frühlings- und Herbstzeit seines Heimatstaates zu verorten. Konfuzius war Berater und verfügte zudem über das Geschichtsbewußtsein eines Historikers. Die Geschichte der frühen Regierungsberater, vor allem der seines Heimatstaates Lu, soll verdeutlichen, warum er dieser Berufung folgte und in welcher Beziehung sie zu seiner Lehre stand.

Der zweite Teil setzt mit Konfuzius' Heimkehr nach vierzehn Jahren im selbstgewählten Exil ein. Ich verfolge seinen Rückzug aus der Politik bis in seine späten Jahre und schildere dann mein eigenes Verständnis seiner Lehre. Mein Buch schließt mit Konfuzius' Tod und einem letzten Kapitel über die Denker Menzius und Xunzi, die im vierten und dritten vorchristlichen Jahrhundert Konfuzius' ursprüngliche Vision zu deutlichen Pfaden für diejenigen ausbauten, die nach einem moralischen Lebenswandel strebten. Die beiden Philosophen stimmten in vielem nicht überein, und ihre Differenzen wurden in den folgenden zweitausenddreihundert Jahren in Chinas intellektuellen und politischen Kreisen so eingehend erörtert, daß sie näherer Betrachtung wert sind.

1993, während der Arbeit an diesem Buch, machte man eine außergewöhnliche Entdeckung. In der Nähe des Dorfes

Guodian wurden zwei Bündel mit auf Bambustäfelchen geschriebenen Texten über moralische Vervollkommnung und politisches Denken gefunden. Ein Teil davon wurde von Archäologen ausgegraben, ein anderer von Grabräubern entwendet und auf dem Hongkonger Antiquitätenmarkt verkauft, ehe das Museum von Shanghai die Manuskripte nach und nach erwerben konnte. Die Texte datiert man auf die Zeit von Menzius und Xunzi (um 300 v. Chr.) oder sogar auf die Epoche der Streitenden Reiche (481-221), in der China geeint wurde. Diese Schriften werden nun von Paläographen erforscht. Ihr Inhalt und sogar die Reihenfolge einzelner Sätze werden in der Wissenschaft heftig diskutiert, vor allem dann, wenn ein Text unvollständig oder sogar, wie manche der Täfelchen, nur ein Fragment ist. Besonders die Fachleute für chinesische Frühgeschichte und die Philosophiehistoriker verfolgen die Veröffentlichung dieser Materialien mit großer Spannung, da aus den Bambustexten möglicherweise einiges über das chinesische Denken in der Vorkaiserzeit hervorgeht. Die Texte werden unser Verständnis der traditionellen Literatur verändern und damit auch das der *Gespräche* des Konfuzius, der *Überlieferung des Zuo*, der konfuzianischen Klassiker und der Schriften, die verschiedenen Philosophen aus der Zeit der Streitenden Reiche zugeschrieben werden. In den vergangenen Jahren war auch ich ein wenig an diesem Projekt beteiligt. Konfuzius wird, häufig mit einem Schüler, in acht der 45 veröffentlichten Texte erwähnt (von denen sich 18 im ersten Bündel und 27 im zweiten befanden). Naturgemäß interessierten mich diese besonders, auch wenn alle Texte der beiden Sammlungen Einfluß auf mein Buch hatten.

Ein chinesischer Paläograph schilderte mir die Gefahren, welche die Entfernung der uralten Schmutzschichten von den Bambustafeln mit sich bringt. Wenn die Täfelchen in der Reinigungslösung liegen, so erklärte er mir, und die Worte allmählich zum Vorschein kommen, heben einige davon buchstäblich von ihrem Bambusuntergrund ab und suchen Zuflucht oder Befreiung im Tod. So nah war ich der Vorstellung von der Lebendigkeit der Worte noch nie gekommen. Sie erweckte in mir den Wunsch, einiges, nicht alles, aber die Klassiker und die Geschichte, die Philosophen und Konfuzius, würde eine Ausnahme bilden. Auch wenn ich um die Vergänglichkeit allen Lebens weiß, wäre es schön, wenn etwas bliebe, dessen Geschmack wir immer wieder genießen können.

EINFÜHRUNG

Als ich kürzlich China besuchte, ergab sich die Gelegenheit zum Gespräch mit einer Gruppe von Oberschülern aus Zoucheng, einer Stadt in der Provinz Shandong, die nur etwa zwanzig Kilometer von Qufu, dem Geburtsort von Konfuzius, entfernt liegt. Zoucheng war die Heimat seines Anhängers Menzius. Die Schüler wollten wissen, was ich von den jüngsten Bemühungen ihrer Regierung um eine »harmonische Gesellschaft mit harmonischen Bindungen an die übrige Welt« hielte. Sie fragten, ob diese Bestrebungen überhaupt eine Beziehung zu Konfuzius' Lehre hätten und ob die Berufung auf seinen Namen in dieser Kampagne etwas mit der historischen Person zu tun habe. Und da diese jungen Leute fast jede wache Stunde ihres Lebens mit der Vorbereitung auf die strengen Aufnahmeprüfungen für die Universitäten verbrachten, interessierte es sie außerdem, ob ihr eigenes Verhalten die Harmonie in ihrem kommunistischen Staat beeinflussen und zugleich in Beziehung zu Konfuzius stehen könne.

Eigentlich kannten die Oberschüler die Antworten besser als ich. Der Widerspruch zwischen ihrem Alltagsleben und dem, was ihre Führer für sie im Blick zu haben behaupteten, war ihnen nur allzu deutlich bewußt. Sie wußten, daß das kollektive Staatsinteresse, ganz gleich, wie verlockend geschildert, sie und ihre Eltern nicht im geringsten trösten würde, sollten sie durch die Aufnahmeprüfung fallen. Das ist neu in China. Die Schüler haben den Marxismus hinter sich gelassen. Konfuzius, wäre er noch am Leben, hätte ihre Sorge und ihre Angst vor dem Versagen verstanden.

Jugendliche aus Shandong denken offenbar mehr über Konfuzius nach als in anderen Gegenden Chinas. Sie sind sich seiner stärker bewußt, weil er aus ihrer Region stammte – einer von ihnen ist. Tatsächlich war die Provinz Shandong über zweitausend Jahre lang von ihrem Stolz auf Konfuzius, seinem Sinn für Moral und seiner politischen Weisheit geprägt. Im vorigen Jahrhundert wurde diese Beziehung jedoch ambivalent. In den ersten beiden Jahrzehnten des 20. Jahrhunderts begannen chinesische Intellektuelle und Reformatoren unter dem steigenden Druck, ihr Land zu verändern, offen über Konfuzius zu diskutieren: Waren seine Lehren für ein China, das durch Ausbeutung von außen ausgelaugt und verwundbar war, noch geeignet? Und wichtiger noch: War die konfuzianische Ethik nicht allzu anfällig für einen Mißbrauch durch den Staat und seine Führer oder überhaupt jeden, der gesellschaftliche und politische Überlegenheit für sich beanspruchte? Und konnten nicht die, die an der Macht waren, die Maximen der Kindesliebe und der Achtung unter Brüdern als Vorwand und Waffe nutzen, um Ungleichheiten zu zementieren? In dieser Zeit fielen starke Worte zwischen der Linken und der Rechten, doch diese Meinungsverschiedenheiten gipfelten nie in hemmungsloser Gewalt. Ein Schüler konnte der Schule verwiesen werden,[1] wenn er einen Konfuzius-Altar entweihte, aber zu offener Auflehnung kam es nur sehr vereinzelt. Unstimmigkeiten wurden hauptsächlich auf dem Papier und in den Grenzen der Höflichkeit ausgefochten. Die Neubewertung des Konfuzius fand auf vielen Ebenen statt, auf der Bühne und in der Literatur, in der Geschichtsforschung und in der kritischen Wissenschaft. Sie war Teil von Chinas Selbsterkundung.

Die Angriffe auf Konfuzius setzten sich bis in die kommunistische Zeit nach 1949 fort. Unterdessen war jedoch nicht länger der Wunsch nach Korrektur der Antrieb, sondern Zerstörungswille. Im Herbst 1966 geriet alles außer Kontrolle. Die Kulturrevolution begann und befahl die Ausrottung »alter Denkweisen, alter Kultur, alter Sitten und Gebräuche«. Radikale und Eiferer ohne Verstand und Phantasie begriffen diesen Befehl als uneingeschränkte Erlaubnis, gebildete Männer und Frauen zu schmähen und zu mißhandeln, Bücher zu ver-

1 Chin, *Die Schwestern von Hofei*, S. 154.

brennen, Kulturdenkmäler zu zerstören und heilige Stätten niederzureißen. Diese jungen Leute waren nun Herren ihres Schicksals und dennoch Sklaven einer unmenschlichen Idee, die rücksichtslos zu Werke gingen. Sie plünderten die Moscheen in Xinjiang, verwüsteten die Tempel in Shanxi und Shaanxi und brandschatzten die buddhistischen Heiligtümer in Hefei und Luoyang. Auch den Konfuzius-Tempel, sein Grab und das Anwesen der Familie Kong – die drei heiligen Stätten in Qufu, der Heimat des Weisen – verschonten sie nicht. Beamte und ältere Einwohner von Qufu verteidigten ihre Stadt gegen die Fremden, so gut sie konnten, aber die ortsansässigen Schüler und Studenten schwankten: Auf welche Seite sollten sie sich in diesem Konflikt stellen? Am Ende fügten sich viele der nackten Gewalt der Revolution. Die Studenten setzten zwar den Tempel nicht in Brand, aber sie gruben Konfuzius aus, um ihn »ein für alle Mal für tot zu erklären«.[2]

Acht Jahre später zerrte man Konfuzius noch einmal hervor und stellte ihn in der »Anti-Lin-Biao- und Anti-Konfuzius-Debatte« an die Seite Lin Biaos, der in den ersten Jahren der Kulturrevolution Maos engster Gefährte und designierter Nachfolger gewesen war. 1971 war er bei einem Flugzeugabsturz ums Leben gekommen. Offizieller Darstellung zufolge hatte er Mao verraten. Als Lin Biaos Plan, Mao zu ermorden, fehlgeschlagen sei, hätten er und seine Familie versucht, in einem Militärflugzeug in die Sowjetunion zu entkommen, seien aber über der Mongolei verunglückt. Postum klagte man Lin Biao des Hochverrats an. Drei Jahre später wurde er im Zuge einer weiteren gegen Konfuzius gerichteten Massenkampagne zum »Konfuzius des zeitgenössischen China« erklärt, da laut Ermittlungen in seinem Arbeitszimmer eine Schriftrolle mit vier Zeichen aus den *Gesprächen* hing. Es gab noch andere Anschuldigungen, die es rechtfertigten, die Namen Lin Biao und Konfuzius auf die gleichen Spruchbän-

2 Siehe Ho, »To Protect and Preserve«, in: Esherick (Hg.), *The Chinese Cultural Revolution as History*, S. 92.

der zu schreiben und in denselben Kritiksitzungen zu diskutieren.[3]

Als die Kulturrevolution in den achtziger Jahren des 20. Jahrhunderts offiziell als beendet galt, fanden Wissenschaft und klassische Bildung langsam ihren Weg zurück an die Universitäten und staatlichen Forschungsinstitute. Die *Gespräche* des Konfuzius und die konfuzianischen Klassiker wurden wieder in den Unterricht eingeführt. Seit Mitte der neunziger Jahre treibt die Entdeckung der Bambustexte aus der Zeit um 300 v. Chr. die Konfuzius-Forschung voran, der größte Teil der Auseinandersetzung beschränkt sich jedoch auf akademische Kreise. In den letzten beiden Jahrzehnten verzeichnen Orte wie Qufu steigende Besucherzahlen. Diese Belebung des Fremdenverkehrs an den konfuzianischen Stätten ist für die Chinesen nicht gleichbedeutend damit, in der Zeitung zu lesen, daß die Parteiführung die Tugenden einer konfuzianischen Gesellschaft propagiert und ihre Regierung immer mehr Konfuzius-Institute gründet,[4] um in Afrika, Europa, Südostasien und Süd- und Nordamerika die chinesische Sprache zu unterrichten.

So mancher Einwohner von Qufu begegnet der jüngsten Entwicklung mit gemischten Gefühlen. Viele erinnern sich noch an die Ereignisse vom Herbst 1966, einige waren sogar an der Entweihung der Grabstätte beteiligt. Nun müssen sie mit den Gespenstern jener leben, deren Totenruhe sie einst gestört haben, weil sie in Ungnade gefallen waren, und sie nun wieder als gute und segensreiche Geister willkommen heißen. Zumindest ist diese Politik kein weiterer ideologischer Angriff. Die neuen Konfuzius-Institute haben es sich zum Ziel gesetzt, in der ganzen Welt das Chinesische als Fremd-

3 Konfuzius und Lin Biao, siehe Jonathan Spence, *Chinas Weg in die Moderne*, S. 744; siehe auch Ho, »To Protect and Preserve«, in: Esherick (Hg.), *The Chinese Cultural Revolution as History*, S. 92.

4 Siehe French, *Another Chinese Export Is All the Rage*, in: *New York Times*, 11. Januar 2006; Robertson and Liu, »Can the Sage Save China?«, in: Newsweek, 20. März 2006.

sprache zu unterrichten. Sie sehen sich als Mittler der friedlichen Expansion Chinas, als Überbringer guter Nachrichten.

Konfuzius hätte wahrscheinlich nie damit gerechnet, mit Fremdsprachenunterricht in Verbindung gebracht zu werden. Auch wenn es in den *Gesprächen* heißt, Konfuzius habe »immer richtige Aussprachen verwendet« (VII,18),[5] wenn er aus dem *Buch der Lieder (Shijing)* oder dem *Buch der Urkunden (Shujing)* rezitierte, war sein Interesse an der Sprache sicher tiefgründiger. »Richtige Aussprachen« bezieht sich darauf, daß die Worte so klingen sollten wie bei der ersten Präsentation eines Gedichts, beispielsweise am Hof von Zhou. Als Exeget war Konfuzius der Auffassung, daß er der Bedeutung alter Gedichte und Schriften näherkäme, wenn er die damalige Aussprache korrekt wiederherstellte. Er hielt nichts davon, klassische Gesänge in zeitgenössischer Aussprache oder im lokalen Dialekt von Lu zu rezitieren. Etwas von ihrem Wesen und die Nuancen mußten auf diese Weise verlorengehen. Konfuzius hätte nicht gewollt, daß China seinen Einflußbereich ausdehnt, indem es seine Sprache zugänglicher macht. Es hätte seinen Ansichten zu Wort und Rede sogar widersprochen. Man könne nie vorsichtig genug sein, wenn man andere zu sprechen lehrt, heißt es bei ihm. Worte seien die Ausläufer von Gedanken, die, auch wenn man sie aussprach, präzise sein mußten. Dennoch ist Konfuzius' jüngstes Comeback als Emblem der internationalen Sprachinstitute nicht völlig abwegig. Es ist sein Ruf als Lehrer, der diesen Einrichtungen ihr Renommee verleiht.

In China wird Konfuzius auch *xianshi* – »erster Lehrer« – genannt, obwohl er erst mit Mitte Sechzig, wenige Jahre bevor er starb, zu lehren begann. Bis dahin war es sein Ehrgeiz gewesen, politischen Einfluß auszuüben und damit die Welt vor dem Niedergang zu bewahren. Von seiner Familie erhielt er keine Unterstützung. Als Sohn eines niederen Adligen, eines *shi*,[6] hing seine gesellschaftliche Stellung allein davon ab, was

5 Ich folge hier Liu Baonans Lesung in *Lunyu zhengyi*, S. 144f.
6 *Shì* ist ein anderes Wort als *shǐ* (Schreiber) oder *shī* (Lehrer).

er selbst erreichte, wie er sein Leben, seine Fähigkeiten und Kenntnisse einsetzte. Er verfügte über keine ererbten Privilegien oder Ansprüche außer der Möglichkeit, sich Bildung anzueignen und einem Stand anzugehören, der über dem eines Gemeinen lag. Dennoch hatte Konfuzius das Glück, zu einem günstigen Zeitpunkt zur Welt zu kommen.

China befand sich im Umbruch, war aber fähig, sich zu verändern und zu erneuern. Die veraltete Ordnung der Lehnsherrschaft, die dem politischen Universum der Zhou seit der Gründung der Dynastie in der Mitte des 11. Jahrhunderts v. Chr. Rahmen und Halt gegeben hatte, war nach jahrhundertelangem Mißbrauch kaum noch funktionstüchtig. Regionale Fürsten, die mit ihrer Loyalität gegenüber dem Zhou-Herrscher für das Bestehen der Dynastie verantwortlich waren, hatten dreihundert Jahre damit verbracht, ihre eigene Position zu stärken. Während dessen war der Erbadel dieser Staaten begierig auf Reichtum und die Macht des Herrschers. Zu Konfuzius' Zeit waren diese Familien bereits im Begriff, sich bei belanglosen Raufereien, Hahnenkämpfen und Eifersüchteleien in Stücke zu reißen. (Hahnenkämpfe und amouröse Abenteuer boten im 6. Jahrhundert v. Chr. Anlaß zu bitterer Rivalität.) Der Niedergang der höheren Aristokratie erlaubte den *shi*, dem niederen Adel, der in den vornehmeren Häusern als Haushofmeister oder Krieger diente, in staatliche Verwaltungsämter aufzusteigen und damit die Politik mitzugestalten. Diesen Weg ging auch Konfuzius.

Die Begabtesten aus dem niederen Adel, zu denen Konfuzius zweifelsohne gehörte, machten sich an eine Neubestimmung von Wert *(xian)*, Adel *(shang)* und Tugend *(de)*. Sie meinten, es seien die Fähigkeiten und der Charakter eines Menschen, nicht seine Herkunft, die ihn zu einer Führungsposition berechtigten. Als Beweis führten sie ihre eigenen Leistungen an, aber auch alte Urkunden bestätigten diese Ansicht. So las man aus einer Erklärung, mit der fünfhundert Jahre zuvor ein geachteter Mann die Absetzung eines Königs gefordert hatte, heraus, daß jeder unfähige und gewissenlose Amtsinhaber seiner adligen Stellung enthoben werden müsse. Außerdem dürfe, wer seinen Adelsrang verloren habe, ungeachtet seiner Herkunft nicht länger *junzi* – »Fürstensohn« – genannt werden. Der Begriff des *junzi*, der einst lediglich Herkunft und Stand bezeichnete, hatte zu Konfuzius' Zeit bereits eine moralische Konnotation erlangt und wurde zunehmend auf Männer von edlem Charakter angewandt.[7]

Konfuzius und andere sprachen daher mit übertriebener Bescheidenheit von ihrer Arbeit, die sie als wahrheitsgetreue »Übermittlung« oder »Richtigstellen der Namen« *(zheng ming)* bezeichneten. Diese Aufgabe klingt vielleicht recht einfach, aber sie barg viele Risiken. Die Verantwortungsbewußten erkannten dies und gingen behutsam zu Werke. Ihnen war klar, daß sie es mit großen Ideen zu tun hatten, die man leicht verzerren konnte. Gleichzeitig erkannten diese Männer, daß sie sich in einer historischen Situation befanden, die ihnen die Möglichkeit gab, politischen Einfluß zugunsten der Rechtschaffenen und Tüchtigen auszuüben. So hatte zum Beispiel Konfuzius den Mut, schlüssig und dogmatisch festzulegen, was Tugend, was eine ideale Regierung und wer ein wertvoller Mensch war. Dennoch achtete er darauf, daß Ideen und Begriffe durch seine Bearbeitung nicht die ihnen innewohnende Kraft und Wahrheit verloren. Daher stützte er sich, als er sein Konzept einer politischen Ordnung schuf, nicht allein auf seinen Intellekt, sondern auf seine Kenntnis der Geschichte und Kultur. Der Mann, auf dessen Vorbild er zurückblickte, war der Herzog von Zhou, ein Bruder des Dynastiegründers König Wu.

Als sein Bruder noch zu klein war, um den Thron zu besteigen, hatte der Herzog von Zhou als Berater und Regent für die frühen Zhou etwas bewirkt, was Konfuzius auch für seine eigene Zeit anstrebte. Er hatte geherrscht, ohne je Herrscher gewesen zu sein, und dabei Beeindruckendes geleistet. Dieser Umstand spornte Konfuzius an, auch wenn der Herzog von Zhou fünfhundert Jahre vor ihm gewirkt hatte. Sein Geist

7 Siehe Cho-yun Hsu, »The Spring and Autumn Period«, in: *The Cambridge History of Ancient China*, S. 583 f.

und die Ethik der frühen Zhou waren es, an denen Konfuzius sich orientierte.

Neben dem Herzog von Zhou gab es noch andere Berater, die Konfuzius bewunderte – zum Beispiel Zichan und Guan Zhong. Sie standen ihm zeitlich näher und sahen sich ähnlichen Schwierigkeiten gegenüber wie er. Berichte über diese Männer zeigen jedoch, daß ihre politische Arbeit nicht immer ganz aufrichtig gewesen war. Bisweilen hatten die Umstände sie zu Kompromissen gezwungen. Konfuzius' Urteil über sie war ausgewogen und so fein abgestimmt, daß es viel Aufschluß über die politische Geschichte der Frühlings- und Herbstzeit und über ihn selbst gewährt. Es sagt uns beispielsweise, wie er auf außergewöhnliche Loyalität und Gewissenhaftigkeit reagierte, ob er über eine Unregelmäßigkeit im politischen Handeln eines Mannes hinwegsehen konnte, wenn das Geschehene diesem gestattete, dadurch größeres Allgemeinwohl zu erreichen, und was er von kurzen und heftigen Episoden hielt, die eine Veränderung zum Besseren beschleunigen konnten.

Diese Fragen diskutierte Konfuzius mit einer Gruppe junger Männer, die ihn »Meister« – *zi* – nannten und sich selbst seine »Schüler« – *tu*. Einige von ihnen waren Söhne von Adligen, andere waren Händler, Bauern, Handwerker, Soldaten oder sogar Kriminelle oder Söhne von Kriminellen. Einige kamen aus der Hauptstadt, andere aus befestigten Städtchen oder Dörfern. Einige waren vornehm, andere nicht. Eine besondere Rolle unter den Schülern nahmen Zigong, Yan Hui und Zilu ein.

Zigong war Kaufmann, strebte aber zugleich eine politische Karriere an, was damals bereits möglich war. Noch hundert Jahre zuvor hatten die Kaufleute nicht einmal selbständig sein dürfen und waren ebenso wie die Handwerker von adligen Familien abhängig gewesen. Ihren Lebensunterhalt verdienten sie, indem sie für ihre Herren Waren einhandelten, die nicht in der Umgebung erhältlich waren. Starb ein Kaufmann, ging seine Stellung an seinen Sohn über. Der Niedergang der großen Adelssippen und das Klima einer unmittelbar bevorstehenden gesellschaftlichen Veränderung ermutigten die Kaufleute, sich aus ihrer Abhängigkeit zu befreien. Um die Mitte der Frühlings- und Herbstzeit erreichten auch die Bauern größere Unabhängigkeit von den Adligen, deren Land sie bestellten. Bis zum 6. Jahrhundert v. Chr. basierte ihre Beziehung zu den Grundherren auf gegenseitiger Verpflichtung – produktive Arbeit im Tausch gegen Schutz und Lebensunterhalt. Dieser Zustand wurde bald von einem effizienten Steuersystem abgelöst. Die neue Beziehung war weniger persönlich, aber sie gab den Bauern das Gefühl, das Land, das sie pflügten, auch zu besitzen. Um die Erträge zu erhöhen, arbeiteten sie nun härter und verbesserten die landwirtschaftlichen Techniken. Auch in anderen Wirtschaftszweigen wurden rasche Fortschritte erzielt – zum Beispiel bei der Herstellung von Bronze-, Eisen- und Töpferwaren. Gegen Ende des 5. Jahrhunderts v. Chr. hatte sich das Handwerk bereits so weit spezialisiert, daß ein Soldat aus Qi ein Schwert kaufen konnte, das in Yue geschmiedet worden war, und eine Hofdame aus Qin einen in Qi gefärbten Rock und in Chu geschliffene Edelsteine.[8]

Die Nachfrage nach hochwertigen Waren und Rohstoffen, die nur in bestimmten Regionen zu finden waren, sorgte dafür, daß die Kaufleute ständig unterwegs waren. Das seit Beginn der Zhou-Dynastie bestehende Straßennetz[9] wurde in der Frühlings- und Herbstzeit stark ausgebaut. Kriege und diplomatische Beziehungen zwischen den Staaten gaben den Anstoß, die Straßen zu verbreitern und stärker zu befestigen, damit sie das Gewicht marschierender Truppen und mit Geschenken beladener Wagen, die Hunderte von Begleitern im Gefolge hatten, zu tragen vermochten. Auf diesen Straßen transportierten auch die Kaufleute ihre Waren. Als ihre Zahl immer größer wurde, diente mancher von ihnen seinem Fürsten als Informant. Er berichtete von Truppenbewegungen oder anderen Neuigkeiten, zum Beispiel, wer was an wen schick-

8 Ebenda, S. 576 ff., Hsu, *Ancient China in Transition*, S. 119-130.
9 Siehe Hsu, in: *The Cambridge History of Ancient China*, S. 580 ff.

te, ob zwanzig Karren mit Pelzen und Rohleder für den Staat Chu womöglich dessen Bündnis mit dem Staat Wei besiegelten. Schon bald begannen einige Kaufleute, politische Ämter anzustreben. Das war keine Anmaßung, denn gegen Ende der Frühlings- und Herbstzeit konnten Kaufleute bereits hohe Minister werden, und hohe Minister gaben mitunter ihr Amt auf, um Kaufleute zu werden. Zigong war ein solcher Mann, immer unterwegs und mobil, was in der damaligen Welt völlig akzeptiert war.

Auch Konfuzius' Schüler Yan Hui stammte aus dem niederen Adel. Er war ebenso klug, einfallsreich und ehrgeizig wie Zigong, aber er hätte nie den Kaufmannsberuf gewählt. Er eignete sich nicht zum Geschäftsmann. Yan Hui war arm, weil seine Familie arm war. Aber er hatte einen hochfliegenden Geist und war damit zufrieden, »in einer elenden Gasse« (VI,11) zu wohnen. Yan Hui verzichtete freiwillig auf Wohlstand, was man von vielen anderen Menschen in der Frühlings- und Herbstzeit nicht sagen konnte.

Der zu dieser Zeit ärmste Teil der Bevölkerung waren die Bauern, da sie hohe Steuern zu zahlen hatten. Hatten sie ihre Bindung an eine mächtige Familie aufgegeben, fühlte diese sich nicht mehr moralisch verpflichtet, sie zu unterstützen. Wenn die Bauern also den Schritt in die Unabhängigkeit wagten, mußten sie mit einem harten Leben rechnen. Der Preis für das Stückchen Unabhängigkeit, das die Bauern durch die Verschiebung der politischen Verhältnisse vom Feudalsystem zu einem souveränen Staatenbund gewannen, war hoch. Gemeine wurden Untertanen des Staates, auch diejenigen, die außerhalb der Hauptstadt, an der Peripherie oder »auf dem Feld« lebten. Zu ihnen gehörte auch Konfuzius' Schüler Zilu, dessen Vorfahren nie Anteil an Staatsangelegenheiten genommen hatten. Doch auch in dieser Periode des Umbruchs versuchte niemand in China – kein Sokrates von Lu oder Wei – zu formulieren, was die neuen Verhältnisse für die wechselseitigen moralischen oder juristischen Verpflichtungen bedeuteten, die Staat und Untertanen einander gegenüber hatten. Dies lag vermutlich daran, daß die Gebildeten sich noch immer nach einer Zeit sehnten, in der moralisches Verhalten nicht durch Gesetze und Verordnungen durchgesetzt werden mußte. Wenn das Bedürfnis zu richtigem Tun nicht aus dem Menschen selbst kam, was nutzten ihm dann Gesetze? Nach Konfuzius sollte Moral keinerlei Regeln unterworfen sein. Regeln minderten ihre Schönheit und Erhabenheit. Auf Regeln angewiesen zu sein kam dem Eingeständnis eines moralischen Versagens gleich.

Dennoch konnte Konfuzius die positiven Seiten des politischen Wandels nicht leugnen. Fragen wie die nach dem »Wert« eines Menschen waren in die öffentliche Diskussion eingegangen. Fortan würden die Antworten darauf die Wahl der Regierungsbeamten beeinflussen und sich zugunsten von Männern wie Konfuzius auswirken. Doch ungeachtet dieser Vorteile suchte Konfuzius weiter nach Konstanten in Geschichte und Dichtung, in den Sitten und im Denken, in den Riten und in der Musik, die ihm helfen würden, seine Gedanken zu ordnen und etwas Dauerhaftes und Großes zu schaffen. Er schätzte Gespräche. Sie halfen ihm beim Nachdenken, dennoch hätte er wohl nicht erwartet, daß jemand sie niederschreiben würde. Es war nicht Konfuzius' Plan, daß seine Worte zu Regeln erhoben würden. Er hatte auch kein Interesse daran, unsterblich zu werden. Ihm gefiel die Vorstellung, ein Mensch zu sein. Ihm gefiel die ganz persönliche Suche nach einer Moral, die trotz aller unbekannten Größen möglich war.

Auf dieser Suche, zu der auch seine vierzehnjährige Wanderschaft gehörte, sprach Konfuzius mit vielen Menschen: Herrschern, Bauern, Ratsherren, Musikern und Einsiedlern, aber auch mit Banditen und Wahnsinnigen. Mit Herrschern erörterte er die Prinzipien des Regierens, überlegte, wo sie ansetzen mußten, um ihrem Volk Wohlstand zu sichern; wie sie sich vorbereiten mußten, was sie von ihren Ministern erwarten sollten und welche Irrtümer ein Land in den Untergang führen konnten. Mit Ratsherren sprach Konfuzius über die menschliche Natur; was er in einem Mann suchen und wen er für ein hohes Amt vorschlagen würde; warum der eine zum Berater des Königs geeignet war und der andere nur zum Verwalter eines großen Anwesens. In seinen Gesprächen mit einfachen Menschen wirkt Konfuzius niemals hochmütig oder reserviert. Er fühle sich nie überlegen, erklärte er, da – ganz gleich, wer ihn befragte –, sein »Kopf völlig leer« sei: »Ich bearbeitete die Frage von einem Ende bis zum anderen, bis ich alles herausbekommen habe.« (IX,8) Wenn er mit schurkischen Politikern sprach, antwortete Konfuzius ausweichend, wenn er von Musikern redete, überschwenglich. Auf seiner langen Wanderschaft besuchte er Einsiedeleien im Wald, in denen Männer lebten, die der Ränke der Welt und aller irdischen Belange so überdrüssig waren, daß sie es vorzogen, in einsamen Strohhütten unter den Bergkassien und Waldpinien Frieden zu suchen, weit fort vom Lärm der Menschen. Bei ihnen lernte Konfuzius eine Sichtweise kennen, an der er seine eigene messen konnte.

Die besten Gespräche führte Konfuzius mit Zigong, Yan Hui, Zilu und einigen anderen Schülern. Wenn etwas unverständlich und verworren war, ordnete er seine Gedanken, indem er anderen zuhörte und daraus Erkenntnis für sich selbst zog. Diese Gespräche deckten ein breites Spektrum an Themen ab: Trauer- und Opferriten; wie man seinen Eltern dient, wenn sie noch leben; wie man ihnen dient, wenn sie verstorben oder eine Last sind; wie man erkennen kann, wer gütig ist oder wer einen scharfen Verstand besitzt, und ob ein gütiger Mann leicht zu täuschen sei; wie man lernt und welches Wissen man bewahren soll; wie man Gedichten lauscht und was man an Musik zu schätzen hat; was man tun muß, wenn man in der Welt seinen Willen durchsetzen kann. Der Inhalt dieser Gespräche macht einen großen Teil von Konfuzius' Lehre aus. Sie veranschaulichen seine Methodik und belegen sein pädagogisches Feingefühl. Dennoch sind sie keine philosophischen Abhandlungen. Sie haben keine Ähnlichkeit mit Sokrates' Dialogen, z. B. zwischen Georgias und Kallikles, auch wenn die Themen einander gleichen. Auch Konfuzius bemühte sich, wahres Können von Scharlatanerie zu trennen, moralische Überzeugung von Heuchelei, den redlichen vom korrupten Politiker. Dennoch hat seine Art des moralischen Denkens nichts mit Platons dialektischer Ethik gemein. Widersacher hatte Konfuzius bei diesen Gesprächen kaum, und wenn, dann fühlte er sich nicht bemüßigt, sie auf seinem Gebiet und nach seinen Regeln zu besiegen, ehe er bereit war, sich über Erkenntnis und Wahrheit zu äußern. Er ließ sich nicht mit Rhetorikern ein, und er sprach auch nicht nur zu Philosophiestudenten oder Menschen mit einer Neigung zur Analyse. An seinen Gesprächen konnte sich jeder mit Gewinn für sein eigenes Leben beteiligen.

Diese Zugänglichkeit bringt Schwierigkeiten mit sich. Hinzu kommt, daß Lücken in den Aufzeichnungen und fehlende Zusammenhänge sehr verschiedene Deutungen zulassen. Manche davon sind stark und moralisch überzeugend, einige banal, andere einfach nur bequem. Doch in den Köpfen einfallsreicher Geister entwickelten Konfuzius' Lehren häufig ein fruchtbares Eigenleben, wurden zur Quelle neuer Konzepte und Ideen und gaben Anstoß zu neuen Diskussionen. Ein Beispiel ist das Konzept *ren*, der »Güte«, oft auch mit »Menschlichkeit« übersetzt. Konfuzius sah in *ren* den höchsten menschlichen Charakterzug. *Ren* ist »warm und wunderschön«, sagt er, man fühle sich dazu hingezogen wie zu einem »Zuhause« (IV,1-2). Cheng Yi und Zhu Xi,[10] zwei Konfuzianer aus dem 11. und 12. Jahrhundert, machten *ren* zu einer metaphysischen Kategorie, indem sie es als »Prinzip der Liebe« bezeichneten. Dies sei aber nicht gleichbedeutend mit der Liebe selbst. Die Liebe, die ein Mensch für seine Eltern empfinde, und die Achtung, die er vor seinem älteren Bruder habe, seien nur Ausdrucksformen von *ren* und somit nicht das gleiche wie *ren*. *Ren* sei das Prinzip oder der Grund für die Existenz der Liebe. Ihre schöpferische und produktive Natur sei das, was der Mensch mit dem Himmel und der Erde gemein habe. In die-

10 Zum Konzept von *ren* bei Cheng Yi und Zhu Xi siehe z. B. Zhu Xi, »Renshuo« (»Abhandlung über *ren*«), in: *Zhu Wengong wenji* (»Literarische Werke des Zhu Xi«), 67, 21-22 und Zhu Xis Kommentar zu *Lunyu*, I,2 in: *Sishu zhangju jizhu* (»Kommentare zu den Vier Büchern«), S. 48.

ser sublimierten Fassung erlangte *ren* kosmologische Bedeutung. Es war nun in einer viel stärkeren Position, sollte es in Konkurrenz zu subtilen Aspekten der buddhistischen Philosophie geraten. Dessen waren sich Cheng und Zhu wohl bewußt.

Gegen Ende des 19. Jahrhunderts befand sich China in einem ganz anderen Wettbewerb. Im Zusammenstoß mit England, Frankreich und Japan war es zu einer Reihe von Katastrophen gekommen, und China mußte sich für weitere Konflikte rüsten. Gebraucht wurden Kanonenboote und Kriegsschiffe, eine moderne Armee und kluge Staatsmänner. Das chinesische Volk mußte seine Differenzen beilegen und zusammenhalten. Der Ruf nach Einigkeit lag in der Luft. So waren auch Metaphysik und Kosmologie in diesem Wettstreit eine Hilfe. Kang Youwei und Tan Sitong, zwei Reformer aus dieser Zeit, wandten sich *ren* zu – Konfuzius' ursprünglicher Idee von *ren* als Heimat, als emotionales Fundament für eine harmonische Gesellschaft.[11] Um Einigkeit und Stabilität zu sichern, stützten sie sich auf die Werke der beiden Denker aus der Song-Zeit, Cheng Yi und Zhu Xi, die *ren* seine kosmologische und metaphysische Dimension verliehen hatten.

Es ist noch zu früh, um zu erkennen, ob die gegenwärtige chinesische Regierung mit ihrem Ruf nach einer »harmonischen Gesellschaft« und »Chinas friedlichem Aufstieg« das gleiche auf globaler Ebene versucht. Man ermutigt die Gelehrten, sich der konfuzianischen Forschung zu widmen und ihre Studenten ebenfalls dazu anzuregen. Staatliche Gelder werden für akademische Konferenzen zu konfuzianischen Themen zur Verfügung gestellt. Allerdings macht bei solchen Zusammenkünften der Staat seine Anwesenheit spürbar. In jüngster Zeit haben neben Ritualisten aus Hongkong und Südkorea und einheimischen Soldaten immer wieder Offizielle

---

11 Zum Konzept des *ren* bei Kang Youwei und Tan Sitong siehe Hao Changs aufschlußreiche Erörterung zu diesem Thema in: H. Chang, *Liang Ch'i-ch'ao and Intellectual Transition in China, 1890-1907*, S. 45 ff., 67 ff.

einen Auftritt.[12] Diese Beamten schätzen die öffentliche Aufmerksamkeit und geben sich gerne den Anschein eines philosophischen Interesses. Die Ritualisten nehmen teil, weil sie niemanden haben, mit dem sie über ihr abgestandenes Wissen sprechen können, während die Soldaten von kostenlosen Speisen und Freibier angelockt werden. Das Podium jedoch gehört den Wissenschaftlern und Studenten. Zu *ren* gibt es viele Fragen: Warum stellte Konfuzius die Güte *(ren)* neben die Riten *(li)*, also ein moralisches Konzept neben eine praktische Übung? Wie entwickelte sich das Konzept von *ren* in den dreihundert Jahren nach seinem Tod? Verbirgt sich hinter Konfuzius' Gedankenwelt auch eine Metaphysik? Weshalb stützen die jüngst aufgefundenen Texte diese Behauptung? Außerdem fragt man sich, ob die *Gespräche* womöglich einst Hunderte von Kapiteln umfaßten, von denen die Redaktoren nur zwanzig auswählt haben. Was ist dann aus den übrigen geworden, falls es sie gegeben hat? Und gibt die existierende Fassung der *Gespräche* Konfuzius' Lehren überhaupt authentisch wieder?

Konfuzius hätte die politische Dimension einer solchen Konferenz sicher erkannt. Er hätte sich die Reden der Beamten angehört und sie durchschaut. Er hätte einen Schluck mit den Soldaten in Uniform getrunken und die Ritualisten gemieden. Er hätte sich zu einem Wissenschaftler gesetzt oder mit den Studenten geplaudert und sich wohl gefühlt.

---

12 Vgl. z. B. die Internationale Konferenz über menzianisches Denken und zeitgenössische Werte in Zoucheng/Shandong im April 2006.

1
AUFBRUCH AUS DER HEIMAT

Auf dem Höhepunkt seiner politischen Laufbahn trat Konfuzius plötzlich von seinem Amt zurück und machte sich ohne jede Perspektive und mit sehr wenig Geld auf den Weg. Er war damals, 497 v. Chr., vierundfünfzig und Oberster Rechtspfleger in seinem Heimatstaat Lu. Der Weggang beendete seine öffentliche Laufbahn, aber das konnte er zu diesem Zeitpunkt noch nicht wissen.

Konfuzius strebte stets ein Amt an der Spitze an, wenn auch nicht aus den üblichen Gründen. Es ging ihm nicht um Vorteile oder Macht. Sein Ehrgeiz diente einem edlen Zweck, den zu erreichen er größtmöglichen politischen Einfluß benötigte. Als Oberster Rechtspfleger war er nur ein mittlerer Beamter, eine Position, die ihm nur eine Audienz beim Feudalfürsten gestattet, wenn er gerufen wurde. Sein unmittelbarer Vorgesetzter war der Oberste Staatsrat. Diesen Mann sah er häufiger, und die Beziehung zu ihm ermöglichte es Konfuzius einzuschätzen, welche Rolle er in den Augen seines Herrschers und im Staat spielte. Im Jahre 497 v. Chr. wurde Lu von Herzog Ding regiert. Oberster Staatsrat war Jihuanzi. Ihm erstattete Konfuzius Bericht.

Niemand kann mit Sicherheit sagen, weshalb Konfuzius in jenem Jahr sein Amt aufgab. Er hatte lange gebraucht, um in diese Position zu gelangen, hatte sich vom Verwalter regionaler Kornvorräte und der Weideflächen von Jihuanzis Clan erst zum Bezirksbeamten, dann zum Leiter staatlich organisierter Arbeiten und schließlich zum Obersten Rechtspfleger emporgearbeitet. Bezahlte Ämter waren in dieser Zeit der chinesischen Geschichte nicht unüblich, aber die begehrtesten Posten waren von Aristokraten besetzt und erblich. Konfuzius war jedoch von so niedrigem Adel, daß ihm solche Privilegien verwehrt blieben. Aufzeichnungen zufolge stammten seine frühen Vorfahren – die Kong – aus dem Reich Song, und mehrere Angehörige der Sippe waren dort hohe Ratsherren gewesen.[1] Doch in der Mitte des 7. Jahrhunderts v. Chr. versetzten politische Rivalen der Familie einen schweren Schlag, der ihren Ruf stark beschädigte. Aus diesem Grund zogen einige Mitglieder der Kong nach Lu, unter ihnen Konfuzius' Urgroßvater. Als Konfuzius geboren wurde, hatten sie Lu längst zu ihrer Heimat gemacht, aber die erblichen Titel und Privilegien, die ihre Vorfahren im Song-Reich genossen hatten, gänzlich eingebüßt. Inzwischen waren sie einfache Edelleute *(shi)*,[2] die nur eine Stufe über dem gemeinen Volk standen.

Es gab in der Frühlings- und Herbstzeit viele solcher Männer – Randfiguren mit dem Stolz einer Elite und einer Ausbildung in den sechs Künsten Ritual, Musik, Bogenschießen, Wagenlenken, Schreiben und Mathematik. Sie besaßen das Bewußtsein einer höheren Abkunft, aber der Verlust des Familienvermögens gestattete ihnen nicht mehr als diese Ausbildung, und alles, worauf sie sich auf der Suche nach Brot und Arbeit stützen konnten, waren erworbene Kenntnisse und Fähigkeiten. Sie mußten sich in mindestens einer der sechs Künste bewähren, sonst konnten sie leicht in den sozialen Abgrund stürzen. Einfache Edelleute wie Konfuzius waren oft

1 Zu Konfuzius' Herkunft, siehe Sima Qian, *Shiji*, Kap. 47, S. 1905; *Kongzi jiayu*, S. 522 ff.; Guo Keyu, *Luguo shi*, S. 259 f. Robert Eno stellt in seinem jüngsten Aufsatz die traditionelle Geschichtsschreibung in Frage. Er vermutet, daß Konfuzius' Mutter ursprünglich aus Zhulou stammte, einem kleinen nichtchinesischen Staat, der später Lu einverleibt wurde, und Konfuzius durch den Einfluß seiner Familie mütterlicherseits Beziehungen zu einer Kultur außerhalb der Zhou-Tradition hatte. Siehe Eno, *The Background of the Kong Family of Lu and the Origins of Ruism*, in: Early China 28 (2003).

2 Zur Bezeichnung *shi* (für Gebildete aus den unteren Rängen des Adels) siehe Hsu, »The Spring and Autumn Period«, in: *The Cambridge History of Ancient China*, S. 583-586. Eine ausführliche Erörterung dieses Standes findet sich auch in Liu Zehua, *Xiaqin shiren yu shehui*, besonders S. 1-101.

emsig und flexibel. Wie sein Vater Shu-liang He, der Soldat und Bezirksverwalter in Lu war, konnten sie gleichzeitig Krieger und Beamte sein. Als Konfuzius 552 oder 551 v. Chr. gezeugt wurde, war Shu-liang He bereits ein alter Mann. Er hatte neun Töchter von seiner Hauptfrau und einen gehbehinderten Sohn von einer Konkubine. Dennoch gelang es ihm, das Oberhaupt der Familie Yan zu überreden, ihm seine jüngste Tochter, die noch nicht zwanzig war, zur Frau zu geben, um mit ihr einen Sohn zu zeugen. Der frühe chinesische Historiker Sima Qian schreibt: »[Shu-liang] He und das Mädchen aus der Familie Yan liebten sich auf dem Feld und zeugten Konfuzius.«[3] Keine der alten Aufzeichnungen erklärt, warum das Paar sich »auf dem Feld« *(yehe)* liebte. Man würde annehmen, daß Shu-liang He, bevor er an die Familie Yan herantrat, seine erste Ehe beendete, da seine Frau ihm keinen männlichen Erben schenken konnte und er die Konkubine wegen des behinderten Sohnes verstoßen hatte. Warum fand die Hochzeitsnacht unter derartig ungewöhnlichen Umständen statt, wenn die Tochter der Yans wirklich seine legitime Ehefrau war? Sah man die Verbindung als unzulässig an? Sima Qian schreibt weiter: »Das Paar betete am Berg Ni, und sie gebar Konfuzius. Konfuzius wurde im zweiundzwanzigsten Jahr des Herzogs Xiang von Lu mit einer Einbuchtung am Scheitel geboren, wie ein Dach mit nach oben geschwungenen Dachtraufen. Er erhielt den Namen Qiu und den Ehrennamen Zhongni [da seine Eltern am Berg Ni Qiu gebetet hatten]. Sein Familienname war Kong.«[4]

Als sein Vater starb, war Konfuzius erst drei Jahre alt. Mutter und Sohn hatten eine schwere Zeit und fanden nur mühsam ihren Unterhalt. Auch seine Mutter verlor Konfuzius frühzeitig. Achtzehnjährig heiratete er eine Frau aus der Familie Binguan, mit der er einen Sohn und später eine Tochter bekam.

---

3 Der konfuzianische Gelehrte Qian Mu versteht *yehe* als »göttliche Empfängnis« *(gentian ersheng)*, siehe Qian, *Kongzi zhuan*, S. 4.

4 *Shiji*, Kap. 47, S. 1905.

Konfuzius war ungewöhnlich groß. Einige behaupten, er sei »weit über einen Meter achtzig gewesen«.[5] Vielleicht wurde er aber auch nur überlebensgroß gesehen. Konfuzius selbst versuchte nie, sein Bild zu schönen oder seine Leistungen zu übertreiben. Bereitwillig verkündete er, daß er »mancherlei nebensächliche Fähigkeiten besaß« (IX,6). Nicht jedoch, weil er fand, ein Edelmann müsse über zahlreiche Nebensächlichkeiten Bescheid wissen, sondern weil er, wie er sagte, einfach keine andere Wahl habe, denn er sei ein armer Mann und von niederer Stellung und könne nicht einfach so in den Staatsdienst eintreten wie junge Männer aus bedeutenden Familien, nur weil er sich imstande fühle, sich in einem Amt zu bewähren. (IX,7) Also arbeitete er geduldig weiter und stieg allmählich vom Buchhalter und Verwalter von Weideflächen in verhältnismäßig wichtige Ämter der staatlichen Bürokratie auf.

Als Konfuzius schließlich Oberster Rechtspfleger wurde, hatte er bereits eine Anhängerschaft, zu der auch Zigong, Yan Hui und Zilu gehörten. Die meisten seiner Anhänger verfügten von Anfang an über geringe Mittel. Selbst wenn sie aus gutsituierten Familien stammten, erhielten sie, sofern sie nicht der älteste Sohn waren, nach dem Tod ihres Vaters nur einen Bruchteil des Erbes, der keinesfalls zum Leben reichte. Daher hofften sie, wenn sie Schüler eines Edelmannes würden und die Bildung eines solchen erwarben, eines Tages auf eigenen Füßen stehen zu können. In der Zwischenzeit verließen sie sich auf materielle Unterstützung von ihrem Lehrer und hofften, seine guten Beziehungen würden ihnen eine Beamtenkarriere ermöglichen. Konfuzius' Schüler glaubten, er könne sie zu dem machen, was er war. Wie Lehrlinge bei einem Handwerksmeister verbrachten sie mehrere Jahre an seiner Seite, eiferten ihm nach und kümmerten sich um ihn, als wäre er ihr eigener Vater.[6] Sie hatten sich entschieden, dauerhaft bei ihm

---

5 Ebenda, S. 1909. Nach Sima Qian war Konfuzius neun *chi* und sechs *cun* groß. Das Zhou-Maß *chi* entspricht etwa 20 Zentimetern.

6 Vgl. die Erörterung der chinesischen Vorstellung von »Schülern« *(tu)* in der Frühlings- und Herbstzeit und der Zeit der Streitenden

zu bleiben, und so wurde er im kleinen Rahmen zu einem Fürsten von eigenen Gnaden. Als Konfuzius 497 v. Chr. beschloß, Lu zu verlassen, gab er nicht nur sein Amt auf, sondern ging auch das Risiko ein, seine Anhänger zu verlieren.

In den *Gesprächen (Lunyu)*, den ältesten Aufzeichnungen, die wir über Konfuzius besitzen, wird sein überraschender Aufbruch nur ein einziges Mal erwähnt: »Die Leute von Qi sandten Sängerinnen und Tänzerinnen als Geschenk. Jihuanzi nahm die Mädchen an und erschien in den nächsten drei Tagen nicht bei Hof. Konfuzius ging.« (XVIII,4) Menzius, Konfuzius-Schüler der vierten Generation, bietet eine andere Erklärung: »Konfuzius war Oberster Rechtspfleger im Staat Lu, aber [der Herrscher] führte seine Maßnahmen nicht durch und nutzte seine Talente nicht. Dennoch nahm Konfuzius an einem offiziellen Opfer teil. Danach gab man ihm kein Stück Fleisch von dem geopferten Tier. Daher brach er sofort auf, ohne sich auch nur Zeit zu nehmen, seinen Zeremonialhut abzusetzen.« Er fügt hinzu: »Diejenigen, die ihn nicht verstanden, glaubten, Konfuzius hege einen Groll, da er keinen Anteil an dem Fleisch erhalten hatte. Aber diejenigen, die ihn verstanden, wußten, daß er gehen mußte, weil [die herrschende Elite von] Lu gegen die Riten verstoßen hatte.«[7]

Vier Jahrhunderte später, in der Han-Zeit, fügte der Historiker Sima Qian die beiden Berichte zusammen und schuf eine vollständigere Geschichte, indem er farbige Details ergänzte und Unstimmigkeiten glättete. Nach seiner Version war Konfuzius 497 so erfolgreich in seinem Amt, daß »die Verkäufer von Lamm- und Schweinefleisch keine überhöhten Preise mehr verlangten, Männer und Frauen auf verschiedenen Seiten der Straße gingen, niemand etwas aufhob, das auf der Straße lag, und Fremde, die in die Stadt kamen, keine Beamten um Hilfe ersuchen mußten, wenn sie sich niederließen,

Reiche in: Qiu Xigui, *Gudai wenshi yanjiu xintan*, S. 400-408. Zur Beziehung Schüler – Lehrer siehe auch Liu Zehua, *Xianqin shiren yu shehui*, S. 51-58.

7 *Menzius*, Buch 6B, Abschnitt 6.

weil alle dazu beitrugen, daß sie sich wie zu Hause fühlten.« Im Nachbarstaat Qi beobachtete man diese Entwicklung mit wachsender Sorge. Die dortigen Staatsräte fürchteten, daß der Herrscher von Lu mit Konfuzius in seinem Kabinett eine politische Vormachtstellung erlangen könnte. In diesem Fall würde ihr Land als erstes dem Reich Lu einverleibt werden, da es ihm am nächsten lag. Um dies zu verhindern, beschloß man in Qi, die Bemühungen des Konfuzius zu vereiteln:

> Sie wählten acht schöne Mädchen aus Qi aus, kleideten sie in prachtvolle Gewänder, unterrichteten sie im Tanz zur Kanglo-Musik und schickten sie mit sechzig Paaren gefleckter Pferde als Geschenk an den Herzog von Lu. Die Tänzerinnen und die Pferde waren deutlich vor dem Gao-Tor der südlichen Stadt zu sehen. Jihuanzi, der mehrmals verkleidet dorthin ging, um einen Blick auf sie zu werfen, reizte es, die Geschenke anzunehmen. Er überredete Herzog Ding zu einem Spaziergang auf dem Wall, so daß sie einen Blick auf die Tänzerinnen erhaschen konnten. Sie verweilten dort den ganzen Tag, beobachteten die Mädchen und vernachlässigten die Staatsgeschäfte.

An diesem Punkt teilt Sima Qian uns mit, daß Zilu seinen Lehrer drängt, sein Amt aufzugeben und fortzugehen. Konfuzius zögert jedoch und will dem Herrscher und seinem Obersten Staatsrat noch eine Chance geben. Er sagt zu Zilu: »Heute findet am Stadtrand ein Opfer statt. Wenn unser Herrscher das geopferte Fleisch mit den Hofbeamten teilt, werde ich bleiben.« Die Episode schließt damit, daß »den Beamten kein Fleisch angeboten wird« und Konfuzius seine Heimat Lu enttäuscht verläßt.[8]

Ungeachtet des betrüblichen Endes ist die Geschichte positiv – zu positiv vielleicht, um glaubwürdig zu sein. Der Autor legt uns nahe, daß Konfuzius mit den nötigen Befugnissen ausgestattet zu eindrucksvollen Leistungen imstande war. So gelang es ihm, berichtet er, als Oberster Rechtspfleger die öffentliche Ordnung und die gesellschaftliche Harmonie dort

8 *Shiji*, Kap. 47, S. 1918.

durchzusetzen, wo die Verstöße schon so lange um sich gegriffen hatten, daß das Volk Unehrlichkeit und Zwietracht als die Regel ansah. Sima Qian muß übertrieben oder Dinge erfunden haben, was verständlich ist, da er in einer Zeit schrieb, als China nach vielen Jahrhunderten politischer Teilung geeint war und die Lehren des Konfuzius sich für die Theoretiker und Vertreter der neuen Ordnung als äußerst nützlich erwiesen hatten. Bei aller Unabhängigkeit war Sima Qian jedoch nicht gänzlich frei von konfuzianischem Einfluß. Also deutete er Konfuzius, wie es viele seiner Zeitgenossen taten, und übertrug seine Erwartungen an ihn auf die Biographie, die er schrieb.

Menzius war weniger zuversichtlich. Er ist einer von Konfuzius' bedeutendsten Erben, aber er schreibt nur, der Herrscher habe Konfuzius' Fähigkeiten als Oberster Rechtspfleger nicht genutzt. Da Menzius zudem in der zweiten Generation Schüler von Konfuzius' Enkel Zisi war, muß er besser informiert gewesen sein als Sima Qian. Er behauptet, Konfuzius habe nur auf einen Vorwand gewartet, Lu verlassen zu können, und sich einen »geringen Verstoß gegen die Riten« zunutze gemacht. Diese Erklärung kommt der Wahrheit vielleicht näher, dennoch scheint Menzius etwas zu verbergen. Warum brach Konfuzius 497 in solcher Eile auf? Warum bereitete er sich nicht auf den entscheidenden Augenblick vor, wenn er schon die ganze Zeit den Aufbruch plante, weil sein Herr ihm oder seinen Plänen keine Beachtung schenkte? Die Tänzerinnen aus Qi könnten auch Teil einer anderen Geschichte gewesen sein.

Das Zusammenspiel dieser drei frühen Quellen und ihre offenkundigen Widersprüche vermitteln einen Eindruck von der Schwierigkeit, Ordnung und Struktur in die biographische Überlieferung zu bringen. Man könnte mit den *Frühlings- und Herbstannalen (Chunqiu)*[9] beginnen, der Chronik von Konfuzius' Heimatstaat Lu. Doch da die Annalen nur ein Gerüst

9 Vgl. Yang (Hg.), *Chunqiu Zuozhuan zhu*, Herzog Ding, 1. Jahr, S. 1585 ff.

und die Eintragungen äußerst knapp gehalten sind, muß man sie zusammen mit der *Überlieferung des Zuo (Zuozhuan)* lesen, um überhaupt etwas von den Vorgängen in der Frühlings- und Herbstzeit zu verstehen. Diese Quelle berichtet, daß Lu 498 v. Chr., also ein Jahr vor Konfuzius' Aufbruch, durch einen inneren Aufstand beinahe zerstört worden sei. Eine Zeitlang schien es, als wollten die Rebellen ihren Herrscher und die Oberhäupter der drei Erbfamilien, die nicht nur die höchsten Ämter im Staat innehatten, sondern auch die nächsten Verwandten des Herrschers waren, aus dem Weg räumen. Hätten die Aufständischen Erfolg gehabt und den Thron besetzt, wären Lus Lehensbindungen an den Zhou-König offiziell beendet gewesen. Mit anderen Worten, Lu wäre nicht länger ein Vasallenstaat des Zhou-Reiches gewesen, und ein neues Kapitel seiner Geschichte hätte begonnen. Doch die Ereignisse entwickelten sich anders. Der *Überlieferung des Zuo* zufolge spielte Konfuzius dabei eine entscheidende Rolle, und das sogar lange vor dem Aufstand. Vieles an dieser Geschichte wird in den *Gesprächen* bestätigt.

Die sehr schematisch abgefaßten *Frühlings- und Herbstannalen*, zu denen die *Überlieferung des Zuo* gehört, weisen für das Jahr 498 v. Chr. elf Einträge auf. Drei davon behandeln Angelegenheiten in anderen Staaten: den Tod und das Begräbnis eines Feudalfürsten und einen Feldzug eines Reiches gegen ein anderes. Außerdem werden eine Regenzeremonie im Herbst und eine Sonnenfinsternis im elften Monat erwähnt. Die übrigen Einträge beziehen sich auf gewalttätige Machenschaften in Lu. Zuerst zerstörte das Oberhaupt der Familie Shusun mit einem Heer eine Stadt, die für Generationen die Hochburg der Familie gewesen war; kurz darauf versuchte das Oberhaupt der Familie Jisun – der Oberste Staatsrat Jihuanzi – in seiner Stadt das gleiche.

Die *Überlieferung des Zuo* erklärt, Zilu, der Schüler des Konfuzius, sei ein Gefolgsmann des Jisun-Clans gewesen und habe die Erbfamilien dazu ermutigt, ihre Städte zu zerstören, indem er ihnen einredete, es sei besser, einen Neuanfang zu machen, als den Rebellen die Kontrolle über ihre Stützpunkte zu überlassen. Auf Zilus Rat schleiften die Shusun ihre Heimatstadt, und die Jisun standen kurz davor, ihre Stadt in Bi zu zerstören, als ihr Gefolgsmann Gongshan Buniu, »den Befehl über die Männer von Bi übernahm und einen Überraschungsangriff auf die Hauptstadt von Lu führte«. In ihrer Verzweiflung, so fährt der Chronist fort, »drangen der Herzog und die Oberhäupter der drei Familien in die Palastanlage der Jisun vor und erklommen die Wuzi-Terrasse«. Die Rebellen »konnten sie aber nicht ergreifen«. »Pfeile streiften den Herrscher«, während er sein Schicksal erwartete. An diesem Punkt befahl Konfuzius in seiner Eigenschaft als Oberster Rechtspfleger zwei Staatsbeamten, einen Angriff gegen die Aufständischen durchzuführen. »Die Männer von Bi flohen nach Norden. Die Regierungstruppen verfolgten sie und vernichteten sie in Gu. Die beiden Anführer der Rebellen flüchteten nach Qi. Unmittelbar darauf zerstörte der Jisun-Clan seine Festung in Bi.« Die dritte Familie jedoch, die Mengsun, vollzog einen Gesinnungswandel. Als sie an der Reihe waren, ihre Festung zu zerstören, überredete ihr ranghöchster Gefolgsmann das Clansoberhaupt, dies nicht zu tun: »Die Stadt Cheng ist die Zuflucht der Mengsun, ohne sie wird es keine Mengsun mehr geben.« Ende 498 sandte der Herrscher ein Heer aus, um zu beenden, was die Mengsun nicht selbst geschafft hatten, aber der Feldzug schlug fehl.

Spätere Quellen behaupten, es sei Konfuzius gewesen und nicht sein Schüler Zilu, der hinter dem Plan stand, die Drei Familien zu entmachten. In einer davon steht: »Als Konfuzius in Diensten des Jisun-Clans stand, sagte er ihnen, nachdem er drei Monate willfährig gewesen war, daß ein Privathaus kein Waffenarsenal benötige; daß eine Bezirksstadt keine Mauern von hundert *zhi* Länge haben sollte. Daraufhin führte er ein Regiment an und zerstörte zuerst die Stadt Hou und dann die Stadt Bi.«[10]

Ein weitere Geschichte geht sogar so weit, Konfuzius das

10 Vgl. *Chunqiu Gongyangzhuan zhushu*, Herzog Ding, 10. Jahr. Eine Mauer von einhundert *zhi* ist etwa 1200 Meter lang.

Verdienst zuzuschreiben, »das Amt des Herzogs wiedereingeführt und den herrschenden Familien eine schwere Niederlage zugefügt« zu haben. Doch die Berichte in der *Überlieferung des Zuo*, die die zuverlässigere Quelle ist, legen nahe, daß der Bruch von 498 weder den Herrscher von Lu stärkte noch die Drei Familien signifikant schwächte. Konfuzius wird in diesem Zusammenhang kaum erwähnt. Doch die Behauptung, es sei Zilu gewesen, der die Zerstörung der Städte angestiftet habe, weist natürlich auf seinen Lehrer. Mehr als einmal erwähnt Konfuzius in den *Gesprächen*, daß sein Schüler Zilu alles für ihn tun würde, aber auch derjenige sei, der seine Anerkennung am meisten brauche. Dadurch wurde ihm Zilu jedoch nicht sympathischer. In einer Zeit moralischer Qual rief Konfuzius einmal aus: »Wenn ich hier auf dieser Welt nicht richtig wirken kann, werde ich auf die offene See fahren und auf einem Bambusfloß umhertreiben. Wenn mich einer begleitet, dann ist es wohl Zilu.« (V,7) Wir erfahren, daß Zilu außer sich vor Freude war, als er diese Worte hörte, bereit, seine Loyalität und Tapferkeit unter Beweis zu stellen, ohne zu merken, daß die Äußerung seines Meisters rhetorisch gemeint war. Konfuzius antwortete kühl und sarkastisch: »Zilu ist wohl mutiger als ich, aber er ist zu stumpf, um Hintergründiges zu verstehen.«

Konfuzius war Oberster Rechtspfleger, als Zilu die Drei Familien zum ersten Schritt ihrer Selbstzerstörung veranlaßte, indem er sie glauben machte, sie könnten sich nur noch durch diese drastische Aktion retten. Da es Zilu an Fingerspitzengefühl und Urteilsvermögen fehlte, ist anzunehmen, daß er Konfuzius zu Rate zog. Oder war sogar alles dessen Idee? Immerhin war Konfuzius ein höherer Gerichtsbeamter, der das Risiko sicher einschätzen konnte.[11]

Den *Gesprächen* ist zu entnehmen, daß Konfuzius über die aufrührerischen Aktivitäten in Lu Bescheid wußte und mit den Rebellenführern in Kontakt stand. Einer von ihnen, Gongshan Furao, hatte Konfuzius angeboten, mit ihm zusammen-

11 Siehe *Kongzi jiayu*, S. 11 und *Shiji*, Kap. 47, S. 1916.

zuarbeiten, kurz bevor dieser in die Regierung des Herzogs berufen wurde. (Dieser Gongshan ist mit Gongshan Buniu identisch, dessen Vorstoß in die Politik die Krise von 498 auslöste.) Konfuzius wußte um den Ehrgeiz des Mannes. Gongshan war Hauptgefolgsmann der Jisun und besaß wahrscheinlich genügend Unterstützung von der Privatarmee und den Einwohnern in der Festung des Clans, um einen Umsturzversuch zu wagen. Das heißt, Konfuzius wäre damit einverstanden gewesen, eine alte politische Einrichtung zu stürzen und das Schicksal seines Landes einem jüngeren und stärkeren Emporkömmling anzuvertrauen. Als Zilu erfuhr, daß sein Lehrer das Angebot in Betracht zog, wurde er unruhig und bat Konfuzius, noch einmal zu überlegen. Er sagte: »Wir sind vielleicht am Ende unseres Weges, aber warum denn zu diesem Gongshan gehen?« Konfuzius' Antwort offenbart seine eigenen Pläne: »Der Mann muß irgendeine Absicht haben, daß er mich ruft. Wenn er mich braucht, könnte ich doch vielleicht ein Zhou-Reich im Osten begründen?« (XVII,5)

Doch auch wenn es Konfuzius an anderen Auswegen mangelte, war das offene Meer nie eine Alternative für ihn. Da zog er eine Räuberhöhle vor. Nicht, daß er beabsichtigte, sich den Räubern anzuschließen, aber er wollte jede Gelegenheit nutzen, seine Hoffnungen zu verwirklichen. Außerdem gefiel es Konfuzius, »gebraucht zu werden«. Zilu war wahrscheinlich der einzige seiner Anhänger, der seine frühe Behauptung, die Welt hinter sich lassen zu wollen, ernst nahm. So war Zilu auch derjenige, den die Bereitschaft seines Meisters, sich mit übel beleumundeten und unziemlichen Personen einzulassen oder sich auch nur mit ihnen zu treffen, am meisten bekümmerte. Als er Konfuzius bei einer anderen, ähnlichen Gelegenheit kritisierte, indem er ihm seine eigenen Worte vorhielt, erwiderte Konfuzius, er habe zwar wirklich gesagt, »der Edle läßt sich mit niemandem ein, der in seinem Betragen nicht tugendhaft ist«. Aber, so er fuhr fort, »heißt es nicht auch: ›Was wirklich fest ist, mag gerieben werden, ohne daß es abgenutzt wird‹ und ›Was wirklich weiß ist, kann dunkler Farbe widerstehen?‹ Wahrlich, bin ich denn ein Kürbis, den man nur an einer Schnur aufhängt, aber nicht essen kann?« (XVII,7)

Wenige Männer waren so hart und gefährlich wie Yang Hu, auch ein Gefolgsmann der Jisun. Kurz bevor Gongshan an Konfuzius herangetreten war, hatte Yang Hu das gleiche getan. Aus Vorsicht hatte Konfuzius versucht, eine direkte Begegnung mit dem Mann zu vermeiden. Nachdem Yang Hu ihm ein Schweinchen als Geschenk gebracht hatte, wartete Konfuzius so lange, bis dieser nicht zu Hause war, ehe er hinging, um sich zu bedanken. Doch auf dem Rückweg traf er Yang Hu zufällig. »Komm her!« rief dieser Konfuzius zu. »Ich will mit dir reden!« Dann hielt er ihm einen Vortrag: »Würde man einen Mann, der ein kostbares Juwel in seinem Busen birgt, aber sein Land dem Chaos überläßt, wohltätig nennen? Ich würde sagen: Nein. Und würde man einen Mann, der auf öffentliche Anstellung bedacht ist, aber wieder und wieder die Gelegenheit versäumt, weise nennen? Ich würde sagen: Nein. Tage und Monate eilen vorüber, die Zeit wartet nicht auf uns.«

Als Yang Hu geendet hatte, sagte Konfuzius: »Gut, ich werde ein Amt antreten.« (XVII,1)

Konfuzius antwortet ausweichend. Er weiht uns nicht ein, ob er Yang Hu nur zu Munde redet, um eine Konfrontation zu vermeiden, oder ob er wirklich willens ist, Yang Hus Angebot anzunehmen. Eines geht jedoch aus dem kurzen Bericht ganz klar hervor: Konfuzius' Verhältnis zu Yang Hu. Konfuzius scheute sich vor einer Begegnung mit ihm und besaß bei all seiner Bildung und seinem guten Charakters nicht die Kraft, sein Unbehagen und seine Furcht zu überwinden. Also duckte er sich und suchte Ausflüchte und mußte sich, als Yang ihn erwischte, dessen Moralpredigt anhören.

Die alte Chronik der Frühlings- und Herbstannalen nennt Yang Hu nicht direkt beim Namen, sondern nur »den Räuber«.[12] Dennoch war dieser Mann nicht einfach nur ein Bandit. Er beherrschte von 507 bis 502, also mindestens fünf Jahre, die Politik in Lu und überging rücksichtslos die Drei Familien. Yang Hu hatte einen Wegbereiter, Nan Kuai,[13] der

---

12 *Chunqiu Zuozhuan zhu*, Herzog Ding, 8. Jahr, S. 1563.

13 Ebenda, Herzog Shao, 12. und 14. Jahr, S. 1335 f., 1364.

fünfundzwanzig Jahre zuvor Gefolgsmann der Jisun gewesen war. Dieser Mann hatte vor, den Clan zu stürzen, seine Oberhäupter zu vertreiben und die Stellung des Herzogs von Lu zu stärken. Er mag durchaus edle Absichten gehabt haben, war aber offenkundig so inkompetent, daß selbst die Leute aus seinem Heimatdorf ihm mißtrauten. Sie verspotteten den »einfältigen Plan« und »grandiosen Dünkel«, als einfacher Gefolgsmann davon zu träumen, »einem Herrscher bei seinen Zukunftsplänen zu helfen«. Am Vorabend der Revolte ließen ihn zwei seiner Leutnants im Stich, und der Plan wurde nicht ausgeführt.

Yang Hu war kühner und intelligenter als Nan Kuai.[14] Lu war bereit für einen Mann wie ihn. Schon einige Zeit bevor er an einen Putsch dachte, hatte er bei allen drei Familien und in der Regierung seine Anhänger in Schlüsselpositionen untergebracht. Und beinahe gelang es ihm zu vollenden, was Nan Kuai begonnen hatte. Im Gegensatz zu diesem handelte Yang Hu jedoch stets in seinem eigenen Interesse, ohne jemals vorzugeben, daß er die Erbfamilien schwächen wollte, um den Herrscher zu stärken. Yang Hu wäre wahrscheinlich selbst gern Herrscher gewesen. Moralische Skrupel hätten ihn sicher nicht davon abgehalten. Bei seiner zufälligen Begegnung mit Konfuzius war Yang Hu nur ein Untertan, benahm sich aber bereits wie ein König. Er zitierte Konfuzius zu sich und verlangte zu wissen, warum er zögere, dem Staat, sprich Yang Hu, zu dienen.

Die *Überlieferung des Zuo* berichtet sehr lebendig von Yang Hus politischem Sturz im Jahre 502: »Im Winter, am ersten Tag des zehnten Monats, wurden in einer bestimmten Abfolge Opfer und Gebete für die verstorbenen Fürsten von Lu durchgeführt. Am zweiten Tag wurde das gemeinsame Di-Opfer für alle verstorbenen Fürsten im Tempel des Herzogs Xi dar-

---

14 Im *Zuozhuan jishi benmo*, S. 115-125, einem Werk des Gelehrten Gao Shiqi aus der Qing-Zeit, gibt es ein Kapitel über Nan Kuai und Yang Hu. Siehe auch *Chunqiu Zuozhuan zhu*, Herzog Ding, 8. Jahr, S. 1568 ff.

gebracht. Am dritten Tag veranstaltete Yang Hu ein Festmahl für die Familie Jisun im Garten Fu. Er befahl den Truppen und Streitwagen in der Hauptstadt, sich kampfbereit zu halten, und sagte: ›Der vierte Tag steht vor der Tür.‹«[15]

Es war Yang Hus Plan, den Obersten Staatsrat Jihuanzi auf dem Weg zum Bankett töten zu lassen und anschließend mit den Regierungstruppen die anderen Mitglieder der Familien Jisun und Sushun anzugreifen. Yang Hu war bereits zum Ort des Banketts vorausgefahren. Jihuanzi reiste mit einigem Abstand in einer Kutsche mit einer Yang Hu ergebenen Militäreskorte, die »Breitschwerter und Schilde« trug. Yang Hus Bruder und seine Männer bildeten die Nachhut. Jihuanzi wußte, daß er seinem Ende entgegenfuhr. Plötzlich wandte er sich an seinen Kutscher: »Deine Vorfahren waren treue Gefolgsleute meiner Familie. Kannst du ihre Tradition nicht fortführen?« Der Mann erwiderte, es sei zu spät für eine solche Bitte: »Yang Hu bestimmt über die Regierung. Alle in Lu gehorchen ihm. Sich gegen ihn zu stellen bedeutet den Tod. Aber was würde ich Euch nützen, wenn ich tot wäre?« Jihuanzi gab nicht nach, bis er den Kutscher schließlich überredet hatte, eine Flucht in die Stadt zu wagen, die noch immer unter der Herrschaft der dritten Familie, der Mengsun, stand.

Die Geschichte endet mit dem Sieg der Mengsun über Yang Hus Truppen in der Hauptstadt und dem Tod seines Bruders. Als die Schlacht vorüber war, legte Yang Hu »seine Rüstung ab, ging zum Palast des Herzogs, nahm die kostbare Jade und den Großen Bogen« und ging nach Hause, »um zu speisen und zu schlafen«. Als seine Gefolgsleute ihm ankündigten, daß die gegnerischen Truppen »vor den Toren standen«, sagte Yang Hu: »Nachdem sie von meiner Vertreibung gehört haben, sind die Einwohner von Lu nur zu froh, daß ihr Leben geschont wurde. Warum sollten sie ihre Zeit damit verschwenden, mich zu verfolgen?« In den Worten eines späteren Gelehrten: »Yang Hu war von Natur aus großspurig und grausam und beherrschte [eine Zeitlang] die Bühne im Staate Lu

15 Ebenda.

und alle Regierungsangelegenheiten.« Weiter schreibt er: »Das Volk von Lu fürchtete ihn so sehr, wie es Donner und Blitz fürchtete. Selbst Geister und Gespenster wagten nicht, ihn zu beleidigen. Noch als er verloren hatte, ging er geradewegs zum Palast des Herrschers, schleppte dessen kostbare Juwelen und den Großen Bogen fort und stolzierte kühl und unerschüttert nach Hause in die Wufu-Straße. Er war einer jener Männer, die niemand in Verlegenheit zu bringen vermag.«[16]

Es ist unklar, ob Konfuzius jemals erwog, sich Yang Hu anzuschließen, aber Gongshans Angebot reizte ihn. Gongshan war Yang Hus Schützling, und es gelang ihm, die Stellung seines Herrn zu sichern, nachdem Yang Hu in den Staat Jin geflohen war. Obwohl die Jisun wußten, daß Gongshan einer der Anführer bei Yan Hus Verschwörung gewesen war, verschonten sie ihn nicht nur, sondern gaben ihm seltsamerweise auch noch Yang Hus alten Posten. Vielleicht war Yang Hus Niederlage nur ein vorläufiger Rückschlag für die Gefolgsleute. Vielleicht waren diese Männer so fest in Lu verwurzelt, daß die Erbfamilien sich damit abgefunden hatten, daß es nur noch eine Frage der Zeit war, bis sie ihre Macht offiziell den Emporkömmlingen überlassen mußten. Dies könnte auch eine Erklärung dafür sein, daß selbst Konfuzius davon träumte, mit Hilfe von Vasallen »ein Zhou-Reich im Osten zu begründen«.

Als man Konfuzius zum Obersten Rechtspfleger ernannte, stieß dies seine Pläne um. Im Jahre 500 v. Chr. reiste er zusammen mit Herzog Ding, dem Herrscher von Lu, in ein abgelegenes Tal namens Xiagu. Ihre Mission war es, ein zeitweiliges Bündnis mit Qi zu schließen. Die beiden Staaten standen seit Herzog Dings Amtseinsetzung im Jahre 509 in Konflikt. Zuerst hatte es einen langwierigen Streit um den Bezirk Yun gegeben.[17] 503 wurde die Feindschaft offiziell, weil Qi einen en-

16 Gao Shiqi, *Zuozhuan jishi benmo*, S. 124f.

17 Zur Geschichte von Yun siehe *Chunqiu Zuozhuan zhu*, Herzog Zhao, 26. und 27. Jahr, S. 1469f., 1481. Zu den Spannungen zwischen Qi und Lu siehe ebenda, Herzog Ding, 6.-8. Jahr, S. 1555-1564.

gen Verbündeten von Lu angriff. 502, also in dem Jahr, als Yang Hu sich erhob, führte Herzog Ding persönlich drei Feldzüge gegen Qi durch. Doch als Qi sich weigerte, Yang Hu nach seinem gescheiterten Putschversuch zu unterstützen, sahen die Herrscher der beiden Staaten eine Gelegenheit zur Versöhnung,[18] was Herzog Ding und Konfuzius zur Reise nach Xiagu veranlaßte. Doch Qi erwies sich nicht als vertrauenswürdig. Einer der dortigen Berater erklärte seinem Herrscher, Konfuzius kenne zwar die Riten, es fehle ihm jedoch an Mut, und drängte ihn, »das Volk von Lai auszusenden, um den Herzog von Lu mit Gewalt zu ergreifen. 〈...〉 Das kann nur zu unserem Vorteil sein.«[19]

Das »Volk von Lai«,[20] ein nichtchinesischer Stamm, siedelte nördlich von Qi. 567 v. Chr. hatte ein Heer aus Qi seine einzige Ortschaft zerstört und sein Oberhaupt ermordet. Nun lebten die Untertanen über das Xiagu-Tal verstreut. Die Lai in diese Verschwörung einzubeziehen schien ein kluger Schachzug. Damit könnte Qi sämtliche Verantwortung auf ein Volk schieben, das die meisten Chinesen als gewalttätig und kulturell unterlegen ansahen. Da die Lai überdies das entlegene Xiagu-Tal bewohnten, konnte auch nicht der Eindruck entstehen, Qi hätte sie als Schergen gedungen. Sobald Konfuzius jedoch die Gefahr erkannte, in der sein Herrscher sich befand, befahl er seiner Militäreskorte, sogleich einzugreifen. Dem Herrscher von Qi erklärte er: »Zwei Fürsten beabsichtigen, sich zu vertragen, dann bewaffnet einer von ihnen Leute, die seine Soldaten einst unterworfen haben, und ermutigt sie, Unordnung zu stiften. Das ist nicht die Art, auf die ein Herrscher von Qi Angelegenheiten mit anderen Fürsten regeln sollte.«

Dann betont Konfuzius, daß es nicht richtig sei, wenn »Barbaren Unruhe unter chinesischen Staaten verbreiten«, »ein ge-

---

18 Ebenda, 9. Jahr, S. 1572ff.

19 Ebenda, 10. Jahr, S. 1577f.

20 Ebenda, Herzog Xiang, 6. Jahr, S. 947f. Vgl. auch Enos Theorie über Konfuzius' Beziehung zu den Lai in: *The Background of the Kong Family in Lu.*

fangenes Volk sich in ein Bündnis einmischt« und »Soldaten Friedensverhandlungen stören«. Er fordert den Fürsten von Qi auf, von seinem Plan abzulassen. »Diesen fortzuführen«, fügt er hinzu, wäre »aus der Sicht der Geister unglückverheißend«, »aus der Sicht der Menschen unpassend« und »eine ernsthafte Verletzung des Gebotes der Rechtschaffenheit«. Als Konfuzius sein Plädoyer beendet hat, zieht der Fürst von Qi die bewaffneten Lai zurück, woraufhin Konfuzius die Bedingungen für den Vertrag darlegt. Durch seinen obersten Unterhändler teilt er der anderen Seite mit, daß sein Fürst das Bündnis erst eingehen könne, wenn Qi die drei Bezirke, die es Lu in den jüngsten Scharmützeln abgenommen hatte, zurückgebe.

Nachdem beide Seiten die Vereinbarung unterzeichnet haben, will der Herrscher von Qi den Anlaß feiern. Wieder meldet Konfuzius sich zu Wort. Es zieme sich nicht für die Fürsten zweier chinesischer Staaten, im Niemandsland ein Bankett zu veranstalten. »Da die Aufgabe bereits vollendet ist«, sagt er, »hieße ein Festmahl, mehr zu tun, als nötig ist.« Und weiter:

> Überdies sollten die Xi- und Xiang-Weinbehälter nicht die Ahnentempel unserer Länder verlassen. Die Musik von Glocken und Klangsteinen sollte nicht in der Wildnis ertönen. Ein aufwendiges Fest mit heiligen Gefäßen und Musik in einer Gegend wie Xiagu [die weder uns noch Euch gehört] zu feiern, wäre ein Verstoß gegen die Riten. Doch es ohne verfeinerte Eleganz zu tun, hieße, wir müßten Spreu und Unkraut verwenden, was einer Beleidigung unserer Herrscher gleichkäme. ⟨...⟩ Ein Fest bedeutet, die Tugend zu beleuchten und zu feiern, und wenn wir das nicht können, ist es besser, es ganz zu lassen.

Das Bankett »fand nicht statt«, erfahren wir, und bald nachdem der Herrscher von Lu nach Hause zurückgekehrt war, »gaben die Qi die drei Bezirke Yun, Huan und Guiyin zurück«.[21]

---

21 Siehe *Chunqiu Zuozhuan zhu*, Herzog Ding, 10. Jahr, S. 1578 f.

Es gibt noch eine andere Fassung dieses Berichts,[22] weniger zuverlässig, aber populärer, weil sie drastischer ist und der Historiker Sima Qian sie in seine Biographie des Konfuzius aufgenommen hat. Der Autor dieser etwas fragwürdigen und reißerischen Version hat verschiedene Elemente aus dem älteren Bericht in der *Überlieferung des Zuo* verwendet – das Lai-Volk, das Xiagu-Tal, ein fiktives Fest, Konfuzius' Anwesenheit. Am Anfang marschieren die feindlichen Soldaten »unter dem Grollen der Trommeln« Seite an Seite mit den Lai auf den Herzog von Lu zu. Konfuzius befiehlt seinen Offizieren, sie zurückzudrängen, und erklärt dem Herzog von Qi, daß Nichtchinesen an einem Ort, wo Chinesen »höflichen Umgang pflegen« wollten, nichts verloren hätten. Der Fürst von Qi entschuldigt sich und rügt seine eigenen Berater, weil »sie ihn zum üblen Verhalten der Barbaren verleitet« hätten. Später am Tag ordnen die Offiziere von Qi einen Auftritt von Tänzern und Sängern vor dem Zelt des Herzogs von Lu an. Konfuzius befiehlt ihre Hinrichtung, da sie »ihren eigenen Herrscher zum Gespött gemacht« hätten. In der Quelle heißt es: »Ihre Köpfe und Füße gingen aus verschiedenen Toren.« Mit anderen Worten, man hatte sie enthauptet.

Sima Qian fügte seiner Fassung noch mehr Einzelheiten hinzu.[23] Sein Bericht ist farbiger, aber auch klarer. Ihm zufolge trugen die Tänzer und Sänger Federschmuck, »lange und kurze Schwerter« und »Speere und Schilde«. Sie veranstalteten einen Heidenlärm, und es waren keine Chinesen. Sie traten noch ein zweites Mal auf und wiederholten ihre Vorstellung, nachdem der Fürst von Qi sie schon angewiesen hatte, aufzuhören – was Konfuzius als Akt des Ungehorsams und Beweis für ihre Unbotmäßigkeit deutete.

Wahrscheinlich ist weder diese Version noch die frühere, die Sima Qian als Vorlage diente, authentisch. Anders als der Bericht in der *Überlieferung des Zuo*, der im Grunde aus der Aufzeichnung der Reden besteht, die Konfuzius in Xiagu hielt,

22 *Chunqiu Guliangzhuan*, Herzog Ding, 10. Jahr, Kap. 19, s. 116-126.
23 *Shiji*, Kap. 47, S. 1915 f.

setzen diese beiden Geschichten zu viele erzählerische Mittel ein. Das Werk spiegelt die Geschichtsschreibung der Zeit um 400 v. Chr. wider,[24] während die beiden späteren Berichte typisch für die Zeit um 100 v. Chr. sind. Dennoch stellen alle drei Konfuzius übereinstimmend als hart und entschlossen dar. Offenbar war er um 500 v. Chr. ein selbstsicherer Mann, der die Verhandlungen in Xiagu inhaltlich und rhetorisch leitete. Der *Überlieferung des Zuo* zufolge fungierte Konfuzius dabei als »Oberster Ratgeber« *(xiang)* seines Fürsten. Nur die Häupter der Erbfamilien konnten eine solche Position innehaben. Daraus läßt sich schließen, daß die Drei Familien in den Nachwehen von Yang Hus Putsch noch geschwächt waren und Konfuzius sie zeitweilig vertrat.

Konfuzius muß mit seinem Auftritt in Xiagu zufrieden gewesen sein. Die Qi verhielten sich zunächst unkultiviert, kamen jedoch bald seinen Forderungen nach. Ihr Herrscher bewies Achtung vor Konfuzius' Kenntnis der Riten und des angemessenen Verhaltens. Dies ermutigte ihn wahrscheinlich zu der Vorstellung, den Drei Familien einen tödlichen Schlag versetzen zu können, ehe sie Gelegenheit hatten, sich zu sammeln. Tatsächlich erhob sich im Sommer 500, bald nachdem Qi sein Versprechen erfüllt und die besagten drei Bezirke an Lu zurückgegeben hatte, ein weiterer Vasall, dieses Mal aus dem Clan der Sushun.[25] Am Ende wurde auch er vertrieben, nicht mit Gewalt, sondern mit einer List. Der Mann, der sie ersann, war ein Beamter, der für die Handwerker zuständig war. Einige Wissenschaftler sind der Ansicht, es habe sich um einen Schüler von Konfuzius gehandelt.

Wir schreiben das Jahr 498 v. Chr. Konfuzius scheint den Gedanken, die Erbfamilien mit Hilfe ihrer eigenen Gefolgsleute zu entmachten, aufgegeben zu haben. Statt dessen versuchen er und seine Schüler, die Familien dazu zu bringen, sich

---

24 Vgl. die Diskussion von Jiang Yong und Quan Zuwang in: *Chunqiu Zuozhuan zhu*, Yang Bojuns gesammelten Kommentaren zum *Zuozhuan*, S. 1577 f.

25 Dieser Vasall hieß Hou Fan. Ebenda, S. 1581 f.

selbst zu ruinieren. Als in jenem Jahr alles außer Kontrolle gerät – nachdem die Männer von Bi sich erhoben hatten und bewaffnet durch die Straßen der Hauptstadt gezogen waren –, ändert Konfuzius seinen Kurs, denn er erkennt, daß Lu auf das Chaos zusteuert. Sein Rettungsversuch bringt ihm allerdings weder Verdienste ein, noch gelingt es ihm, das Mißtrauen zu zerstreuen, das die Drei Familien offenbar gegen ihn hegten. Jihuanzis Verhalten im Jahre 497 bestätigt dies: Indem er Konfuzius keinen Anteil am Opferfleisch gewährt, signalisiert das Oberhaupt der Jisun, daß er ihn loswerden will, weil er ihm nicht traut oder – schlimmer noch – ihn bereits für belanglos hält. Es kann ein Zufall sein, daß die Singmädchen aus Qi just in dem Jahr in Lu auftauchen, als Konfuzius seine Heimat verläßt. Da Qi und Lu sich von jeher immer wieder gegenseitig zu Kriegen oder Torheiten anstachelten, müssen die beiden Ereignisse nicht unbedingt etwas miteinander zu tun haben.

Möglicherweise hegte das Volk von Qi einen Groll gegen Konfuzius, weil es ihm 500 v. Chr. gelungen war, ihren Herrscher in Verlegenheit zu bringen und seinem eigenen zu dem zu verhelfen, was er verlangte. Doch warum sollte man Mädchen auf Pferden schicken, um ihn zu verhöhnen, wenn Konfuzius 497 in Lu schon gar keine Rolle mehr spielte? Oder nutzte Konfuzius diesen »geringfügigen Verstoß« als weitere Rechtfertigung für seine Flucht?

Als Konfuzius 497 auf die Reise ging, hatte er nahezu keinen familiären Verpflichtungen mehr. Seine Eltern war seit Jahrzehnten begraben. Seine Ehe war zu Ende. Sein Sohn war bereits fünfunddreißig und seine Tochter sicher nicht viel jünger. Wären seine Kinder in einem zarteren Alter oder seine Eltern noch am Leben gewesen, hätte Konfuzius gewiß erwogen zu bleiben. Spätere Quellen berichten, daß der Oberste Staatsrat Jihuanzi sein Bedauern über Konfuzius' Abreise aussprach. Er hatte sicherlich gelogen.[26]

---

26 Vgl. z. B. *Shiji*, Kap. 47, S. 1918.

2
FAMILIEN UND POLITIK

Jihuanzi hielt Konfuzius für entbehrlich, und Konfuzius glaubte, Jihuanzi würde der letzte Inhaber des erblichen Ratgeberamtes in Lu sein. In den *Gesprächen* sagt er: »Erbliche Ämter können einer Familie selten länger als fünf Generationen ihre Macht sichern.« (XVI,2) Da Jihuanzi der fünfte in einer erblichen Abfolge von Staatsräten in Lu war, scheint Konfuzius ein Geheimnis zu enthüllen, das nur kannte, wer mit dem Schicksal auf vertrautem Fuß stand. Doch Konfuzius betrachtete sich nie als Propheten, da er nicht glaubte, »von Geburt an Wissen« zu besitzen. Geborene Weise waren rar und standen im alten China »auf der höchsten Stufe« (XVI,9). Man meinte, sie könnten »erraten, wieviel in einem Speicher gehortet« war, und künftige Ereignisse wie das Wetter genau voraussagen, doch Konfuzius gehörte nicht zu ihnen.[1]

Konfuzius' Äußerung über das erbliche Ratgeberamt war demnach keine Prophezeiung, sondern das Ergebnis seiner genauen Beobachtung von Königen, regionalen Fürsten und Prätendenten. Er leitete seine Erkenntnis aus dem ab, was er über die Geschichte der Zhou-Dynastie und besonders der von Lu gelernt hatte. In den *Gesprächen* sagt er: »Wenn auf der Welt Ordnung herrscht, ist es der Kaiser, der Riten und Musik und Strafzüge leitet. Wenn auf der Welt keine Ordnung herrscht, sind es die Fürsten, die Riten und Musik und Strafzüge leiten. 〈...〉 Und wenn Fürsten an der Macht sind,

1 *Zhuangzi*, Buch 10 (bearbeitet nach Watsons Übersetzung in Zhuangzi, *The Complete Works of Chuang Tzu*, S. 108) . Zu »mit Wissen Geborenen«, die im alten China auch als *shengren* oder Weise bezeichnet wurden, vgl. *Chunqiu Zuozhuan zhu*, Herzog Xiang, 10. Jahr, S. 1065.

so behalten sie sie selten länger als zehn Generationen. Wenn erbliche Berater an der Macht sind, so behalten sie die Macht selten länger als fünf Generationen. Wenn ihre Gefolgsleute an der Macht sind, so behalten sie diese selten länger als drei Generationen.« (XVI,2) Die frühe Geschichte der Zhou bezeugt die Richtigkeit der ersten Feststellung. König Wen leitete den Sturz der Shang-Dynastie ein, und König Wu vollendete das Werk seines Vaters, als er 1045 die Shang-Armee im Osten besiegte und der letzte Shang-König rituellen Selbstmord beging, indem er sich verbrannte. Doch kaum zwei Jahre nachdem König Wu in den Westen zurückgekehrt war und seine Hauptstadt am Wei-Fluß gegründet hatte, raffte ihn eine plötzliche Krankheit hinweg. Die Herrschaft von König Wus Sohn und Enkel wird als eine Zeit des »Friedens und der Sicherheit« beschrieben. »Über vierzig Jahre lang«, so die frühe Geschichtsschreibung, »war es unnötig, Strafen zu verhängen.«[2]

»Frieden und Sicherheit« fielen einem Fürsten nicht in den Schoß, sie waren schwer erkämpft. Die Aufzeichnungen belegen, daß auch die frühen Herrscher enormen Schwierigkeiten gegenüberstanden. Als König Wu starb, war sein Erbe, König Cheng, noch ein Kind und zu klein und unerfahren, um ein Reich zu festigen, das so rasch und unverhofft erobert worden war – eigentlich nur durch einen einzigen Sieg. Selbst das Wissen um göttliche Einflußnahme – daß »der Himmel Zerstörung über die Shang brachte« und den »Zhou die Macht zu herrschen gab« – bot keine endgültige Gewißheit dafür, daß die Zhou ihr himmlisches Mandat behalten würden. In diesem kritischen Moment[3] griff der Herzog von Zhou, ein Bru-

2 *Shiji*, Kap. 4, S. 134.

3 Siehe *Buch der Urkunden* (*Shangshu* oder *Shujing*), das Kapitel »Prinz Shi« (Junshi): *Shangshu jinguwen zhushu*, hg. v. Sun Xingyan, S. 446f. Der Denker Xunzi aus der Zeit der Streitenden Reiche liefert ebenfalls eine prägnante Schilderung der Krise, vor der der Zhou-Hof stand, als König Wu plötzlich starb und ein kleines Kind als Nachfolger hinterließ. Siehe *Xunzi jijie*, hg. v. Wang Xian-

der des verstorbenen Königs, in das Geschehen ein und ernannte sich selbst zum Regenten und »Schutzschild« seines kleinen Neffen. Zwei Brüder des Herzogs von Zhou mißbilligten dies und provozierten im Osten einen Aufstand, der zu einem längeren Krieg ausartete und die Dynastie beinahe vorzeitig beendet hätte. Als der Krieg vorüber war, ließ der Herzog von Zhou den einen Bruder hinrichten und verbannte den anderen. Um die Dynastie vor weiteren Erhebungen im Osten zu schützen, ersann er einen Plan. Er schickte Verwandte des Königs an strategisch bedeutsame Orte in der Region, mit dem Auftrag, dort dauerhafte Kolonisten aus ihrer westlichen Heimat anzusiedeln. Anschließend benutzte er diese lokalen Niederlassungen, um Beziehungen zwischen den dortigen Herrschern und dem Zhou-König zu knüpfen. Dieses Lehenssystem *(feng jian)*,[4] das der Herzog von Zhou für seinen Neffen entworfen hatte, sollte das Fundament der Zhou-Herrschaft und zugleich ihre größte Leistung sein.

In den Anfangsjahren der Zhou-Dynastie blühte und gedieh das Lehenssystem *feng jian*. Durch die Vermittlung örtlicher Statthalter waren König Cheng und dessen Erbe in der Lage, die Konsolidierung ihres Reiches aus der Hauptstadt im Westen zu überwachen und dessen Größe und Einfluß zu erweitern, ohne zuviel von der Energie ihrer noch jungen Dynastie zu vergeuden. Die Befehle der beiden Könige wurden stets durch höfische Riten untermauert. Sooft sie ein Mitglied der kaiserlichen Familie abstellten, um eine Kolonie zu gründen, hielten sie eine Audienz mit anschließender Zeremonie in der Hauptstadt ab, zu der immer ein Bankett, ein Trankopfer und eine Darbietung im Bogenschießen gehör-

---

qian, S. 73 f. und Edward L. Shaughnessy, »Western Zhou History«, in: *The Cambridge History of Ancient China*, S. 307-317.

4 Siehe Edward L. Shaughnessy, »Western Zhou History«, in: *The Cambridge History of Ancient China*, S. 317-322, siehe auch die Studie über die geopolitische Struktur der Westlichen Zhou von Li Feng, *Landscape and Power in Early China*, S. 58-82.

ten.[5] Bei solchen Anlässen waren stets Hofschreiber zugegen, die den kaiserlichen Erlaß und die geführten Gespräche aufzeichneten. Am Ende der Feierlichkeiten reisten die Ernannten mit einer Abschrift des Berichts ab, die sie häufig zum Andenken an diesen bedeutsamen Augenblick ihres Lebens auf ein Bronzegefäß gravieren ließen. Die Bronzeinschriften aus den ersten sechzig Jahren der Zhou-Dynastie stützen die traditionelle Sicht, daß damals eine Zeit »des Friedens und der Sicherheit« herrschte. Ebenfalls belegen sie, daß Hofrituale und militärische Entscheidungen ganz den Königen oblagen. Auch Konfuzius nennt sie in einem Atemzug. Wo der König für Riten, Musik und Kriegsführung zuständig sei, erklärt er, herrsche Ordnung.

Ab dem 10. Jahrhundert v. Chr. kam es zu ersten Verfallserscheinungen. Einer der Könige mutete der Zhou-Armee in seinem Ehrgeiz zu viel zu. Der verheerende Feldzug gegen ein nichtchinesisches Volk im Süden kostete ihn den gesamten westlichen Teil seines Heeres. Auch wenn es seinen Nachfolgern gelang, die Königliche Armee wiederaufzubauen, waren das Selbstvertrauen und der Mut, die die frühen Zhou ausgezeichnet hatten, großteils dahin. Und damit auch die Furcht der nichtchinesischen Stämme, die Zhou herauszufordern, sobald ihnen der Augenblick günstig erschien.

Just als die Bedrohung von außen stärker wurde, begannen die Regionalherrscher in den Ostgebieten nach mehr Autonomie zu streben. Die meisten dieser Fürsten waren mit dem Zhou-König durch Blut oder Heirat verwandt, doch die Zeit und die geographische Entfernung hatten diese Bande geschwächt. Als in der zweiten Hälfte des 10. Jahrhunderts v. Chr. König Mu erkannte, daß die Lehensfürsten ihren Verpflichtungen immer unwilliger nachkamen, führte er institutionelle Reformen durch,[6] die die Regierung erheblich verän-

5 Siehe Liu Yu, *Xi Zhou jinwen zhong de sheli* (»Rituale des Bogenschießens, beschrieben in den Bronzeinschriften der Westlichen Zhou«).

6 Siehe Li Feng, *Succession and Promotion*, und Shaughnessy, »Western Zhou History«, in: *The Cambridge History of Ancient China*, S. 323-328.

dern sollten. Statt sich nur auf die Erbfolge innerhalb der Familien zu stützen, sollten nun auch Ernennungen außerhalb des Erbsystems möglich sein und Gebildete mit administrativen Fähigkeiten eingestellt werden. Diese Reformen hatten eine nachhaltige Wirkung auf den Zhou-Hof im Westen und die Feudalreiche im Osten.[7] Jahrhunderte später sollte der Herzog von Lu Konfuzius das Amt des Obersten Rechtspflegers in seiner Regierung anbieten, da dieser auf einer Reihe untergeordneter Posten bewiesen hatte, daß er dieser Aufgabe hervorragend gewachsen war. Konfuzius erbte sein Amt also nicht von seinem Vater.

Die Geschichte der chinesischen Institutionen änderte unter König Mu ihre Richtung, aber auch diese Initiative half der Dynastie nicht, sich von innerer Zwietracht oder der Bedrohung von außen zu befreien, noch gab sie den Zhou-Königen ihr früheres Ansehen zurück. Selbst die Adelsfamilien in der Umgebung der Hauptstadt zögerten, dem König Unterstützung zu gewähren, so daß er sich ihre Dienste und ihre halbherzige Loyalität zu sichern suchte, indem er ihnen Land schenkte. Da die Herrscher in jener Zeit keine Steuern einzogen, waren die königlichen Latifundien ihre einzige Einkommensquelle. Und als diese Gebiete immer mehr zusammenschrumpften, spitzten sich die finanziellen Probleme des Königshauses zu.

Überlieferte Quellen und Bronzeinschriften belegen, daß im 9. Jahrhundert v. Chr. »einige der vielen Fürsten« – so auch der Herrscher von Konfuzius' Nachbarstaat Qi – zu einer kriegerischen Herausforderung ihres Souveräns bereit waren, besonders wenn dieser sich in ihre inneren Angelegenheiten einmischte, obwohl die Schlichtung von Nachfolgestreitigkeiten oder Krisen innerhalb eines Feudalstaates durchaus ein Vorrecht des Zhou-Königs gewesen wäre, hätte er die seinem Rang entsprechende Achtung und Ehrerbietung genossen. Aus den Schriften früher Historiker geht jedoch hervor, daß an-

7 Siehe Li Feng, *Landscape and Power in Early China*, S. 121-134.

scheinend keiner der Könige dieser Epoche noch über genügend Macht oder moralischen Einfluß verfügte oder sich zumindest diesen Anschein geben konnte. Alle waren auf die Ebene von Feudalherren herabgesunken. Oft verhielten sie sich sogar wie Vasallen. Sie waren sehr menschlich geworden und damit entbehrlich.

771 v. Chr. wurde der König hingerichtet. Man hetzte ihn wie ein Tier und schlachtete ihn am Fuße eines Berges ab, nachdem seine Gegner bei Hof »ein feindliches Volk« aus dem Nordwesten in der Hauptstadt gerufen und aufgefordert hatten, seinen Palast zu plündern. Kaum war der König tot, halfen die Feudalfürsten seinem Erben, den Hof in die östliche Hauptstadt in der Zentralebene zu verlegen. Der neue Monarch war eine traurige Gestalt – weit fort von zu Hause, ein König ohne Heer und Land. Schließlich gaben ihm die Feudalfürsten, was er brauchte, um König zu sein, aber seine Armee, sein Territorium und sein politischer Einfluß waren im Vergleich zu seinen Vorgängern winzig. Überdies befahlen die Fürsten der Regionalstaaten ihm, seinen rituellen Aufgaben größere Aufmerksamkeit zu schenken und sich auf die symbolische Rolle eines Königs zu beschränken. Mit König Ping brach die zweite Hälfte der Zhou-Zeit an. Es herrschten nun die Östlichen Zhou.[8] Sima Qian schildert die Verschiebung der Machtverhältnisse: »In der Zeit König Pings wurde das Kaiserliche Haus schwach. Die Regionalfürsten folgten dem Prinzip, daß die Starken die Schwachen verschlingen, und die Staaten Qi, Chu, Qin und Jin traten als neue Mächte hervor. Die politische Macht des Reiches fiel ebenfalls in die Hände ihrer Ältesten.«[9]

Für Konfuzius war damit eine Zeit des Chaos angebrochen, weil nun nur noch die Regionalfürsten für Riten, Musik und Feldzüge zuständig waren. Unter solchen Umständen, erklär-

8 Siehe *Shiji*, Kap. 4, S. 147ff.; Shaughnessy, »Western Zhou History«, in: *Cambridge History of Ancient China*, S. 342-351; Li Feng, *Landscape and Power*, S. 193-221.

9 *Shiji*, Kap. 4, S. 149.

te er, sei es »unwahrscheinlich, daß sie ihre Macht über zehn Generationen bewahren« könnten. Warum nicht? Weil ihre Besitzansprüche nicht gut genug waren, um zu überdauern. Und warum nicht? Weil sie sich über den Zhou-König zu erheben trachteten und damit die grundlegenden Prinzipien des Lehenssystems mißachteten. Mit dieser Behauptung stellte Konfuzius sich gegen alle Regionalfürsten, die sich etwas anmaßten, das ihnen nicht zukam – auch gegen die seines Heimatstaates Lu.

Konfuzius war immer stolz auf Lus Ursprünge gewesen: darauf, daß der Herzog von Zhou, der Sohn König Wens und Halbruder König Wus, seinen eigenen Sohn in den Nordosten gesandt hatte, um die Siedlung zu gründen, aus der später der Staat Lu hervorging, und daß das Volk von Lu diesen Mann als gemeinsamen Vorfahr beanspruchen konnte. Den *Gesprächen* zufolge soll Konfuzius einmal gesagt habe: »Es geht abwärts mit mir! Schon so lange habe ich nicht mehr vom Herzog von Zhou geträumt.« (VII,5) Generationen von Gelehrten haben versucht, diese Äußerung zu deuten. Wurde Konfuzius sich seines herannahenden Alters bewußt? Sorgte er sich um seine geistige Schärfe oder sogar seine Fähigkeit zu träumen oder beunruhigte ihn wirklich nur die Abwesenheit des Herzogs von Zhou in seinen Träumen? Oder bezog er sich auf seinen moralischen Zustand? Und wenn ja, weshalb wäre dann die Abwesenheit des Herzogs von Zhou in seinen Träumen ein Zeichen für moralischen Niedergang? Welche Verwandtschaft bestand zwischen ihnen?

Beide Männer waren Berater, auch wenn zwischen ihnen fast 550 Jahre liegen. Doch der Herzog von Zhou war von königlichem Geblüt, während Konfuzius nur ein bezahlter Beamter ohne nennenswerten familiären Hintergrund war. Dennoch hatten die beiden Männer eine ähnliche Auffassung vom Regieren. Wir können nicht eindeutig belegen, was Konfuzius von dem politischen Konstrukt hielt, das der Herzog von Zhou für den Prinzen und kommende Generationen entworfen hatte, aber er sagte: »Die Zhou-Dynastie blickt auf zwei Dynastien zurück. Ihre ganze Bildung ist daher verfeinert.

Ich schließe mich der Zhou-Dynastie an.«[10] (III,14) Diese Aussage beinhaltet eine Billigung, wenn auch nicht eindeutig des Lehenssystems, aber doch der moralischen Ordnung und der Pflege von Riten und Musik, die funktionierender und lebendiger Teil dieser politischen Vision waren.

Beide Männer lebten in der beständigen, aber motivierenden Angst, nicht genug getan zu haben, weil sich so vieles im Leben nicht voraussehen läßt. Sie glaubten, daß es diese Fürsorge im Verein mit harter Arbeit war, die überlegene von gewöhnlichen Menschen unterschied, wahrhaftige von mittelmäßigen. Für überlegen und wahrhaftig hielt der Herzog von Zhou die Berater, die ihre Könige groß gemacht hatten[11] – die Berater, die seinem Vater und Bruder geholfen hatten, »das Reich, das einst den Shang-Königen gehörte, zu unterwerfen und zu ordnen«. Diese Männer zeichneten sich durch die »nie endende Sorge« aus, daß die Zhou-Könige und ihr Volk die Gunst des Himmels verlieren könnten, falls sie erschlafften oder strauchelten.

Doch vom Herzog von Zhou verlangte der Himmel noch mehr, indem er ihn vor die Frage stellte, was er mit seinen beiden Brüdern anfangen sollte, die aus geschwisterlicher Eifersucht das Land durch einen Krieg gespalten hatten. Der Entschluß, sie streng zu bestrafen, kann dem Herzog von Zhou

---

10 In seinem jüngsten Werk *Chinese Society in the Age of Confucius (1000–250 BC)* stellt der Archäologe Lothar von Falkenhausen die Hypothese auf, daß die frühen Riten der Zhou im Geist und in der Praxis jenen der ihr vorangegangenen Shang-Dynastie glichen und erst die beiden großen Reformen um 860 und 650 v. Chr. den Zhou-Riten ihre ausgeprägte Form und ihren Charakter verliehen. Falkenhausen zufolge waren die Riten, die Konfuzius wieder einzuführen suchte, nicht die der frühen Zhou-Könige, sondern die der späten Westlichen Zhou und der mittleren Frühlings- und Herbstzeit, also Riten, die Konfuzius' eigener Epoche viel näher waren. Ich erkenne diesen archäologischen Standpunkt an, behalte mir aber, ehe es keine weiteren Studien gibt, ein Urteil zu den Ursprüngen der Zhou-Riten und -Kultur vor.

11 Siehe *Shangshu*, Kapitel *Junshi*, S. 451-455.

nicht leichtgefallen sein, dennoch verhängte er die Urteile schnell und entschlossen. Viele Historiker und Philosophen haben über die Jahrhunderte versucht, diesen Entschluß zu erklären. Sie sagten, der Herzog von Zhou habe getan, was er tun mußte, um das Reich vor der Zerstörung zu bewahren, und damit praktisch gehandelt.[12]

Aber was dachte der Herzog von Zhou damals wirklich? Wie wog er die Liebe zu seiner Familie gegen die Interessen des Reiches ab? Waren seine Handlungen immer auf den Nutzen gerichtet? Der Rat, den er seinem Sohn erteilte, kurz bevor dieser in seine Kolonie im Osten aufbrach, gibt einen Hinweis: »Der Edle vernachlässigt seine Nächsten und Liebsten nicht. Er gibt seinen Beamten keinen Anlaß zum Groll darüber, daß er ihre Fähigkeiten nicht gebraucht. Alte Vertraute verwirft er nicht ohne triftigen Grund. Er verlangt von keinem Menschen Vollkommenheit.« (XVIII,10) Demnach scheint der Herzog von Zhou sich der heiklen Natur menschlicher Beziehungen vollkommen bewußt gewesen zu sein. Er empfiehlt seinem Sohn, »seine Nächsten und Liebsten« und jene, die in der Regierung mit ihm arbeiten, zu berücksichtigen, und rät ihm, sich auf Bedeutsames zu konzentrieren, damit Beziehungen, die dauerhaft sein sollten, nicht durch Unwichtiges zerstört werden. Der Herzog von Zhou stellte Richtlinien auf, aber keine Theorie, nicht an dieser Stelle und auch in keiner seiner offiziellen Reden und Verlautbarungen. Er hatte keine Zeit, Meinungen zu formulieren – er hatte die Sorgen eines Menschen, der vor Problemen und Krisen stand, die seine sofortige Aufmerksamkeit verlangten, und keine Zeit zum Nachdenken ließen. Dennoch konnten sich die Worte, die ihm zugeschrieben werden, leicht zu einer politischen und gesellschaftlichen Vision zusammenfügen, die bei empfänglichen Geistern eine starke moralische Resonanz hervorrief.

Als König Cheng volljährig wurde, zog sich der Herzog

---

12 Siehe *Menzius*, Buch 2B, Abschnitt 9; *Xunzi*, Kapitel 8 (*Xunzi jijie*, S. 73 f.); Gong Zizhen, »Chunqiu jueshi bidawen«, Nr. 3, in: *Gong Zizhen quanji*, S. 58 f.

von Zhou in den Osten zurück. Die frühen Zhou-Quellen schweigen über sein Leben, nachdem er sich aus der Politik zurückgezogen hatte. Fast widerstrebend wird er mit den anderen Helden aus derselben Zeit aufgeführt. Erst Konfuzius schuf einen mächtigeren Herzog von Zhou als die Chroniken. Als Berater war der Herzog sein Vorbild. In seinen Träumen erschien er ihm als guter Geist. Er verkörperte Kräfte, die zu Konfuzius' Vorstellung von Moral paßten. Auch andere Berater trugen zu seiner Vision bei, doch im Herzog von Zhou sah er seinen wichtigsten Vorläufer.[13]

Im Vergleich zu ihm wirkten die meisten Berater in der Frühlings- und Herbstzeit eigensüchtig und unbedeutend. Besonders die Entstehung der Drei Familien[14] – die späteren Träger der erblichen Ämter von Lu – war belastet und hatte unter keinem guten Stern gestanden. Etwa hundert Jahre vor Konfuzius' Geburt hatte sich folgendes zugetragen: Drei Brüder stritten um die Frage, wer die Nachfolge des Herzogs anzutreten habe. Der jüngste Bruder wollte das Amt für sich selbst und wurde darin vom mittleren Bruder unterstützt. Der älteste und mächtigste der Brüder bestand darauf, daß nur ein Sohn des Herrschers sein legitimer Erbe sein konnte. Er ließ den mittleren Bruder ergreifen und bot ihm einen Handel an: Wäre er bereit, Selbstmord zu begehen, würde er dafür sorgen, daß dieser »stets Nachkommen in Lu« haben würde. Der mittlere Bruder hatte keine andere Wahl, und so entstand die erste der drei Familien, die Shusun.

---

13 In seinem höchst originellen Essay *Yuandao* (»Über das Dao«) vertritt der Qing-Gelehrte Zhang Xuechang, es sei Konfuzius gewesen, der als erster gewisse Lehren aus den Worten und Taten des Herzogs von Zhou formuliert habe. Siehe *Wenshi tongyi*, Bd. 1,2, S. 3-7. Siehe auch David Nivisons erhellenden Aufsatz über Zhangs Abhandlung über das Dao in *The Life and thought of Chang Hsüeh-ch'eng*, S. 140-150.

14 Siehe *Zuozhuan* und *Gongyang zhuan*, Zhuang, 32. Jahr; Min, 1. und 2. Jahr; Xi, 1. Jahr (*Chunqiu Zuozhuan zhu*, S. 250-263; *Chunqiu Gongyangzhuan zhushu*, S. 184-206). Hsu Cho-yun bezeichnet die Entstehung der Erbfamilien als »zweite Feudalisierung«. Siehe seine Erörterung in: *The Cambridge History of Ancient China*, S. 570ff.

Der jüngste Bruder war beharrlicher.[15] Rasch beseitigte er die beiden Herrscher, deren Einsetzung sein ältester Bruder unterstützt hatte. Als er erkannte, daß er zu weit gegangen war und das Ausmaß seiner Verbrechen es ihm unmöglich machte, der Gerichtsbarkeit zu entkommen, erhängte er sich. Nach seinem Tod entstand in Lu eine zweite Familie, die Mengsun, die sich erbliche Ämter und Einkünfte sicherte. Der älteste Bruder richtete, nachdem er diesen Machtkampf gewonnen hatte, ebenfalls erbamtliche Nischen für seine Familie, die Jisun, ein.

Die Nachfahren der drei Brüder besserten ihr Verhalten auch später nicht wesentlich und handelten in Politik und Öffentlichkeit meist unbesonnen. So kam es 562, elf Jahre bevor Konfuzius geboren wurde, zu einem ernsthaften Verstoß, als das Oberhaupt der Jisun beschloß, das staatliche Heer in den privaten Dienst der Drei Familien zu stellen.[16] Jede der Familien übernahm ein Drittel der Truppen, die bis dahin dem Herrscher unterstanden hatten, und verstärkten so ihre eigenen privaten Einheiten. Auch die Waffen und Streitwagen teilten die Familien untereinander auf. Damit war der Herrscher militärisch völlig abhängig von seinen Beratern. Die Umgestaltung des Heeres hatte weitere Folgen. So konnten die Oberhäupter der Familien die Größe ihrer Truppen selbst bestimmen, indem sie Männer einzogen oder mit Versprechungen dazu brachten, sich zu verpflichten. Wenigstens die Hälfte der Soldaten im Heer der Shusun und Mengsun waren zwangsverpflichtet. Wer auf dem Gebiet der Jisun lebte, hatte immerhin die Wahl: Er konnte Wehrdienst leisten oder eine hohe Abgabe zahlen.

Diese Entwicklungen legen nahe, daß das Lehenssystem zu Konfuzius' Zeit bereits im Verfall begriffen war und das Her-

---

15 Qingfu, der jüngste Bruder, hatte ein langes Verhältnis mit seiner Schwägerin – der Frau des verstorbenen Herzogs Zhuang. Qingfus Tod war ein trauriges Kapitel in der Geschichte aus der *Überlieferung des Zuo*. Siehe *Chunqiu Zuozhuan zhu*, S. 262f.

16 Ebenda, Herzog Xiang, 11. Jahr, S. 984ff.

zogtum Zhou sich auf eine politische Veränderung zubewegte. Konfuzius war mit den Einzelheiten vertraut. Über die Jisun, die damals die Protagonisten der Veränderung waren, sagte er: »Ihr Reichtum ist größer als der [der Nachkommen] des Herzogs von Zhou.« (X,17)[17] »Sie haben acht Reihen mit acht Tänzern, die an ihrem Hof dienen. Wenn man das gutheißen kann, was kann man dann nicht gutheißen?« (III,1) Die Nachkommen des Herzogs von Zhou waren die Herrscher von Lu. Sie hatten noch immer den Rang von Herzögen. Als der Sohn des Herzogs von Zhou erstmals die Lehen verteilte, führte er einen Zehnten auf die jährliche Ernte ein. Die Jisun standen zwar in Diensten des Herrschers, aber zu Konfuzius' Zeit usurpierten sie zusehends dessen Amt und maßten sich Befugnisse und Privilegien an, die vormals dem Herzog zustanden – wie zum Beispiel das Erheben von Steuern. Konfuzius' Bemerkung läßt den Schluß zu, daß die Jisun mehr Steuern einnahmen als früher die Herrscher von Lu und den größten Teil davon für sich behielten. Doch Konfuzius' Sorge galt weniger den Summen, die die Jisun anhäuften, als den Verstößen gegen die Prinzipien, die sie aus Gier begingen. Das gleiche galt für den Umfang der Tanztruppe, die in ihrem Hof auftrat. Konfuzius hätte eine ausschweifende Zurschaustellung vielleicht toleriert, aber nicht, wenn sie in »keinem Verhältnis zu den Drei Familien« stand und kein Spiegel ihres Rangs war.

Die Übernahme des staatlichen Heers war ein noch gravierenderer Verstoß. Es gab keinen Präzedenzfall, der eine solche Maßnahme gestützt hätte. Der Herzog von Lu war ganz sicher nicht damit einverstanden, und die Familien hatten bei keiner höheren Instanz um Erlaubnis nachgesucht. Der *Überlieferung des Zuo* zufolge hatte das Oberhaupt der Jisun, ein forscher junger Mann namens Jiwuzi, die Idee »ausgebrütet« und dann Shusun Bao vorgetragen, dem Oberhaupt der Shusun und zugleich Obersten Staatsrat. Anfangs zögerte Shusun

17 Siehe auch Liu Baonans Bemerkungen zum Thema der Besteuerung in der Geschichte von Lu (*Lunyu zhengyi*, S. 246f.).

Bao, doch da Jiwuzi nicht lockerließ, gab er schließlich seine Zustimmung, sofern die Drei Familien bereit seien, gemeinsam »einen schrecklichen Eid«[18] zu schwören, den sie niemals brechen würden.

Fünfundzwanzig Jahre später sollte besagter Jiwuzi gegen den Eid verstoßen und die Armee noch einmal neu verteilen,[19] so daß die Jisun den größten Teil erhielten. Weder eine innere Krise noch eine drastische Verschiebung in der Außenpolitik rechtfertigten diesen Schachzug. Jiwuzi wollte einfach nur mehr und unternahm die nötigen Schritte, um es zu bekommen. Er forderte alle Familien auf, ihre Soldaten zusammenzurufen und die Summe dann zu halbieren. Die eine Hälfte sollte den Jisun zustehen, die verbleibende sollten sich die Shusun und die Mengsun teilen. Nun praktizierten alle Familien das System, das die Jisun einmal eingeführt hatten: Die Bewohner ihrer Ländereien durften zwischen militärischer Fron und finanzieller Ablösung wählen. Einen Teil der Getreidesteuer schenkten sie dem Herrscher als »Tribut«.

Jiwuzi bewirkte vielleicht eine Veränderung, als er die Beziehung seiner Familie zu den Menschen, die sie beherrschte, vereinfachte, und wir wissen, daß ähnliche Entwicklungen zur gleichen Zeit auch in anderen Feudalstaaten stattfanden.[20] Allerdings ergab sich jede seiner Neuerungen nur durch Zufall. Jiwuzi besaß keinerlei Weitblick und hatte auch gar nicht die Interessen seines Staates im Sinn. Vor allem sorgte er für sich und seinen Clan, wobei er oft völlig willkürlich vorging. Einige betrachteten Jiwuzi vielleicht mit Nachsicht, da seine Maßnahmen der Entwicklung des Staates nützten. Für Konfuzius hingegen war es unannehmbar, wenn ein Berater unaufrichtig war und würdelos handelte.

Jiwuzis älterer Gegenspieler, Shusun Bao, war ganz anders.

---

18 *Chunqiu Zuozhuan zhu*, Herzog Xiang, 11. Jahr, S. 986f.

19 Ebenda, Herzog Zhao, 5. Jahr, S. 1261f.

20 Vgl. Hsus Erörterung der Veränderungen in der staatlichen Verwaltung in der Frühlings- und Herbstzeit, in: *The Cambridge History of Ancient China*, S. 572ff.

Er versah sein Amt scharfsinnig, gewitzt und verantwortungsvoll. Er akzeptierte, was er für unvermeidlich hielt, auch wenn er wußte, daß es unklug war. Daher unternahm er kaum etwas, um Jiwuzi von seinen durchtriebenen Plänen abzuhalten, obgleich er ihn verachtete, ihm zutiefst mißtraute und er selbst zudem älter und mächtiger war als Jiwuzi. Shusun Bao beugte sich dem Umstand, daß der junge Angeber eines Tages »die Politik von Lu beherrschen« würde, obwohl »keine Hoffnung« bestand, daß er zu einer stärkeren Einheit Lus beitragen würde.[21]

In den *Gesprächen* wird Shusun Bao nicht erwähnt, aber es waren wohl Männer wie er, die Konfuzius im Sinn hatte, als er seine Vorstellungen von Tugend, Integrität und dem menschlichen Charakter formulierte. Anders als der bäurische Jiwuzi, der leicht zu durchschauen war, verfügte Shusun Bao über Tiefe und Weitblick, war jedoch entweder nicht stark genug, um sich großen Kräften, wie der Geschichte oder der Unvernunft, entgegenzustellen, oder er wollte es gar nicht und gab ihnen bewußt nach. Die Autoren der *Überlieferung des Zuo* waren fasziniert von Shusun Bao; sie berichten mehrere Episoden über ihn, deren längste sowohl grausam als auch fesselnd ist. Sie wurde Jahre nach dem eigentlichen Ereignis notiert und Konfuzius zugeschrieben. Ihr Fazit besteht in korrektem politischen Verhalten.

Direkte Kommentare von Konfuzius sind in der *Überlieferung des Zuo* selten, aber wenn sie auftauchen, sind diese häufig ungewöhnlichen Botschaften stets unerwartet frisch. Auch wenn jemand anderes sie unter Konfuzius' Namen dort eingefügt hat, ist es doch aufschlußreich, daß ein Autor aus dem 5. oder 4. Jahrhundert v. Chr. der Ansicht war, gewisse Aspekte aus Shusun Baos Leben müßten für Konfuzius von Interesse gewesen sein, obwohl er erst dreizehn war, als Shusun Bao starb.

Die Geschichte von Shusun Bao beginnt um das Jahr 575, bevor er Oberster Staatsrat in Lu und Oberhaupt seines Clans

21 *Chunqiu Zuozhuan zhu*, Herzog Xiang, 11. Jahr, S. 987.

wurde. Sein älterer Bruder war ein Schurke, der sich mit der Mutter des Herrschers einließ, um mit Hilfe ihres Einflusses die Jisun und Mengsun zu stürzen. Er scheiterte und floh in den Staat Qi. Shusun Bao folgte ihm, um sich den beiden Familien zu entziehen, die sich vielleicht für die Missetaten seines Bruders an ihm rächen wollten. Auf seinem Weg nach Qi verbrachte er in einer Grenzstadt die Nacht mit einer Frau. Das Kind, das aus dieser Begegnung hervorging, sollte zu einer Manie werden, mit der Shusun sich selbst die Hölle bereitete. Doch bis dahin sollte noch einige Zeit vergehen.

Bald nachdem Shusun Bao in Qi angekommen war, hatte er einen Traum. Darin »drückte der Himmel auf ihn nieder«, und als er versuchte, sich darunter hervorzuwinden, sah er einen Mann »mit düsteren Zügen und hängenden Schultern, tiefliegenden Augen und einem Mund wie ein Schweinerüssel«. Shusun Bao rief nun: »›Niu! Hilf mir!‹ Und dieser Mann rettete ihn vor dem Tod.«[22] Shusun merkte sich diesen Traum. In Qi heiratete er und bekam zwei Kinder von seiner Frau. Einige Jahre vergingen. Eines Tages beorderte der Herzog von Lu ihn nach Hause. Der Herzog bot Shusun Bao das Amt des Obersten Staatsrats an und machte ihn auch zum Oberhaupt seines Clans. Nicht lange danach erschien eine Frau in seiner Residenz und brachte ihm einen Sohn, der – wenngleich noch ein Kind – »genau so aussah wie der Mann in seinem Traum« und auf den Namen Niu hörte.

Shusun Bao machte Niu zuerst zu seinem persönlichen Diener, dann zum Verwalter seines Anwesens. Er verhätschelte den Jungen, und als Shusun Baos Gesundheit nachließ, begann Niu die Beziehung zwischen ihm und seinen beiden ehelichen Söhnen zu untergraben. Niu ließ es so aussehen, als hätten die beiden den Vater hintergangen, worauf dieser den einen töten ließ und den anderen in die Verbannung schickte. Als er Nius Betrug erkannte, war es bereits zu spät. Er war zu krank, um den Raum zu verlassen, in dem Niu ihn ohne Wasser und Nahrung gefangenhielt. Nach drei Tagen starb der

22 Ebenda, Herzog Zhao, 4. Jahr, S. 1256f.

Oberste Staatsrat von Lu allein in seiner Residenz. Doch zuvor rief er Du Xie, seinen engsten Ratgeber, zu sich und bat ihn, Niu »dem Schwert zu übergeben«. Du Xie antwortete: »Du hast Niu gerufen, und er kam. Warum willst du ihn jetzt loswerden?«[23]

Als Shusun Bao tot war, führte Niu den Clan an. Um Außenstehende – insbesondere die beiden anderen Familien – davon abzuhalten, sich in seine Angelegenheiten einzumischen, bestach er einige ihrer Mitglieder. Andere hielt er durch Drohungen in Schach. Als Shusun Baos legitimer Sohn aus der Verbannung zurückkehrte, um die Stellung als Clansoberhaupt zu übernehmen, gelang es Niu, »die Einwohner der Hauptstadt« von Lu zu überreden, »jenen zu umzingeln«, während ein Attentäter »ihm einen Pfeil durch ein Auge schoß und ihn tötete«. Niu setzte Zhaozi, den Sohn einer Konkubine, an seine Stelle, da er annahm, der junge Mann sei leicht zu lenken. Aber die Autoren der *Überlieferung des Zuo* schreiben:

> Sobald Zhaozi seine Aufgabe übernommen hatte, versammelte er die Mitglieder seiner Familie um sich und sagte zu ihnen: »Niu hat Unheil über die Shusun gebracht. Er hat einen Bruch in der rechten Ordnung der Dinge verursacht, indem er den Sohn einer Hauptfrau ermordete und an dessen Stelle den Sohn einer Konkubine setzte. Des weiteren hat er unseren Besitz beschnitten [um jene zu kaufen, die ihm nützen konnten]. Nun glaubt er, er könne sich aus der Verantwortung ziehen, aber kein Verbrechen kann abscheulicher sein als das seine. Wir müssen ihn sogleich töten!«[24]

Niu, »der um sein Leben fürchtete, floh nach Qi«. Die Enkel von Shusun Bao holten ihn kurz hinter der Grenze ein. Sie schlugen ihn nieder und »warfen seinen Kopf in das Gestrüpp, das die Ebene von Ningfeng bedeckt«. Zu diesem Ausgang bemerkt Konfuzius: »Es war schrecklich schwer für Zhaozi von Shusun, nicht zu entgelten [was Niu für ihn getan hatte]. [Der

---

23 Ebenda, S. 1258 f.

24 Ebenda, Herzog Zhao, 5. Jahr, S. 1263.

alte Berater] Zhou Ren sagte einst: ›Männer im Amt sollten niemals einen persönlichen Gefallen belohnen oder aufgrund persönlichen Grolls strafen.‹«[25]

Bezeichnend ist, daß das letzte Kapitel von Shusun Baos Leben und Sterben mit Zhaozi endet – dem Sohn einer Konkubine und illegitimen Erben, dessen Aufstieg zur Macht der Höhepunkt einer Reihe unrechter Taten war, die andere vor ihm begangen hatten. Auch Konfuzius' Urteil ist bemerkenswert. Er fand Zhaozi außergewöhnlich: Er hatte bei der Ausübung seines Amtes nur das Gemeinwohl im Sinn, was nahezu unmöglich war, da er alles – seine Position und seine Macht – persönlicher Bevorzugung und der Gunst von Männern verdankte, die nur an sich dachten. Ungeachtet seines Lobes für Zhaozi versuchte Konfuzius nicht, über die anstößigen Machenschaften hinwegzusehen, die diesem Mann zu Einfluß verholfen hatten. Aber für ihn hatte Zhaozis Charakter in all den Wirren der Frühlings- und Herbstzeit etwas Bewundernswürdiges.

Nach Konfuzius' Ansicht befand sich, was Zhaozi getan hatte, im Einklang mit *li* oder dem sittlichen Gebot – Regeln, die nicht wie Gesetze festgesetzt sind, aber als richtig gelten, als ein Recht, dessen Autorität in der Lauterkeit persönlichen Handelns liegt. Auch Shusun Baos Berater Du Xie war eine Persönlichkeit, die in der Zeitgeschichte wegen ihres Wissens und ihrer Befolgung von *li* als herausragend galt. Nach Shusun Baos Tod bestand er darauf, daß sein Herr das Begräbnis eines Obersten Staatsrats erhielt und sein Sarg in der »großen Kutsche« transportiert wurde, die ihm der Zhou-König einst geschenkt hatte. Sein Antrag erregte den Widerstand des störrischen jungen Jiwuzi, der mittlerweile erwachsen geworden war und, wie Shusun es einst vorausgesehen hatte, die Regierung von Lu an sich gerissen hatte. Jiwuzi hatte nie eine »große Kutsche« vom König erhalten. Daher fürchtete er, ein solches Begräbnis würde Shusun Bao über ihn erheben, obwohl

25 Ebenda. Der Berater Zhou Ren wird auch im *Zuozhuan* erwähnt, Herzog Yin, 6. Jahr und im *Lunyu* XVI,1.

dieser ja tot war. Er sagte, da der alte Rat zu seinen Lebzeiten nie in der Kutsche gefahren sei, gäbe es keinen Grund, ihn darin zu seinem Grab zu befördern. Du Xie gab darauf zur Antwort:

> Mein Herr begab sich für unseren Herrscher an den Zhou-Hof, um dem König Ehre zu erweisen. Beeindruckt von seinem Verhalten, belohnte der König ihn mit einer Kutsche, um seine Ahnen zu ehren. Sobald mein Herr zu Hause ankam, übergab er das Geschenk unserem Herrscher, der natürlich nicht wagte, sich dem Befehl des Königs zu widersetzen, und sie meinem Herrn zurückerstattete. Zu jener Zeit befahl unser Herrscher seinen drei Ratgebern, alles aufzuschreiben, was sich zugetragen hatte: Ihr, Herr, habt als Zuständiger für Haushalt und Landvermessung die Namen und Titel aller notiert, die damit zu tun hatten. Mein Herr, der für militärische Angelegenheiten zuständig war, legte eine ausführliche Beschreibung der Kutsche nieder. Mengsun zeichnete als Zuständiger für die öffentlichen Arbeiten die Verdienste auf, die zu dieser Belohnung geführt hatten. Nun, da mein Herr verstorben ist, wäre ein Nichtgebrauch der Kutsche bei seinem Begräbnis eine Mißachtung des königlichen Dekrets. Die Dokumente über diese Vorgänge werden in den Staatsarchiven aufbewahrt. Sie nicht zu respektieren hieße, das Amt der Drei Staatsräte für nichtig zu erklären. Wir alle nehmen an, daß wir den Befehlen unseres Souveräns zu gehorchen haben. Doch [aus Ehrerbietung für den Herrscher von Lu] wagte es mein Herr nicht, dies zu seinen Lebzeiten zu tun. Doch wann wird er je Gelegenheit haben, die Kutsche zu benutzen, wenn man es ihm nicht einmal im Tode gestattet?[26]

Du Xies Argumente waren unwiderlegbar. Er wies nach, daß sich bisher alle, die etwas mit der Sache der großen Kutsche zu tun gehabt hatten, korrekt verhalten hatten. Die Ehre, die der Zhou-König Shusun Bao angedeihen ließ, war so groß, daß Shusun Bao es unpassend gefunden hatte, vor seinem eige-

26 Ebenda, Herzog Zhao, 4. Jahr, S. 1259.

nen Herrscher damit zu protzen. Und der Herrscher, der die heikle Natur des Geschenkes erkannte, hatte dessen rituelle Bedeutung aufzeichnen lassen, um den König nicht zu beleidigen. All dies zwang den Obersten Staatsrat zum Nachgeben. Also lenkte Jiwuzi ein, und Shusun Bao fuhr in Glanz und Würden zu seiner Grabstätte.

Auch wenn diese Geschichte für den Helden gut ausgeht – sein Tod wurde gerächt, und Lu gestattete ihm ein Begräbnis, das seinem Ruf und Rang entsprach –, gab sie keinen Anlaß zum Optimismus, was den Zustand des Landes anging. Du Xie »verließ Lu, sobald die Beerdigung vorüber war«.[27] Mit Hilfe seiner Kenntnis der politischen Strukturen von Zhou und der noch gültigen Regeln hatte er für seinen Herrn getan, was er konnte. Nun mußte er auf sich aufpassen, für den Fall, daß der Oberste Staatsrat auf Vergeltung sann.

Du Xie war ein kluger Mann. Wahrscheinlich hätte er die Gewalt und den Verrat, die in der Frühlings- und Herbstzeit gang und gäbe waren, überstehen können, wenn er geblieben wäre. Seine Beredsamkeit in bedeutenden Fragen hätte ihn und andere vielleicht durch manche Krise führen können, doch hatte er das Gefühl, schon lange genug gewirkt zu haben. Er war müde und zog eine Flucht vor.

Etwa zur gleichen Zeit suchten die politischen Führer des Staates Zheng einen wichtigen Mann namens Zichan auf, nachdem ihr Herrscher bei einem Familienstreit »auf der Straße, wo die Lammverkäufer ihre Stände hatten«, von seinem Cousin getötet worden war.[28] Sie baten Zichan, ihnen in dieser schwierigen Zeit beizustehen. »Glaubt Ihr, Ihr seid in meinem Bund?« scherzte er. »Wer weiß, wie man dem Unheil in unserem Land ein Ende bereitet? Wenn diejenigen, die an der Macht sind, stark und gerecht wären, hätte es erst gar keine Schwierigkeiten gegeben. Vorläufig werde ich mich um meine eigenen Angelegenheiten kümmern.« Erst als der Oberste Staatsrat Zichan sein eigenes Amt anbot, erwog dieser über-

27 Ebenda, S. 1262.
28 Ebenda, Herzog Xiang, 30. Jahr, S. 1175-1182.

haupt, sich der Sache anzunehmen. Dennoch blieb er skeptisch. »Die Erbfamilien sind groß. Viele Menschen erwarten Vergünstigungen, daher kommt nichts zustande«, erklärte er den anderen Räten. Als man ihm versicherte, er sei »frei, nach seinen Wünschen zu regieren«, beschloß er, einen Versuch zu wagen.

Konfuzius sagt über Zichan aus Zheng: »Er zeigte sich ernsthaft in seinem Benehmen, ehrfürchtig im Dienst seines Fürsten, großzügig in seiner Sorge um das Volk und gerecht, wenn er es arbeiten läßt.« (V,16) Alle, die Zichan kannten, fanden, daß er Anstand *(li)* besaß und nicht einmal unter Druck seine Prinzipien aufgab. Dennoch manipulierte Zichan die Mächtigen, um etwas zu erreichen. »Es ist schwer«, sagte er, »nicht begehrlich zu sein, doch sind die Begierden einer Person erst einmal gestillt, ist sie bereit, an die Arbeit zu gehen und sie zu erledigen.« Wahrscheinlich gab es in der Frühlings- und Herbstzeit keinen besseren Berater als Zichan. Er war scharfsinnig, flexibel und ein Meister darin, sich sofort an eine Lage anzupassen, ohne »je von der Spur abzuweichen« (II,2). Dennoch sind Worte wie »Hingabe« und »Gewissenhaftigkeit« keine passende Beschreibung für sein Verhalten.

Im 6. Jahrhundert v. Chr. gab es in Lu niemanden, der auch nur zu leisten versuchte, was Zichan in Zheng leistete. In den Erbfamilien kümmerte sich niemand so sehr um Lu, um außerhalb nach einem tüchtigen, gebildeten Mann zu suchen, der helfen konnte, das Land aus der Krise zu steuern. Konfuzius' Schüler Zigong, dem es gefiel, »Menschen einzuschätzen«, fragte seinen Meister, welche Männer er für gute Regierungsbeamte halte. Zigong hoffte auf einen Maßstab, anhand dessen er die Anwärter auf politische Ämter in Lu besser einschätzen konnte. Konfuzius erwiderte, geeignet für ein Regierungsamt sei, »wer in seinem persönlichen Benehmen Ehrgefühl hat und, entsandt in die vier Himmelsrichtungen, dem Auftrag seines Fürsten keine Schande macht« (XIII,20). Das Gespräch entwickelte sich wie folgt:

»Was wäre die nächstbeste Stufe?«

»Diejenigen, die in den Augen ihrer Verwandten gute Söhne sind und gute Männer in den Augen ihrer Nachbarn und Landsleute.«

»Und die Stufe darunter?«

»Männer, die unter allen Umständen ihr Wort halten und unter allen Umständen ihre Aufgaben vollenden. Sie haben Steine als Gehirne und sind unterlegen. Doch man kann wohl sagen, daß sie die nächste Stufe einnehmen.«

»Und zu welcher Stufe gehören die Regierenden von heute?«

»Ach, sie sind Männer des Scheffels und des Eimers. Wie wären sie es wert, überhaupt mitgezählt zu werden.« (XIII,20)

Aus diesem Gespräch mit Zigong erfahren wir, wie nach Konfuzius' Auffassung ein Berater sein sollte, weshalb er einen Mann wie Zichan bewunderte und so wenig von Männern hielt, die Sklaven ihrer selbstauferlegten unverrückbaren Prinzipien waren. (Für ihn haben die letzteren nicht mehr Phantasie als »Steine«.) Seine Einschätzung der Regierenden in seinem Land spiegelt die damalige politische Lage in Lu wider. Nach Shusun Baos Tod im Jahre 538 wurden die Fehden zwischen den Familien zunehmend banal und bösartig. Jiwuzi und sein Erbe starben im Abstand von nur wenigen Jahren. 530 trat ein Enkel namens Jipingzi[29] die Nachfolge Jiwuzis als Oberhaupt der Jisun und Oberster Staatsrat von Lu an.

Von Anfang an verursachte Jipingzi Schwierigkeiten. Schon in seinem ersten Amtsjahr gelang es ihm, Dutzende von Menschen zu beleidigen. In inneren Kreisen fand man ihn ungebärdig und zudringlich, und Außenstehende trauten ihm nicht. Einer seiner Gefolgsleute versuchte sogar, ihn zu stürzen. Doch auch Warnsignale wie dieses ermutigten ihn bloß, sich mit Hilfe seiner Macht noch größere Freiheiten herauszunehmen. Unter seinem Einfluß breiteten sich Verbrechen und Vergehen und damit Uneinigkeit aus. 517 v. Chr. kam es zu einer Krise: Im fünfundzwanzigsten Jahr des Herzogs Zhao hatte eine Reihe belangloser Ereignisse derart katastrophale

29 Ebenda, Herzog Zhao, 12. und 25. Jahr, S. 1335 ff., 1456.

Folgen, daß der Staat Lu weder vor sich selbst noch vor anderen Anspruch auf das gleiche Ansehen wie in der Vergangenheit erheben konnte.[30]

Der erste dieser Vorfälle betraf eine junge Witwe aus dem Clan der Jisun. Sie war verliebt in einen Koch und wollte nicht, daß jemand davon erfuhr. Also beschuldigte sie ihren Schwager, der zudem Verwalter ihres Haushalts war und ein Onkel des Obersten Staatsrats, »sich ihr aufzuzwingen«. Um ihre Aussage glaubwürdig zu machen, ließ sie sich von einer ihrer Dienerinnen schlagen und blaue Flecke zufügen. Einen weiteren Verwandten und Gefolgsmann ihres Manns zeigte sie als mit ihrem Schwager im Bunde stehend an. Ohne zu prüfen, ob die Frau die Wahrheit sprach, ließ der Oberste Staatsrat Jipingzi den Gefolgsmann ergreifen und sofort hinrichten. Dessen Onkel fand Jipingzis Handeln verabscheuungswürdig. »Diesen Gefolgsmann töten zu lassen war das gleiche, wie mich zu töten«, erklärte er und schwor Rache.

Im selben Jahr – 517 – gerieten die Jisun und eine andere große Familie, die Hou, wegen eines Hahnenkampfes in Streit. Die Jisun »statteten ihre Hähne mit Metallklingen aus«; die Hou ihre mit »Metallklauen«. Jipingzi tobte, als die Hou siegten, und begann, auf ihrem Grund und Boden ein Haus für sich zu errichten. Zusätzlich erregte er den Zorn einer dritten Familie, der Zang, als er einem flüchtigen Mitglied ihres Haushalts Unterschlupf gewährte. Schließlich beleidigte er so-

30 Ebenda, S. 1456f., 1460ff. Einige Gelehrte vermuten sogar, daß Konfuzius auf dem Höhepunkt dieser Rebellion seine erste Reise ins Ausland unternahm und mehrere Gespräche mit dem Herrscher von Qi führte. Dies ist unwahrscheinlich, denn Konfuzius war zu der Zeit erst 34 und in der politischen Welt unbekannt. Er hätte keine Audienz beim Herrscher von Qi erhalten. Die Gelehrten, die ihn um 517 v. Chr. nach Qi reisen lassen, deuten damit an, daß die Zustände in Lu so untragbar waren, daß Konfuzius beschloß, sein Glück in der Ferne zu suchen. Siehe Sima Qians Konfuzius-Biographie, in: *Shiji*, Kap. 47, S. 1910f. Siehe auch Qian Mus Diskussion, in: *Kongzi zhuan*, S. 14ff. und Shizuka Shirakawas Widerspruch gegen diese Theorie, in: *Kōshi den*, S. 28-34.

gar seinen Fürsten, Herzog Zhao von Lu. Am Tage einer Staatszeremonie zu Ehren von Herzog Zhaos Vater führte Jipingzi ein ähnliches Opfer für seine Ahnen durch, und da er mehr Macht besaß als der Herzog, »versammelte sich die Menge bei den Jisun, um den Wan-Tanz zu veranstalten«, während im Hofe des Herzogs nur zwei Tänzer erschienen. Als Jipingzis Onkel nun eine Verschwörung gegen seinen Neffen erwog und seinen Plan Herzog Zhao andeutete, war dieser geneigt, seine Einwilligung zu geben.

Herzog Zhao dachte, er könne eine Zerschlagung der Jisun dazu nutzen, sich wieder als Herrscher von Lu zu behaupten. Die Hou und die Zang sagten ebenfalls ihre Unterstützung zu. Zijiazi, der persönliche Berater des Herzogs, war jedoch anderer Ansicht. Er erklärte Herzog Zhao, er traue den Männern nicht, die hinter der Verschwörung standen, da jeder von ihnen einen persönlichen Groll gegen den Obersten Staatsrat Jipingzi hege: »Diese Kleingeister verlassen sich alle auf Euer Glück, dieses Spiel zu gewinnen. Solltet Ihr scheitern, ist es Euer Ruf, der leiden wird. Laßt Euch also nicht darauf ein. Das Volk von Lu hat seit Generationen kein Vertrauen zu seinen Herrschern mehr, und es gibt keine Gewißheit, daß die Dinge sich zu Euren Gunsten entscheiden.«[31] Der Herzog von Lu hörte nicht auf Zijiazi. Er stürmte mit seinen Soldaten Jipingzis Palast und tötete dessen Bruder, der das Tor bewachte. Jipingzi kletterte auf die Terrasse und bat den Herzog, alles noch einmal zu überdenken. Der Herrscher solle »eine offizielle Untersuchung« durchführen und ihn an einem nahegelegenen Flußufer die Ergebnisse der Untersuchung abwarten lassen, ehe er »Männer mit Schilden und Speeren« auf ihn hetze. Herzog Zhao lehnte diese Forderung ab. Jipingzi versuchte es mit einer anderen Idee. Er bat darum, in seiner Heimatstadt Bi gefangengehalten zu werden. Wieder lehnte der Herrscher ab. Als Herzog Zhao die dritte Bitte – Jipingzi mit einem Gefolge von fünf Wagen voller Männer sicheres Geleit aus Lu zu gewähren – zurückwies, meldete sich sein Be-

31 *Chunqiu Zuozhuan zhu*, Herzog Zhao, 25. Jahr, S. 1462f.

rater Zijiazi zu Wort: »Gewährt ihm diesen Wunsch!« sagte er und fuhr fort:

> Seit langem schon trifft er hier politische Entscheidungen. Vor allem die Armen sind in ihrer Versorgung auf ihn angewiesen, daher hat er eine große Anhängerschaft. Man weiß nicht, welches Unheil nach Anbruch der Dunkelheit ausgebrütet wird. Laßt den Zorn der Menge nicht anwachsen. Wenn er sich einmal angestaut hat und man tut nichts, um ihn zu lindern, wird er immer stärker. Steigende Wut und Unzufriedenheit nähren zwangsläufig aufrührerische Gedanken. Solche Gedanken werden die Zustimmung und Unterstützung jener finden, die versuchen Unruhe zu stiften. Und dann werdet Ihr es bereuen.[32]

So beschwor Zijiazi, der vernünftige Ratgeber, wie der Herzog von Zhou vor ihm und Konfuzius nach ihm, seinen Fürsten, er möge eingedenk seiner Lage – das mögliche Unheil »nach Anbruch der Dunkelheit« – Vereinbarungen treffen, solange der Vorteil noch auf seiner Seite war. Wieder hörte Herzog Zhao nicht auf ihn. Unterdessen verfolgten die Mitglieder der Familie Shusun das Geschehen von außen. Nachdem sie die Lage erörtert hatten, beschlossen sie, daß die Anwesenheit der Jisun vermutlich günstiger für sie wäre als ihre Vertreibung, ganz gleich, was sie von Jipingzi hielten. Sie waren sich einig, daß es »ohne die Jisun auch keine Shusun geben« würde, und schickten Jipingzi Verstärkung. Herzog Zhao war nun allein mit seiner Hoffnung auf Entschädigung und Wiedereinsetzung. Nachdem man seine Männer in die Flucht geschlagen hatte und Zhao äußerst verzweifelt war, wies ihm sein Ratgeber Zijiazi einen letzten Ausweg: »[Sagt Jipingzi, daß] andere Euch zu diesem Verhalten gedrängt haben. Laßt sie das Land verlassen und die Schuld auf sich nehmen. Ihr jedoch solltet in Lu bleiben. Und Jipingzi wird Euch weiter dienen. Er wird es nicht wagen, sein Verhalten nicht zu bessern.«[33] Doch Herzog Zhao »konnte die Schande nicht ertragen«. Er suchte die

32 Ebenda, S. 1463 f.
33 Ebenda, S. 1464 f.

Grabstätte seiner Familie auf, »nahm Abschied von seinen Ahnen« und überquerte die Grenze nach Qi. So verzichtete der Herrscher von Lu aus persönlichen Gründen auf sein Land, überließ seine Ahnen dem Schicksal und seine Nachfahren der Ungewißheit. Die Geschichte dieses Mannes endet jedoch erst sieben Jahre später.

Zijiazi folgte Herzog Zhao nach Qi und blieb sein Beschützer. Er wachte nicht nur über seinen Herrn, sondern auch über alles, was von Lus Stolz und Souveränität noch übrig war. Als der Herzog von Qi dem Herzog Zhao tausend Weiler anbot, die aus 25 000 Haushalten bestanden, bat Zijiazi seinen Fürsten, das Geschenk abzulehnen: »Der Himmel schenkt seine Gnade nicht zweimal. Wenn er großzügig zu sein wünscht, wird er nicht über das hinausgehen, was er den Nachfahren des Herzogs von Zhou bereits gewährt hat. Lu sollte ausreichen! Wer wird Euch dann je wieder als Herrscher einsetzen, wenn Ihr Lu verliert, weil Ihr die Rolle eines Untertanen mit einem Besitz von tausend *she* an Haushalten annehmt?«[34] Unterdessen verlangten andere Anhänger Herzog Zhaos einen offiziellen Erlaß, um »ihre Absichten zu bestätigen« und »die Schuldigen von den Schuldlosen zu scheiden«. Überdies wollten sie einen Schwur leisten, daß sie »nichts mehr mit der gegenwärtigen Regierung von Lu zu tun haben würden«. Sie forderten Zijiazi auf, sich daran zu beteiligen. Er lehnte ab: »Ich bin nicht gewitzt und kann Eure Ansichten nicht teilen. Ich finde, daß wir alle Schuld an dem tragen, was geschehen ist. Zudem würde ich gerne mit jenen verhandeln, die die Dinge in der Heimat lenken, um unseren Herrscher aus seiner jetzigen Not zu befreien.«[35] Das Oberhaupt der Familie Shusun in Lu hatte die gleiche Idee. Der Mann hieß Zhaozi,[36] und Konfuzius lobte ihn einmal, weil er gerecht und richtig gehandelt hatte, indem er sich weigerte, das Interesse des Gemeinwohls privaten Verpflichtungen zu opfern.

---

34 Ebenda, S. 1465.
35 Ebenda, S. 1456-1466.
36 Ebenda, S. 1466.

Als Jipingzi Zeichen der Reue zeigte, drängte Zhaozi ihn, ihren Herrscher zur Rückkehr zu bewegen und alles wieder ins rechte Lot zu bringen. Er bot an, anstelle von Jipingzi den Herzog aufzusuchen, um die Bedingungen auszuhandeln. Jipingzi erklärte sich einverstanden, doch kaum hatte Zhaozi die Verhandlungen beendet, änderte er seine Meinung. Im Winter jenes Jahres, am vierten Tag des zehnten Monats, ging Zhaozi »in Klausur und nahm weder Wasser noch Nahrung zu sich«. »Er betete zu seinen Ahnen und bat sie um die Erlaubnis, sein Leben beenden zu dürfen. Am elften Tag war er tot.«

Dem Herzog von Lu war es nie vergönnt, in sein Land zurückzukehren. Seine letzten Jahre verbrachte er in einer kleinen Stadt an der Grenze. Auch sein Berater Zijiazi kehrte nicht nach Lu zurück. Nach dem Tod des Herzogs machten die Erbfamilien seinen Sohn zum nächsten Herrscher. Sie baten Zijiazi zurückzukommen und für sie zu arbeiten, aber er antwortete nicht einmal. Er verschwand und wird in den Chroniken von Lu nie wieder erwähnt.

Berater wie Zijiazi und Zhaozi scheinen umsonst gelebt zu haben. Die Männer, denen sie dienten, gewannen weder Achtung noch Vertrauen. Doch häufig brachte allein ihre Gegenwart andere dazu, zumindest zu erwägen, sich zu ändern. Waren die Worte eines Herrschers grob und verächtlich und muteten wie »Jauche« an, wie die Autoren der *Überlieferung des Zuo* es ausdrückten, und fehlte ihm jeder moralische Ansporn, erweckte vielleicht schon die Begleitung eines oder zweier würdiger Berater Hoffnungen. Natürlich ist das ein schwacher Trost. Der wahrhaft Unedle bleibt unedel, wie Konfuzius sagt. Einige Jahrzehnte bevor Herzog Zhao aus Lu vertrieben wurde, war im Staate Wei[37] eine ähnliche Situation ent-

37 *Wei* bezieht sich hier auf den Staat in der Frühlings- und Herbstzeit, nicht auf den späteren Staat Wei in der Zeit der Streitenden Reiche. Verschiedene westliche Gelehrte transkribieren den Staat aus der Frühlings- und Herbstzeit *Wey*.

standen. Nachdem der Herrscher von Wei[38] zwölf schwere Jahre im Exil verbracht hatte, bemerkten seine alten Bekannten, daß er sich nicht im geringsten verändert hatte – weder war »seine Miene besorgt«, noch waren »seine Worte großmütig«. Dennoch hatte sein bester Berater jahrelang zu ihm gehalten und Bedingungen für ihn ausgehandelt – Bedingungen, die er nicht einhalten konnte. Am Ende verließen ihn alle.

Konfuzius reagierte anders auf seine Zeit. Nachdem er Lu 497 v. Chr. verlassen hatte, bot er in den nächsten vierzehn Jahren auch jenen seine Dienste an, deren unedle Gesinnung ihm bewußt war. Er lauschte ihren Reden, die häufig nicht besser waren als »Jauche«. Am Ende kehrte er in seine Heimat zurück und lehrte, was er gelernt hatte. Niemals gab er seine Überzeugung auf, daß ein guter Berater viel erreichen konnte, auch wenn andere ihn als gescheitert ansahen.

38 Ebenda, Herzog Xiang, 14. und 16. Jahr, S. 1010-1014, 1112.

3
DIE GEFÄHRTEN

Konfuzius war nicht allein auf seiner vierzehnjährigen Wanderschaft. Eine Handvoll seiner Schüler und Bewunderer folgte ihm, und das war sein Glück. Konfuzius strebte danach, sich selbst und seine wahre Berufung zu finden, auch wenn er sich zunächst gar nicht dieser Absicht bewußt zu sein schien. Ohne seine Gefährten hätte er womöglich nicht den Scharfsinn und Weitblick erworben, die ihn in späteren Jahren auszeichneten. Ohne sie wäre er womöglich umgekommen, lange bevor er sein Werk vollendet hatte.

Als Konfuzius sich auf den Weg begab, war er nicht auf der Flucht vor seiner Vergangenheit oder etwas anderem. Sein Aufbruch war auch nicht die Folge eines spirituellen Wandels. Er hätte nicht gehen müssen. Im großen und ganzen handelte es sich um eine eher praktische Entscheidung. Es war nicht wie zum Bespiel bei seinem jüngeren Zeitgenossen Fan Li.[1] Der widmete den größten Teil seines Lebens der Politik und gab, als er seine Möglichkeiten ausgeschöpft hatte, dieses Leben auf, um andernorts eine neue Identität anzunehmen. Später wurde Fan Li ein sehr erfolgreicher Kaufmann und einer der reichsten Männer der Frühlings- und Herbstzeit.

Fan Li flüchtete, weil ihn sein Gewissen plagte. Als er in Diensten des Herrschers von Yue war, führte er aus reiner Berechnung die Vernichtung eines vorbildlichen Beraters aus einem gegnerischen Staat herbei. Der Mann starb eines grausamen Todes. Fan ließ sich jedoch von seiner Reue nicht lähmen. Er reiste in den Osten und dann in den Nordosten. Er setzte sein politisches Geschick bei seinen Geschäften ein,

1 Siehe *Shiji*, Kap. 41, S. 1739-1753; Kap. 129, S. 3256ff. Siehe auch *Chunqiu Zuozhuan zhu*, Herzog Ai, 11. Jahr, S. 1664f.

machte Millionen, verschenkte Millionen und gab sich mit dem Leben eines freigebigen Kaufmanns zufrieden.

Ein Mann wie Fan Li vergeudete keine Zeit. Er brauchte keine Gefährten, um Dinge zu besprechen, damit er klarer denken konnte. Er hatte Herz und Verstand, und wenn er einen Fehler machte, gestand er seine Schuld ein und brach zu neuen Ufern auf. Er suchte keine Gespräche, die seine Person zu einem Thema der Reflexion machten.

Konfuzius war ganz anders. Er fand bereits den Akt, ein Gespräch zu führen, bedenkens- und erörternswert. »Es hat etwas Hoffnungsloses, wenn eine Gruppe Männer den ganzen Tag zusammen verbringt, ohne daß ihre Rede die Pflicht berührt, und sie nur ihre kleinen Schlauheiten zu Schau stellen.« (XV,17) Konfuzius selbst sprach gerne über rechtes Verhalten, tugendhafte Führung und Moral, aber er wählte auch sehr umsichtig aus, mit wem er sprach. »Trifft man jemanden, mit dem es sich zu reden lohnt und redet nicht mit ihm, so hat man einen Menschen verloren. Jedoch mit jemandem zu reden, mit dem es sich nicht zu reden lohnt, heißt, man hat seine Worte vergeudet.« (XV,8) Konfuzius hatte Freude daran, sich mit jüngeren Menschen zu unterhalten, die er für schneller, beherzter und authentischer und im Vergleich zu Männern seines Alters in jeder Hinsicht für großzügiger hielt. Die meisten seiner Reisegefährten waren etwa dreißig Jahre jünger als er.

Konfuzius verbrachte mehr Zeit im Gespräch mit Zaiwo und Zigong als mit allen anderen. Zigong war eloquent und ein gewandter Plauderer. In den *Gesprächen* werden diese beiden Anhänger des Konfuzius als ausgezeichnete Redner hervorgehoben. Obwohl Konfuzius Zigongs Gesellschaft vorzog, brauchte er auch Zaiwo, der nicht immer so angenehm und leicht zu überzeugen war. Die *Gespräche* geben nur wenige Hinweise auf Zaiwo, aber sie vermitteln einen deutlichen Eindruck von seinem Wesen. Er schläft zuviel und widerspricht zuviel; es liegt ihm, Probleme selbst zu durchdenken, er ist aufgeweckt und scharfsinnig. Konfuzius reagiert verärgert und besorgt zugleich – schimpft und ängstigt sich wie ein Vater –, weil Zaiwo schlechte Angewohnheiten hat und achtlos mit Worten umgeht. In einer Szene schläft Zaiwo am hellichten Tag. Als Konfuzius davon erfährt, bricht es aus ihm heraus: »Verfaultes Holz kann man nicht schnitzen, eine Wand aus schlechtem Lehm und Dung kann man nicht verputzen! Was soll es nützen, Zaiwo zu schelten?« (V,10)[2]

Ein anderes Mal erkundigt sich Herzog Ai von Lu bei Zaiwo, welches Material er für die Errichtung eines Altars für den Erdgott verwenden solle. Zaiwo erwidert: »Die Herrscher der Xia-Dynastie verwendeten Kiefer; die Shang-Herrscher Zeder; die Zhou benutzten Kastanie *(li)*, um die Menschen in Schrecken *(li)* zu versetzen.« Zum Zeitpunkt dieses Gesprächs war Konfuzius noch nicht nach Lu zurückgekehrt. Als er später davon hörte, bemerkte er: »Man kann sich nicht herausreden, wenn etwas bereits geschehen ist, oder zurücknehmen, was bereits vorüber ist. Weint Vergangenem nicht nach!« (III,21)[3] Wie öfter in den *Gesprächen*, scheint diese Aussage keinen direkten Bezug zu der zur Diskussion stehenden Angelegenheit zu haben. Viele Gelehrte haben versucht, das Problem mit der Behauptung zu überspielen, daß Konfuzius Zaiwo lediglich aufforderte, keine »wilden Spekulationen« über die Gründe anzustellen, aus denen die Zhou-Herrscher für ihre Altäre Kastanienholz verwendeten.

Liu Baonan, ein Gelehrter aus dem 19. Jahrhundert, war der Ansicht, daß Konfuzius' Antwort weit vielschichtiger war, als sie erschien.[4] Sich auf die Geschichte der Epoche stützend, vertrat er, daß Herzog Ai Zaiwos Rat nicht wegen eines kürz-

---

2 Bearbeitet nach Huangs Übersetzung, S. 74.

3 Vgl. auch Liu Baonan, *Lunyu zhengyi* (»Gesammelte Kommentare«), S. 64, mit den gängigen Deutungen von Konfuzius' Antwort. (Richard Wilhelm gibt in seiner Übersetzung des *Lunyu* das Wortspiel frei wieder: »Die Herrscher aus dem Hause Hia pflanzten Föhren darum, die Leute der Yindynastie Zypressen, die Leute der Dschoudynastie aber *Zitterpappeln, wohl um die Untertanen zittern zu machen.*« Zitiert nach *Die Lehren des Konfuzius*, Frankfurt am Main 2008, S. 139. [Anm. u. Hervorhebung d. Übers.])

4 Siehe ebenda, S. 64ff.

lich abgebrannten Altars einholte, sondern von ihm wissen wollte, wie er mit den Drei Familien umgehen solle. Demnach sei Zaiwos Bemerkung »die Zhou benutzten Kastanie *(li)*, um die Menschen in Schrecken *(li)* zu versetzen« eine verschlüsselte Botschaft, die Herzog Ai zu größerer Entschlossenheit bewegen sollte. Herzog Ai und Zaiwo mußten eine »Geheimsprache verwenden«, so Liu Baonan, da sie vorhatten, die Drei Familien zu stürzen. Konfuzius habe entweder den Plan durchschaut oder zumindest geahnt, daß das Gesprächsthema der beiden ein Vorwand war. Wenn er sagt, daß man »nicht zurücknehmen kann, was geschehen ist«, meine er die Macht, die die Herrscher von Lu einst besessen hatten. Vergangenem solle man »nicht nachweinen« heißt, daß die Taten und das Verhalten des Herzoghauses in der Vergangenheit das gegenwärtige Verhängnis herbeigeführt hätten.

Sollte Liu Baonan recht haben, hielt Konfuzius die beiden vermutlich von der Durchführung eines Verschwörungsplans ab, was jedoch dem inbrünstigen Haß und Argwohn, die Herzog Ai und die Drei Familien gegeneinander hegten, keinen Abbruch tat. Auch hielt es keine der beiden Seiten davon ab, nach Mitteln und Wegen zu suchen, sich der anderen zu entledigen. Der *Überlieferung des Zuo* zufolge appellierte Herzog Ai 468 v. Chr., also zehn Jahre nach Konfuzius' Tod, an alle Lehensfürsten in seiner Gegend, ihm bei der Zerschlagung der Drei Familien zu helfen, da diese ihm nach dem Leben trachteten. Als sein Hilferuf erfolglos blieb, floh er in einen Staat im Süden. Die Annalen erwähnen nicht einmal, wann oder wo er starb.

Nach Lius Lesart rechnete Konfuzius mit dieser Möglichkeit, auch wenn er ihr Eintreffen nicht mehr erlebte. Er hatte einen scharfen Blick, was Herzog Ai und Zaiwo betraf. Herzog Ai war »unfähig und sollte demnach nicht mehr auf sich nehmen, als er schaffen kann«.[5] Zaiwo war intelligenter, als ihm guttat, aber er war nicht raffiniert und maßte sich, wie einige Gelehrte sagen, keine Kenntnisse an, die er nicht auch

5 Ebenda, S. 66.

besaß. Es fehlte ihm nicht an Intelligenz, aber an Urteilskraft. In Diskussionen konnte er brillant sein, doch häufig beleidigte er am Ende seine Gegner und ermüdete seine Zuhörer, weil es ihm an Takt und Einfühlungsvermögen mangelte. Ein Beispiel hierfür ist ein Gespräch, das er mit Konfuzius über das Trauerritual führte.

»Und würdest du dann wieder Reis essen, Brokat tragen und dennoch Ruhe in dir selbst finden?« fragte Konfuzius.

»Ja.«

»In diesem Fall tue es unbedingt. Aber ein Edler, der in Trauer ist, findet keinen Genuß an schmackhaftem Essen, keine Freude an Musik, keine Ruhe – nicht einmal im eigenen Haus. Nur Unruhe. Also ißt er keinen Reis und trägt keinen Brokat. Wenn du es jedoch in Ruhe tun kannst, magst du es tun!«

In den *Gesprächen* heißt es, daß Zaiwo an diesem Punkt den Raum verließ und Konfuzius sich an andere wandte: »Wie lieblos Zaiwo doch ist. Ein Kind wird drei Jahre alt, ehe es die Arme von Mutter und Vater entbehren kann. Drei Jahre Trauerzeit werden auf dem ganzen Erdkreis eingehalten. Hat Zaiwo denn nicht drei Jahre lang die Liebe seiner Eltern genossen?« (XVII,21).

Nur selten wird in den *Gesprächen* berichtet, was geschieht, wenn eine Unterhaltung vorüber ist. Besonders ungewöhnlich ist die oben beschriebenen Szene, weil der Leser mithören darf, was Konfuzius in Abwesenheit eines Schülers, in diesem Fall Zaiwo, über diesen zu sagen hat. Dies erhöht die bereits in Zaiwos Gegenwart spürbare Spannung. Niemandem wird entgehen, daß das Gespräch um »Ruhe« *(an)* und »Unruhe« *(bu'an)* kreist, ob jemand sich wohl oder unwohl fühlt, wenn er in der Trauerzeit dieses oder jenes tut. Es ist unmöglich zu erraten, warum dieses Gespräch in dieser Form überliefert wurde. Aber es belegt, daß Konfuzius' Verhältnis zu Zaiwo gespannt war und dieser mit seiner Unerbittlichkeit leicht den Ärger seines Lehrers hervorrief.

Zaiwo konnte Konfuzius unwirsch erscheinen lassen, aber er konnte ihn auch vorwärts oder in eine unvorhergesehene

Richtung katapultieren. Die folgende Unterhaltung veranschaulicht diese Seite ihrer Beziehung:

> Zaiwo fragte: »Wenn ein wahrhaft sittlicher Mensch, ein *renren*, erführe, ein anderer Mensch sei in einen Brunnen gefallen, so würde er ihm wohl sofort [unbesorgt um seine eigene Sicherheit] nachspringen?«
>
> Der Meister sprach: »Wozu denn das? Ein Edler, ein *junzi*, würde hingehen und nachsehen, sich jedoch nicht in eine Falle werfen. Man kann ihn betrügen, aber nicht zum Narren halten.« (VI,26)

Man könnte sagen, daß Zaiwo durch die Formulierung seiner Frage seinem Lehrer ebenfalls eine Falle stellt. Ein *renren* von höchster Menschlichkeit und edelstem Charakter ist nach der Lehre des Konfuzius das absolute Vorbild moralischer Vollkommenheit. Zaiwo muß dies nur zu gut gewußt haben und stellte deshalb einen solchen Mann in den Mittelpunkt seiner Frage.

Ein *renren* ist nicht geistig beschränkt. Er schließt sich dem Mann im Brunnen nicht an, nur um ihm seine Solidarität zu beweisen. Hervorstechendes Merkmal seines Charakters ist seine Fähigkeit, einen Analogieschluß zu ziehen, das heißt, imstande zu sein, die Aufregung und Furcht, den Schmerz und die Freude eines anderen aus seiner eigenen Kenntnis dieser Dinge heraus nachzuempfinden. Zahlreiche Menschen besitzen diese Fähigkeit, reagieren aber unüberlegt und abrupt. Zaiwo hatte dies sicher von seinem Meister gehört und nahm an, daß ein *renren* sich als erstes – ohne zu überlegen – selbst in den Brunnen hinunterlassen würde, ohne nach anderen Wegen zu suchen, den Mann zu retten.

Ich glaube nicht, daß Zaiwo sich über Konfuzius lustig machen wollte. Entweder er sorgte sich um die Sicherheit des *renren*, da er fürchtete, ein solcher Mann wäre allzu leicht zu übertölpeln, oder er fand, Konfuzius setze zu hohe Maßstäbe an – so hoch sogar, daß ein *renren* nicht imstande wäre, in der wirklichen Welt zu überleben. Konfuzius bezieht sich in seiner Antwort nicht auf den *renren*, als habe er bemerkt, daß Zaiwo auf etwas anderes hinauswollte. Statt dessen sagte er, ein *junzi*, ein Edler, ein Mann von Anstand und Manieren, würde »hingehen und nachsehen«, sich jedoch nicht in eine Falle locken lassen. Ein Edler kann – wie jeder Mensch – betrogen werden, vielleicht sogar noch leichter, weil er sensibler auf menschliche Not reagiert und weniger argwöhnisch ist. Doch »zum Narren halten« läßt er sich nicht.

Vielleicht hatte Konfuzius dabei den Berater Zijiazi im Sinn. Viele hatten versucht, diesen Mann in die Irre zu führen, allen voran sein eigener Herrscher, Herzog Zhao. Dennoch hatte Zijiazi, als der Herzog von Qi dem Herzog Zhao ein Teil seines Reiches anbot, die Falle erkannt und seinem Herrn geraten, das Geschenk auszuschlagen. Konfuzius könnte allerdings auch von sich selbst gesprochen haben. Zweimal hatten Gefolgsleute der Erbfamilien versucht, ihn in ihre Machenschaften zu verstricken. (XVII,5 und 7)[6] Damals wollte Konfuzius »hingehen und nachsehen«. Sein Schüler Zilu versuchte ihn aufzuhalten, da er sich nicht nur sorgte, daß diese Orte sich als Löwengruben herausstellen könnten, sondern auch, daß Konfuzius durch den Umgang mit den Männern schlechtem Einfluß unterliegen würde. Konfuzius beruhigte ihn und sagte: »Was wirklich weiß ist, kann schwarzer Farbe widerstehen.« (XVII,7) Vielleicht wollte er damit ausdrücken, daß diese Männer zwar glaubten, sie könnten ihm etwas weismachen – zum Beispiel, daß sie ihn später mit der Reformierung des Staates betrauen würden –, er aber nicht so dumm sei, anzunehmen, daß der Weg von Betrügern der richtige sei.

Wir wissen nicht, was Zaiwo geantwortet hat. Aber man kann sich kaum vorstellen, daß er das Thema des *renren* weiterverfolgte. Vermutlich hatte er seinen Lehrer nur dazu bringen wollen, über Naheliegenderes zu sprechen, und es interessierte ihn gar nicht, was ein Vollkommener, sondern was ein Edler in der beschriebenen Situation tun würde. Zaiwo hatte sein Ziel erreicht. Warum sollte er also an seinem Köder festhalten?

---

6 Im ersten Fall erwägt Konfuzius, dem obersten Verwalter der Familie Jisun in Lu zu dienen. Im zweiten nimmt er beinahe das Angebot des obersten Verwalters der Familie Zhao im Staat Jin an.

Konfuzius' Schüler Zigong besaß das Geschick, seinen Meister aus der Reserve zu locken. Von seinem Temperament her paßte er besser zu seinem Lehrer und dessen Unterrichtsstil, und man spürt, daß die Gespräche mit ihm Konfuzius Vergnügen bereiteten. In den *Gesprächen* heißt es, »Zigong war umgänglich«, wenn er »seinem Lehrer aufwartete« (XI,13), was jedoch nicht unbedingt besagt, daß Zigong auch pflichtbewußt oder gefügig war. Die beiden genossen es, zusammenzusein und ihre Gedanken auszutauschen. Sie sprachen über Dichtung und Politik, Geschichte und Rituale, über die anderen Schüler und sich selbst. Konfuzius konnte zutiefst ehrlich zu Zigong sein, und Zigong hörte zu und antwortete stets auf das, was Konfuzius gesagt hatte, nicht auf das, was seine Worte vielleicht beinhalten konnten. Er suchte nicht nach verborgenen Hinweisen und verhielt sich nie defensiv. Er war ein idealer Gesprächspartner.

Am eindeutigsten beschrieb Konfuzius seinen Schüler Zigong mit dem Wort *qi*. Dies konnte auch als Tadel empfunden werden. *Qi* ist ein Begriff für ein Gefäß oder ein Gerät, also einen Gegenstand, der einem Zweck dient. Den *Gesprächen* zufolge war es Zigong, der Konfuzius ansprach:

»Was denkt Ihr über mich?«

»Du bist ein Gefäß *(qi)*«, sagte Konfuzius.

»Was für ein Gefäß?«

»Ein *hu* oder ein *lian*, das im Ahnentempel Hirse als Opfergaben aufnimmt.« (V,4)

Einige Gelehrte lesen Zigongs zweite Frage als Zeichen seiner Beunruhigung. Ihrer Ansicht nach fragte er sich, ob dies wirklich Konfuzius' Meinung von ihn sei, denn bei einer anderen Gelegenheit, hatte Konfuzius auch gesagt: »Ein Edler ist kein Gerät, kein *qi*.« (II,2)[7] Das heißt, ein Edler kann sich verschiedenen Arten von Fragen widmen und zahlreichen Situationen

---

7 Vgl. Zhu Xi, *Sishu zhan ju jizhu*, S. 76, sowie Finagarette, *Confucius – the Secular as Sacred*, S. 71-79. Beide Werke gehen davon aus, daß Konfuzius Zigong nicht verletzen wollte. Zu Zigongs Stärken vgl. *Lunyu*, I,3; XIV,29 und XI,19.

anpassen und ist demnach kein Gegenstand, der einen besonderen Zweck erfüllt. Also wollte Zigong genau erfahren, was Konfuzius meinte. Nach Meinung dieser Gelehrten versuchte Konfuzius, als ihm klar wurde, daß er Zigong womöglich gekränkt hatte, sein Urteil abzumildern, und verglich ihn mit einem heiligen Opfergefäß für Getreide im Tempel. Mit dieser Deutung unterschätzen sie Zigong und Konfuzius und vereinfachen ihre Beziehung zu stark.

Meiner Meinung nach war Zigong sich durchaus bewußt, daß er sich viele Fertigkeiten schnell aneignen und diese anwenden konnte. Er wußte auch, daß diese Stärken ihn vielleicht am Ende davon abhalten würden, nach Höherem zu streben, und er sich damit zufriedengeben würde, der Beste in einem oder mehreren Berufen zu sein. Aus den *Gesprächen* erfahren wir, daß er in vielem gut war: im Reden, im Einschätzen von Menschen und im Geldverdienen. Im Staatsdienst wäre er ein glänzender Diplomat geworden, ein kluger Finanzverwalter oder jemand, der neue Talente erkannte. (Als Konfuzius Zigong mit einer Gerätschaft im Staatstempel verglich, wollte er ihm damit vielleicht sagen, daß er seine administrative Begabung hoch schätzte.)[8] Ein Berater aus Zigongs Heimatstaat Wei sagte einmal zu ihm: »Das Wichtige an einem Edelmann ist der Stoff, aus dem er gemacht ist *(zhi)*, warum sollte er sich also der Mühen der Verfeinerung *(wen)* unterziehen?« Zigong, wohl wissend, daß diese Bemerkung ein Seitenhieb gegen ihn war, erwiderte schlagfertig: »Es bekümmert mich, daß Ihr so über den Edlen sprecht. Eine Zunge kann schneller sein als ein Gespann Pferde.« Und er fügte hinzu: »Der Stoff ist an sich nichts anderes als Verfeinerung. Und Verfeinerung nichts anderes als der Stoff. Geschoren unterscheidet sich der Balg eines Tigers oder Leoparden nicht von dem eines Hundes oder Schafes.« (XII,8)[9]

Es könnte sein, daß Zigong mit dieser Replik seinen eigenen Ruf verteidigte. Auch wenn er ein Mann von vielen Fähig-

8 Vgl. *Lunyu zhengyi*, Liu Baonans Deutung von *Lunyu*, V,4.
9 Übersetzung nach Lau, S. 113 f.

keiten war, beeinflußte doch alles, was er lernte, sein Verhalten und seine Absichten. Konfuzius scheint Zigongs Selbsteinschätzung mit einer Äußerung zu bestätigen, in der er seinen Schüler mit einem anderen – Yan Hui – vergleicht, ein Mann, den er für nahezu vollkommen hielt. »Hui hat es fast erreicht, dennoch lebt er in Armut. Zigong nimmt diese Bestimmung nicht an. Er versteht es, seine Güter zu mehren. Er weiß eine Lage einzuschätzen, das Günstige gegen das Ungünstige abzuwägen, und trifft mit seinen Vermutungen häufig den Kern.« (XI,19) Zigong findet sich nicht mit seinen Umständen ab. Um sie zu verändern, hat er gelernt, Geld zu verdienen. Dabei ist er klug und umsichtig geworden, was wiederum sein Denken und Handeln, sein Urteil und seinen Weitblick anregt. In dieser Hinsicht ist seine »Verfeinerung« eine Folge des »Stoffes«, aus dem er gemacht ist, und damit sind die beiden identisch. Zog Konfuzius Yan Hui Zigong vor? Ja, wie wir aus anderen Belegen wissen. Doch hier sagt er lediglich, Yan Hui sei Yan Hui und Zigong eben Zigong – der eine hat beinahe sein moralisches Potential erreicht, aber »ist häufig arm«, während der andere sich seiner Lage nicht beugt und dadurch viele Fähigkeiten und einen analytischen Verstand erworben hat. Konfuzius erkannte beides an.

> An einem anderen Tag fragte Konfuzius Zigong:
> »Wer von euch beiden ist der bessere, du oder Hui?«
> »Wie könnte ich es wagen, mich mit Hui zu vergleichen. Wenn er eine Sache hört, versteht er zehn. Wenn ich eine Sache höre, verstehe ich nur zwei.«
> »Du bist nicht so gut wie er. Keiner von uns beiden kommt ihm gleich.« (V,9)

Konfuzius betrachtete Yan Hui vielleicht als den besseren Menschen, der allen anderen überlegen war, die er kannte, einschließlich ihm selbst, doch er schätzte auch Zigong, weil dieser sich zu behaupten verstand. Er stellte Zigong mehr Fragen als jedem anderen, so als wäre er auf der Suche nach einer neuen Perspektive oder würde auf eine Überraschung hoffen. Bei Zigong konnte er erwarten, daß ein Wortwechsel ein Eigenleben entwickelte. Einmal fragte Zigong seinen Meister:

»Was haltet Ihr von der Redensart: Arm, aber nicht unterwürfig, reich, aber nicht hochmütig?«
Konfuzius erwiderte: »Das geht an, doch noch besser ist: Arm und doch fröhlich, reich und doch die Riten liebend.«
Zigong fuhr fort: »Im *Buch der Lieder* heißt es: ›Wie Knochen gefeilt, wie Stoßzahn geglättet / wie Jade geschnitzt, wie Stein poliert.‹ Ist es das, was Ihr meint?«
Konfuzius sagte: »Zigong, nur mit dir kann man über die *Lieder* reden. Man sagt dir etwas, und du siehst seine Beziehung zu dem, was nicht gesagt wurde.« (I,15)

Das Gespräch beginnt mit einem Thema und endet mit einem anderen. Konfuzius gibt den ersten Anstoß, indem er Zigongs Aussage schärfer und hintergründiger macht. Dies regt Zigong sofort dazu an, einige Zeilen aus einem Gedicht vorzutragen, das, wie Konfuzius findet, den Geist des Augenblicks erfaßt und den Kern der Sache trifft. Er lobt Zigong, weil er von selbst darauf gekommen ist. Er übertreibt nicht, wenn er sagt: »Zigong, nur mit dir kann man über die *Lieder* reden.«

Doch was ist mit Yan Hui? Warum konnte Konfuzius nicht mit ihm über die *Lieder* reden? Yan Hui war empfindsamer als Zigong und diesem im direkten Vergleich weit überlegen. Doch Konfuzius hatte eine stärkere Neigung zu Zigong, daher entspringt seine Äußerung, Yan Hui überrage sie beide, nicht bloßer Bescheidenheit. Konfuzius hatte erkannt, daß Zigong ein ihm verwandter Geist war. Beide mußten sich Fähigkeiten aneignen, um den Alltag zu bewältigen, und Wissen erwerben, um den Stoff, aus dem sie geschaffen waren, zu verfeinern; beide neigten dazu, in Frage zu stellen, was sie und andere wußten oder nicht wußten; beide waren rastlos und kamen daher nicht leicht zur Ruhe. Yan Hui war anders als sie.

Anfangs mißtraute Konfuzius Yan Huis Umgänglichkeit und Gelassenheit, ebenso wie seinem offenkundigen Desinteresse an intellektuellen Auseinandersetzungen. »Hui ist mir überhaupt keine Hilfe«, sagt er. »Mit allem, was ich sage, ist er einverstanden.« (XI,4) Und: »Wenn jemand mir mit nie erlahmender Aufmerksamkeit zuhören kann, dann ist es wohl Hui.« (IX,20) Als seine Zweifel ihm die Frage eingaben, ob

Hui möglicherweise »ein Tor« sei, beobachtete er ihn, wenn er »für sich« war, und fand heraus, daß sein Schüler durchaus imstande war, etwas aus seinen Lehren »zu entwickeln«, also keineswegs »ein Tor« war. (II,9)

Yan Hui war eine Ausnahme unter Konfuzius' Schülern. Ihm gefiel alles, was sein Lehrer sagte, doch ebenso gefiel es ihm, in einem »elenden Viertel von einer Schale Hirse und einer Kelle Wasser zu leben« (VI,11). Anders als Zigong oder eigentlich die meisten Menschen war er mit allen Lebensumständen zufrieden. Seine Armut quälte ihn nicht, da sein Geist mit Dingen beschäftigt war, die ihm wichtiger erschienen. Was der Philosoph Menzius einst über den antiken Herrscher Shun sagte, scheint auch auf Yan Hui zuzutreffen: »Als Shun in den tiefen Bergen weilte, lebte er zusammen mit Bäumen und Felsen, Hirsche und Schweine waren seine Gefährten. Wie gering war damals doch der Unterschied zwischen ihm und den Wilden in jenen tiefen Bergen. Doch hörte er nur ein einziges gutes Wort oder sah eine einzige gute Tat, war es, als würden die Wasser des Yangtse oder der Gelbe Fluß einen Damm durchbrechen. Sie schwellen an und strömen unaufhaltsam dahin.«[10]

Yan Hui war mit den gleichen Neigungen und dem gleichen Drang zum Guten ausgestattet. Konfuzius beschreibt ihn als einen Mann, »der drei Monate am Stück seine Güte nicht verliert« (VI,5), während andere nur sporadisch gütig sind. Yan Huis Güte war beständig, weil ihn nichts davon abhalten konnte. Für andere hingegen bedeutete gütig zu sein eine große Anstrengung, die sie nur hin und wieder aufbringen konnten.

Angetrieben von der gleichen Liebe zum Guten und der gleichen Beständigkeit wie Konfuzius, war Yan Hui der lernbegierigste und ausdauerndste seiner Schüler:

> Yan Hui seufzte und sagte: »Je mehr ich emporschaue, desto höher erscheint es mir. Je mehr ich nachbohre, desto härter wird es. Ich sehe es vor mir. Plötzlich ist es wieder hinter mir. Doch mein Meister lockt mich behutsam vor-

10 *Menzius*, Buch 7A, Abschnitt 16. Übersetzung nach Lau, S. 184f.

wärts, Schritt für Schritt. Er erweitert mich durch Literatur und Kultur und beschränkt mich durch die Riten. Ich kann nicht davon ablassen, selbst wenn ich es wollte. Wenn ich aber alle meine Kräfte erschöpft habe und glaube es schon erreicht, steht es wieder fern über mir. Ich weiß nicht, wo zu beginnen, so sehr ich ihm folgen möchte.« (IX,11)

Yan Hui war auf einer Suche, und sein Lehrer befand sich an seiner Seite oder kurz vor ihm. Er lauschte ihm »mit nie erlahmender Aufmerksamkeit« und »widersprach ihm nie«. Selbst seinem Lehrer kamen Zweifel an Yan Huis Möglichkeiten, ehe er den Eifer erkannte, mit dem Yan Hui das Gelernte anwendete. Er blickte immer höher und bohrte immer tiefer, hinzu kamen die Frustration, auf sich gestellt zu sein, und seine strikte Weigerung, jemals aufzugeben. All dies gestattete Yan Hui, sich, ausgehend von einer Sache, zehn weiteren zu widmen. Doch ungeachtet seines Drängens und seiner Begabung zu Einsicht und Verständnis brauchte Yan Hui einen Lehrer, der ihn sowohl anzuspornen als auch zu zügeln wußte. Und er brauchte nicht nur »die guten Worte« dieses Mannes, sondern auch seine Gegenwart auf dieser langen, oft einsamen Reise.

Wir erfahren, daß Yan Hui nicht bei ihm war, als Konfuzius in einem Ort namens Kuang Gefahr lief, von einer feindlichen Menge getötet zu werden, die ihn mit dem äußerst unbeliebten Yang Hu verwechselte. Er war »zurückgefallen«. Als Yan Hui endlich aufholte, war es Konfuzius, der seine Erleichterung ausdrückte, daß Yan Hui keine Unbill geschehen war. »Ich dachte, du wärst tot«, sagte er. Worauf Yan Hui antwortete: »Wie könnte ich wagen zu sterben, solange Ihr lebt?« (XI,23)

Und doch starb Yan Hui vor seinem Lehrer. Anfangs war Konfuzius so bestürzt, daß seine Anhänger sich Sorgen machten. Offenbar verlor er in seiner Trauer um Yan Hui alle Fassung und jedes Maß. Als sie ihn darauf ansprachen, erwiderte Konfuzius: »Um wen sollte ich solchen Kummer zeigen, wenn nicht um Yan Hui?« (XI,9f.) Jahre später sagte Konfuzius, es gebe niemanden, der Yan Huis Stelle einnehmen könne. Niemand, der sein Gemüt habe, und niemand, der das Lernen so geliebt habe wie er: »Yan Hui hat niemals seinen Ärger an anderen ausgelassen und nie den gleichen Fehler zweimal begangen.« (VI,3) Zudem glaubte Konfuzius, seine Schüler seien ihm näher gewesen, als Yan Hui noch lebte. Damit meinte er entweder, die anderen seien durch ihre Zuneigung zu Yan Hui angezogen worden, oder er selbst sei in Yan Huis Gegenwart ruhiger, freundlicher und angenehmer gewesen. Möglicherweise hat Yan Hui in der Erinnerung seines Lehrers an Statur gewonnen. Für Konfuzius wurde er zur einzigen Person, die das vollständige moralische Potential eines Menschen hätte erfüllen können – eine Wunschvorstellung, der wir uns gern hingeben, wenn jemand vor seiner Zeit gestorben ist.

Der Verlust von Yan Hui bedrückte Konfuzius bis zu seinem Tod. Dennoch war es für Yan Hui besser, als erster zu gehen. Seine Worte nach der kritischen Situation in Kuang – »Wie könnte ich wagen zu sterben, solange Ihr lebt?« – legen nahe, daß Konfuzius ihn mehr brauchte als er Konfuzius. Stimmte das? Einer der scharfsinnigsten und mitfühlendsten Kritiker des Konfuzius – der Denker Zhuangzi aus dem 4. Jahrhundert v. Chr. – beschäftigte sich sehr mit dieser Frage. Das Bild von der Beziehung zwischen den beiden Männern, das Zhuangzi entwirft, verbindet eine einfühlsame Auslegung dessen, was er über sie wußte, mit seinen eigenen Gedanken darüber, wie die Vergänglichkeit im Dasein des Menschen mit seinem hartnäckigen Widerstand, alte Bindungen aufzugeben, zu vereinbaren ist. In einer von Zhuangzis Darstellungen sagt Yan Hui zu Konfuzius: »Wenn Ihr geht, gehe ich. Wenn Ihr lauft, laufe ich. Wenn Ihr galoppiert, galoppiere ich. Doch wenn Ihr so schnell rennt, daß nicht einmal eine Staubspur bleibt, kann ich Euch nur von der Stelle nachblicken, die Ihr leer zurückgelassen habt.«[11] Zhuangzi läßt Yan Hui hier metaphorisch schildern, was Lehrer und Schüler im Laufe ihres Leben teilen und was sie nicht teilen. Yan Hui sagt, er könne »sprechen«, »Unterscheidungen treffen«

11 *Zhuangzi jishi*, »Tian Zifang«, S. 308.

und sogar »das Dao, den moralischen Weg, erörtern«, ebenso wie sein Lehrer, aber er kann ihm nur voll Staunen »nachblikken«, wenn er sieht, wie sein Lehrer vermag, »ohne Worte Vertrauen zu wecken«, »alles zu umarmen, ohne parteiisch zu sein«, und »andere ohne die Lockungen eines hohen Amtes an sich zu ziehen«. In seiner Antwort umgeht Konfuzius die Aussage, die Yan Hui gerade gemacht hat. Statt dessen konzentriert er sich auf den Kummer, den er aus Yan Huis Stimme herausgehört hat, während er über diese Unterschiede sprach. Unterschiede führen zu Trennung, und es schmerzt, zusehen zu müssen, wie das Vertraute davonstürmt und verschwindet. Das will Yan Hui ihm sagen, glaubt Konfuzius. Er erwähnt Yan Huis Sorge um ihre Ungleichheit nicht einmal und sagt zu seinem Schüler:

> Ich bin Arm in Arm mit dir durchs Leben gegangen. Nun hast du mich aus den Augen verloren, wie sollst du da nicht verzweifeln? Dennoch hast du wahrscheinlich nur das an mir gesehen, was sichtbar war. Doch das Sichtbare ist bereits verschwunden. Daß du danach suchst, als wäre es noch da, gleicht der Suche nach einem Pferd, wenn der Viehmarkt vorbei ist. Bei meinen Gedanken an dich habe ich dich völlig vergessen. Bei all deinen Gedanken an mich hast du mich völlig vergessen. Doch selbst wenn es so ist, warum solltest du dich beklagen? Auch wenn du mein altes Ich vergessen hast, gibt es etwas von mir, daß du nicht vergessen wirst.[12]

Dieses Gespräch spielte sich vermutlich nur in Zhuangzis Phantasie ab, dennoch ist die Darstellung erstaunlich lebendig.

Nachdem Konfuzius den Schock über Yan Huis Tod verwunden hatte, wirkte er ruhig und gefaßt. Yan Huis Vater bat ihn, seine Kutsche für ihn zu verkaufen, damit er einen Sarg für seinen Sohn kaufen könne. Konfuzius weigerte sich. Alle Einwände ihres Lehrers mißachtend, veranstalteten seine Schüler eine prachtvolle Beisetzung für Yan Hui. Konfuzius

12 Ebenda, S. 308f.

war enttäuscht. Er fand weder den Sarg noch die teure Bestattung angemessen, da Yan Hui aus einer armen Familie stammte. Zudem stand eine solche Zurschaustellung in keiner Beziehung zum Nichtgreifbaren, zu dem, was man nicht vergißt.

Als Konfuzius selbst schwer krank war und es nicht sicher war, ob er gesund würde, befahl Zilu den anwesenden Schülern, als Konfuzius' Gefolgschaft zu fungieren. Konfuzius hatte damals kein offizielles Amt inne, und Zilu fürchtete, er würde als arbeitsloser Gelehrter sterben und ohne die Feierlichkeiten, die einem Minister zustanden, begraben werden.

Konfuzius war zwar unter Herzog Ding Minister gewesen, aber als er seine Stellung aufgab, verzichtete er damit auch auf alle Privilegien, die zu diesem Amt gehörten. Ein ehemaliger Minister war kein Minister und sollte auch nicht als solcher gelten. So geboten es die Ritualvorschriften der Zhou. Jemand blieb ein *shi*, ein gewöhnlicher Edelmann, bis er – aufgrund seiner Bildung – in ein Amt von ministerialem Rang berufen wurde.[13] Ohne Amt stand einem Edelmann keine Gefolgschaft zu.

Wenige Tage später besserte sich Konfuzius' Zustand. Er rügte Zilu dafür, die anderen getäuscht zu haben: »Wen wollten wir mit diesen vorgetäuschten Gefolgsleuten betrügen, wo ich doch gar keine habe? Den Himmel? Überdies würde ich doch viel lieber in den Armen einiger weniger guter Freunde sterben als in den Armen von Gefolgsleuten. Und selbst wenn ich kein Ministerbegräbnis bekommen hätte, so sterbe ich doch nicht am Straßenrand.« (IX,12)

Die frühen Quellen betonen, daß Zilu ein *yeren* war, »ein Landmensch«, und kein *guoren*, kein »Stadtmensch«.[14] Die Kategorien *yeren* und *guoren* hatten sich in den frühen Jahren der Eroberung durch die Zhou eingebürgert. Diejenigen, die mit ihren Lehnsherren nach Osten zogen, wurden *guoren*, »Men-

13 Vgl. Liu Baonans Bemerkung in *Lunyu zhengyi*, S. 184.

14 Zu *guoren* und *yeren* vgl. Hsu in: *The Cambridge History of Ancient China*, S. 548f., 572f.

schen aus der Stadt« bzw. »aus dem Staat« genannt. Sie lebten in befestigten Städten, zahlten militärische und zivile Abgaben, hatten einen gewissen Einfluß auf politische Entscheidungen und waren Angehörige des Staates. Diejenigen, die bereits in diesen Gebieten ansässig waren, als die Siedler eintrafen, nannte man *yeren*, »Menschen vom Feld«. Sie lebten in der ländlichen Umgebung. Die Garnisonsstaaten, an die sie gebunden waren, zogen sie zwar zu militärischen Diensten heran, gewährten ihnen jedoch keine politische oder gesellschaftliche Teilhabe. Die *yeren* hatten also keine politische Macht. Zugleich ließ man sie jedoch ihre althergebrachte Lebensweise weiterführen.

Dies änderte sich durch den steigenden Bedarf an militärischen und materiellen Ressourcen. Etwa ein Jahrhundert vor Konfuzius' Geburt, zur Mitte der Frühlings- und Herbstzeit, begannen mehrere größere Feudalstaaten die Landmenschen in ihr politisches Gefüge zu integrieren. Einige der Unterschiede zwischen den *yeren* und *guoren* verschwanden, während andere bestehen blieben. Zilu beispielsweise war sicher ein vollwertiges Mitglied des Staates Lu – als Gefolgsmann der Familie Jisun verfügte er über beträchtlichen Einfluß –, dennoch blieb er ein Einheimischer und hegte den für die Leute vom Land typischen Widerwillen gegen die Kultur und Prachtentfaltung der Siedler. Der Historiker Sima Qian berichtet, Zilu sei bei seiner ersten Begegnung mit Konfuzius provozierend gekleidet gewesen – mit einer »Hahnenkammkappe« und einem »Gürtel aus Wildschweinfell« – und habe Konfuzius »grob« behandelt.[15] Ihm zufolge war es Konfuzius, der »zuerst versuchte, Zilu durch die Ausübung der Riten zu beeinflussen«, und als Zilu bereit war, seine Anweisungen entgegenzunehmen, mußten andere Schüler »Fürsprache für ihn einlegen, damit er in ihre Gruppe aufgenommen wurde«. Danach wurde Zilu, der nur neun Jahre jünger war als Konfuzius, sein Diener und selbsternannter Beschützer.

---

15 Siehe Sima Qian, *Shiji*, Kap. 67, S. 2191. Vgl. auch *Xunzi*, Kap. 27, S. 334.

Die frühen Quellen heben auch hervor, daß Zilu aus Bian stammte, einem Bezirk in Lu, der angeblich die tapfersten Männer der Geschichte der Frühlings- und Herbstzeit hervorgebracht hatte. Einer Legende zufolge soll ein Mann allein zwei Tiger bezwungen und getötet haben.[16] Die Menschen hatten solche Angst vor ihm, daß gegnerische Armeen es nicht wagten, Bian zu durchqueren, wenn sie gegen Lu zu Felde zogen.

Entweder war Heldenmut eine typische Eigenschaft der Männer von Bian, oder sie fühlten sich durch den Ruhm, den dieser Held ihrer Heimat eingebracht hatte, verpflichtet, ihm nachzueifern, denn auch Zilu galt als der tapferste und heldenhafteste von Konfuzius' Schülern. Ihm gegenüber betonte Konfuzius, es reiche nicht aus, »vertrauenswürdig«, »geradeheraus«, »tapfer« und »unbeugsam« zu sein. Ein Mensch mag all diese ehrenhaften und wertvollen Eigenschaften besitzen, doch ohne die Liebe zur Gelehrsamkeit, so sagt Konfuzius, wird der Held in Schwierigkeiten geraten: Er wird »aus den falschen Gründen« sein Wort halten oder so »unverblümt« auftreten, daß »er zu einer Plage« wird, so mutig sein, daß er die »Anarchie schürt«, und so unbeugsam, daß es »einfach verrückt ist«. (XVII,8)

Einmal sagte Konfuzius in Anwesenheit von Zilu zu Yan Hui: »Nur wir beide sind imstande zu wirken, wenn wir im Amt sind, und in Einsamkeit zu leben, wenn man uns entläßt.« Besorgt, daß Konfuzius ihn vergessen könnte, fragte Zilu: »Aber wenn Ihr die Drei Armeen [von Lu] anführen würdet, wen würdet Ihr mitnehmen?« Sein Lehrer antwortete: »Ich würde niemanden mitnehmen, der versuchen würde, mit bloßen Händen einen Tiger zu erwürgen und über einen Fluß zu laufen [weil kein Boot da ist]. Wenn ich jemanden mitnähme, dann müßte es jemand sein, der aufmerksam ist, wenn er einer Aufgabe gegenübersteht, jemand, der gut planen und erfolg-

16 Der Name des Mannes war Bian Zhuangzi. Vgl. *Shiji*, Kap. 70, S. 2302; *Lunyu*, XIV,12; *Hanshi waizhuan*, Kap. 10, 9b.

reich ausführen kann.« (VII,11)[17] Konfuzius sagte Zilu geradeheraus, daß er ihn auf einen Feldzug nicht mitnehmen würde, ebensowenig wie er ihn dabei haben wolle, wenn er ans Ende seines Weges gelangte. Auch wenn Zilu mutiger war als andere, würde sein Mangel an Furcht wahrscheinlich mehr Schaden als Nutzen bringen.

Wenn Konfuzius sich etwas geringschätzig gegenüber Zilu zu verhalten scheint, lag es nicht daran, daß Zilu vom Land kam. Obwohl er Zilus bäurisches Benehmen von Anfang an beobachtet hatte, war er bereit gewesen, ihn als Schüler aufzunehmen. Konfuzius' Maxime war es, keinem Lernwilligen die Unterweisung zu verweigern, ob er nun bezahlen konnte oder nicht: »Ein Päckchen Dörrfleisch als Geschenk bei der ersten Begegnung genügt.« (VII,7) Konfuzius äußerte sich weder über Schüler, die »Landmenschen« waren, oder jene, die »bereits als Vornehme und Edle« zu ihm kamen. Wenn er über Unterschiede zwischen ihnen sprach, geschah es im Zusammenhang mit dem Unterricht: »Die Landmenschen würde ich als erstes in den Riten und in der Musik unterweisen, für die Edlen würde ich Musik und Riten für viel später aufheben.« (XI,1)

Konfuzius' Schwierigkeiten mit Zilu entstanden also nicht, weil dieser derb und ungehobelt, sondern weil er aggressiv, heftig und leicht beleidigt war. Zilu wußte um seine Veranlagung, obwohl er sie nicht unbedingt als Defizit ansah – ein weiteres Problem bei ihm. Er fürchte, so sagte er, daß er, ehe er gegen ein Gerücht vorgehen könne, womöglich etwas anderes hören würde. Die Hast und die Rauflust, mit der Zilu durchs Leben eilte, verliehen ihm einen gewissen Charme; doch in anderer Hinsicht war es schwer, ihn zu mögen. Mit seinem Mangel an Selbstdistanz konnte er Menschen je nach Situation für sich gewinnen oder quälen. Deshalb fand auch Konfuzius ihn liebenswert und unerträglich zugleich und war außerstande, ihn abzuweisen. Also weihte er Zilu Schritt für Schritt in ein Wissen ein, das er sich nicht selbst aneignen konnte.

17 Bearbeitet nach der Übersetzung von Lau.

Als Zilu ihn eines Tages fragte, ob er handeln solle, sobald er erfahre, daß etwas getan werde müsse, antwortete Konfuzius: »Solange dein Vater und dein älterer Bruder am Leben sind, ist es nicht an dir, etwas zu tun.« (XI,22) Später sagte er, seine Worte seien nur für Zilu bestimmt gewesen: »Er hatte Feuer für zwei, also versuchte ich, ihn zu mäßigen.« Als Zilu wissen wollte, »wie man den Geistern der Toten und den Göttern dient«, tadelte ihn Konfuzius: »Du kannst nicht einmal den Menschen richtig dienen, wie willst du den Geistern dienen?« (XI,12) Wieder wußte Zilu nicht, wann er aufhören mußte, und drängte weiter: »Darf ich dann etwas über den Tod fragen?« »Du verstehst ja nicht einmal das Leben, wie kannst du den Tod verstehen?« wies Konfuzius ihn zurecht.

Vielleicht gab es zu viele solcher Szenen, in denen sich Konfuzius herabsetzend oder scharf verhielt, denn die anderen Schüler begannen Zilu auf ähnliche Weise zu behandeln. Die *Gespräche* schildern eine Episode, in der genau das geschah. Eines Tages sagte Konfuzius: »Was hat Zilus Laute in meinem Zimmer zu suchen?« (XI,15) Diejenigen, die es hörten, glaubten, er wolle damit sagen, Zilu sei nicht gut genug, um die höheren Lehren des Meisters zu würdigen, und es gebühre ihm kein Platz in Konfuzius' innerem Gemach. Also begannen sie Zilu zu schneiden. Als Konfuzius dies bemerkte, wies er sie zurecht. »Zilu hat vielleicht nicht das innere Gemach betreten, aber er ist in die Halle emporgestiegen.«

Zilu besaß nicht Zigongs geistige Beweglichkeit oder Yan Huis starken und unerschütterlichen Wunsch, das Gute zu erkennen, aber er war einer der seltenen Menschen, die »sich nicht schämten, neben einem Mann in einem Fuchs- oder Dachspelz zu stehen, während er selbst ein zerschlissenes, mit alter Seide geflicktes Gewand trug«. (IX,27) Außerdem war er so vertrauenswürdig, daß er vor einem Gericht »nur wenige Worte sprechen mußte, um einen Rechtsstreit zum Abschluß zu bringen«. (XII,12) Dennoch konnte aus Zilu nie viel mehr werden als ein guter Gefolgsmann. Er war weder »habgierig« noch »bösartig«. Er war großzügig und tapfer und hätte niemals einen Menschen verraten, den er liebte oder dem er sich verpflichtet fühlte. Dennoch sagte Konfuzius zu ihm: »Das ist kaum der Weg, gut zu sein.«

Konfuzius kannte seinen Schüler lange genug, um zu wissen, daß der Ehrenkodex, nach dem Zilu lebte, seine Urteilskraft schwächen und seine Wahrnehmung behindern würde, vor allem, wenn er bei dieser Einstellung blieb: »Da gibt es doch Menschen zu regieren und den Göttern des Getreides und der Erde zu opfern. Weshalb müssen wir nur immerfort Riten und Musik studieren, Dichtung und Geschichte, um uns zu bilden?« (XI,25) Konfuzius war besorgt, daß Zilu extreme Schritte unternehmen würde, die ihm selbst und anderen Schaden zufügen konnten, und sagte voraus, daß Zilu »keines natürlichen Todes sterben« würde. (XI,13)

Zilus Tod war wirklich unnatürlich und sinnlos. Unter anderem bewies er, daß seine Ausbildung gescheitert war. Er ging seinen eigenen Weg und war weiter vertrauenswürdig, geradeheraus, tapfer und unbeugsam. Doch im Tod wirkte er fast wie ein Wahnsinniger. Die *Überlieferung des Zuo* berichtet folgende Episode: 480 v. Chr., ein Jahr vor Konfuzius' Tod, diente Zilu gerade als Gefolgsmann bei der sehr mächtigen Familie Kong im Staat Wei (die nicht mit der Familie von Konfuzius verwandt war). Kurz zuvor hatte der Herrscher seinen Erben vertrieben und den Sohn des Verstoßenen an dessen Stelle gesetzt. Als der Herrscher starb, folgte sein Enkel ihm auf den Thron, obwohl dessen Vater noch am Leben war. Schließlich planten er und seine Schwester eine Verschwörung, um sich des Sohnes zu entledigen. Es war gefährlich, denn der Vater mußte sich verkleidet nach Wei zurückschleichen und einen Aufstand anzetteln. Bevor es zum Putsch kam, konnte er nicht wissen, wie viele Männer auf seiner Seite sein würden. Dennoch standen seine Chancen nicht schlecht. Seine Schwester war die Witwe des früheren Oberhaupts der Familie Kong. Sie hatte eine Gruppe von Gefolgsleuten in ihren Diensten, die nur ihr gegenüber loyal waren. Ihr Sohn war das neue Oberhaupt der Kong. Außerdem war er ein Cousin des Herrschers und eigentlich dessen engster Verbündeter. Doch da er noch jung und etwas furchtsam war, würde er dem Druck seiner Mutter vielleicht nachgeben und dieses Vertrauen mißbrauchen. Am festgesetzten Tag verlief alles nach Plan. Der vertriebene Erbe »hüllte sich in Frauengewänder«, schlich an den Wachen vor der Residenz der Kong vorbei und gelangte zu seiner Schwester, der Dame Bo. »Die Dame Bo nahm, nachdem sie ihre Mahlzeit beendet hatte, eine Hellebarde und führte die Gruppe mit dem rechtmäßigen Erben und fünf Männern an, die alle bewaffnet waren. Außerdem hatten sie ein Schwein bei sich. Sie drängten den Sohn der Dame Bo in den Abort und zwangen ihn, einen Bund mit ihnen zu schwören [das Blut des Schweins benutzten sie, um den Eid zu besiegeln].«[18]

Als der oberste Verwalter der Familie Kong »von dem Aufstand erfuhr«, holte er den Herzog von Wei in seiner Kutsche ab, und die beiden flohen nach Lu. Unterdessen hatten Zilu und Zigao, ebenfalls ein Schüler des Konfuzius und Gefolgsmann der Familie Kong, die Neuigkeit erfahren. Zilu zog es in die Stadt, wo die Kämpfe stattfanden. Zigao versuchte ihn aufzuhalten: »Es ist zu spät. Bring dich nicht in Schwierigkeiten!« Aber Zilu gab nicht nach. Er sagte zu Zigao: »Ich verdiene meinen Lebensunterhalt bei ihnen – ich kann nicht darauf hoffen, ihren Schwierigkeiten zu entrinnen.« Also warf Zilu sich ohne vernünftigen Grund (außer vielleicht dem der Rettung des jungen Kong vor seiner Mutter und seinem Onkel, die ihm vermutlich gar nichts antun wollten) in einen Kampf, den er weder ausgelöst hatte noch beeinflussen konnte. Die Soldaten des verstoßenen Erben schlugen ihn nieder und hackten ihn in Stücke.[19]

Konfuzius hatte gewußt, daß Zilu eines gewaltsamen Todes sterben würde, wenn er sich unüberlegt für den Weg eines Gefolgsmannes entschied, wie edel dies auch erscheinen mochte.

18 *Chunqiu Zuozhuan zhu*, Herzog Ai, 15. Jahr, S. 1694f. (Leicht bearbeitet nach der Übersetzung von Watson in: *Tso Chuan: Selections from China's Oldest Narrative History*, S. 198).

19 *Chunqiu Zuozhuan zhu*, Herzog Ai, 15. Jahr, S. 1695 f. Vgl. auch *Liji shijie*, S. 61.

Vor den Unruhen hatte er die politische Lage in Wei mit seinen Schülern diskutiert. Sie fragten ihn, ob er auf seiten des verstoßenen Erben oder seines Sohnes sei, und Konfuzius besprach das Thema ausführlich mit ihnen. Zigong gelangte zu dem Schluß, daß »der Meister nicht auf der Seite des Sohnes stand« (VII,15).[20]

Einiges legt nahe, daß Konfuzius auf seiner langen Reise mehr Anhänger begleiteten als nur diese vier.[21] Während Zilu und Yan Hui ihn einen Großteil der vierzehn Jahre und Zigong und Zaiwo für etwa die Hälfte der Zeit beschützten, schlossen sich andere ihm nur für kürzere Zeit an – ein paar Monate oder wenige Jahre. Zu diesen gehörte auch Ran Qiu, dem einigen Quellen zufolge 492 v. Chr. die Familie Jisun einen Posten anbot. Ran Qiu reagierte wahrscheinlich nicht sofort, hatte sich aber, bevor Konfuzius 484 zurückkehrte, bereits einen guten Platz in der Hierarchie der Jisun gesichert.[22] Der Name dieses Mannes wird oft mit Zilu in Verbindung gebracht, auch wenn die beiden wenig gemein hatten.[23] Während Zilu sich stets bemühte, alles möglichst rasch zu erledigen, neigte Ran Qiu dazu, »sich zurückzuhalten«. Zilu war entschlossen, Ran Qiu fähig. Zilu war bäurisch, Ran Qiu geschmeidig und tüchtig. Der eine war Soldat, der andere Politiker. Konfuzius hat die meisten Unterschiede zwischen ihnen aufgezeigt, beharrte aber darauf, daß beide »höchstwahrscheinlich Erfolg in der Regierung« haben würden. Auf die Frage, ob sie bedeutende Minister abgeben würden, erwiderte er: »Die Beschreibung ›bedeutende Minister‹ trifft auf solche zu, welche ihrem Herrn auf moralische Art dienen. Könnten sie dies nicht, würden sie gehen. Zilu und Ran Qiu sind Angestellte in einer Erbfamilie.« Obwohl sie ihren Dienstherren treu ergeben seien, fuhr Konfuzius fort, »gibt es Dinge, die

20 Der verstoßene Erbe hieß Kuai Kui, sein Sohn Che.

21 Siehe Liu Baonans Erörterung, in: *Lunyu zhengyi*, S. 237 f.

22 Siehe *Chunqiu Zuozhuan zhu*, Herzog Ai, 11. Jahr, S. 1658 f.

23 Zu Ran Qiu und Zilu vgl. *Lunyu*, XI,22; VI,8; XI,18; XIII,3; XIV,12; XI,3.

sie nicht tun würden. Sie würden nie ihre Väter oder den Herrscher töten [auch nicht auf Befehl].« (XI,22)

Einen Anhänger von Konfuzius, der die Befähigung besaß, ein bedeutender Minister zu werden, war Zhonggong. Konfuzius sagte einmal, »Zhonggong könnte einen Sitz nach Süden erhalten«, was bedeutete, daß Zhonggong, wäre er ein Fürst, sich zum König eignen würde. Sein Vater, so erfahren wir, war entweder niedriger Herkunft oder ein Schurke. Daher verglich Konfuzius Zhonggong mit einem »Bullen, der ein Junges von Pflugochsen ist«, aber »selbst rot und wohlgehörnt«. »Würden die Geister der Berge und Flüsse es verschmähen«, fragte er, »auch wenn wir Bedenken haben, es als Opfer darzubringen?« (VI,6)[24]

Konfuzius lobte Zhonggong mehr als jeden anderen, mit vielleicht einer Ausnahme: Yan Hui. Dennoch geben die *Gespräche*, unsere zuverlässigste Quelle über die Schüler, nur wenige Informationen über diesen Mann preis.[25] Zhonggong bleibt ein großes Rätsel. Diese Anonymität ist vielleicht nur ein unglücklicher Zufall. Wenn man skeptisch ist, könnte man auch eine Intrige argwöhnen. Vielleicht haben jüngere Schüler oder Redaktoren der folgenden Generation die Aufzeichnungen über ihn absichtlich unterdrückt. Es ist bekannt, daß Eifersucht und Rivalität nach Konfuzius' Tod tiefe Grä-

24 Bearbeitet nach der Übersetzung von Lau, S. 82.

25 Siehe *Xunzi*, »Gegen zwölf Philosophen« (»Fei shiezi«), in: *Xunzi jijie*, S. 60-66. In diesem Essay verleiht Xunzi seiner Verachtung für mehrere Schüler des Konfuzius Ausdruck, aber einen hält er für Konfuzius' wahren Erben. Im Namen des Mannes erscheint das Zeichen *gong* wie in »Zhonggong«, woraus viele Gelehrte schließen, daß es sich wirklich um Zhonggong handelt. Unter den kürzlich ausgegrabenen Texten der Sammlung des Museums Shanghai befindet sich einer mit dem Titel *Zhonggong*. Diese Entdeckung erregte großes Aufsehen. Der Text bietet jedoch kaum mehr, als was bereits in *Lunyu* XIII,2 und im *Kongzi jiayu* berichtet wird. Zhonggong befragt Konfuzius über das Regieren, enthüllt aber nichts über seine eigene Person. Siehe *Shanghai bowuguan cang Zhanguo Chu zhushu*, Bd. 3, S. 261-283.

ben zwischen seinen Anhängern aufrissen. Aber warum wurde dann nicht alles getilgt? Warum hinterließ man Spuren, so daß etwas von Zhonggongs Geist überlebte?

In den Jahren seiner Wanderschaft sah Konfuzius seine Anhänger nie als Angehörige einer Schule und schon gar nicht seiner eigenen. Er hatte sich ohne göttlichen Auftrag oder eine Vision auf den Weg gemacht. Er brauchte eine ordentliche Anstellung, und es ging ihm nicht darum, etwas zu verkünden. Zigong, Yan Hui und Zaiwo folgten ihm, weil sie ebenso wißbegierig waren wie er und glaubten, er sei imstande, sie mit geschickter Hand zu führen, zu ermutigen und zu zügeln. Zilu diente ihm treu und loyal, wie es sich für einen Gefolgsmann ziemte, und verfeinerte sich ein wenig, wenn ihm der Sinn danach stand. Ran Qiu folgte Konfuzius wahrscheinlich, weil er für den Fall, daß Konfuzius zu einer guten Anstellung kam, hoffte, auch seine Karriere vorantreiben zu können. Sobald die Jisun ihn riefen, trat er die Heimreise an. Zhonggong bleibt ein Rätsel. Nicht einmal Mutmaßungen können wir über ihn anstellen. Er könnte nach Zigong, Yan Hui, Zaiwo, Zilu und Ran Qiu der sechste Mann gewesen sein, doch vielleicht waren es auch mehr.

4
AUF WANDERSCHAFT

Die Jahre von 497 bis 484, die Konfuzius auf Wanderschaft war, sind von jeher eine Herausforderung für die Historiker gewesen. Es gibt kaum Fakten und viel zu viele Lücken, die selbst die Phantasie nicht zu füllen vermag. Über die Jahrhunderte haben die Gelehrten die Quellen immer wieder nach Spuren seiner Wanderschaft durchforscht und nicht den winzigsten Anhaltspunkt außer acht gelassen. Vor allem konzentrierte man sich auf folgende Fragen: Wann hielt sich Konfuzius wo auf? Wer waren seine Gastgeber oder Gönner, und wie hatte er ihre Aufmerksamkeit auf sich gelenkt? Warum zog er weiter? War es Rastlosigkeit oder Enttäuschung, oder wurde er zur Flucht gedrängt? Mit welchen Schwierigkeiten hatte er zu kämpfen? Was waren wichtige Augenblicke der Reise, und wie sind seine Äußerungen in diesen Momenten zu verstehen? Gibt es in diesen Aussagen einen Hintersinn?

In den *Gesprächen* und den Schriften von Philosophen, die in den zweihundertfünfzig Jahren nach seinem Tod lebten, finden sich zahlreiche Hinweise auf Konfuzius' Reise. Die meisten Quellen sind jedoch entweder bruchstückhaft, oder sie liefern ausführliche, vollständig abgeschlossene Episoden, die oft zu voreingenommen und ausgefeilt sind, um authentisch zu sein. Sima Qian war der erste Historiker, der die Fragmente zu einer fortlaufenden Geschichte verband.[1] Er fügte atmosphärische und dramatische Elemente hinzu, sooft er das Gefühl hatte, seine Geschichte dadurch verbessern zu können. Großzügig schuf er Übergänge und schloß Lücken. Abgesehen davon, daß Dinge, die Konfuzius' gutem Namen schaden konnten, getilgt oder geschönt wurden, weist

1 Siehe Sima Qian, *Shiji*, Kap. 47, S. 1919-1935.

Sima Qians Darstellung auch logistische Probleme auf. Nach der Reiseroute, die der Han-Historiker skizzierte, hätte Konfuzius Tausende von Meilen zu Fuß zurücklegen müssen und sich an mehreren Orten – bisweilen in sieben verschiedenen Staaten – gleichzeitig aufgehalten. Weshalb, so wird man sich vielleicht fragen, sollte Konfuzius so oft seine Zelte abbrechen und weiterziehen? Warum sollte er auf den langen, unwegsamen Strecken, die zwischen den einzelnen Städten lagen, eine unfreundliche Aufnahme oder Krankheit und Hunger riskieren, wenn er sich an einem angenehmen Ort hätte niederlassen können? Hätte nicht selbst ein von Natur aus ruheloser Mensch nach einer Weile eingesehen, daß ein Ort so gut war wie der andere? Sima Qian versuchte nicht, diese Fragen zu beantworten. Er wollte eine Geschichte voller Aktion und Abenteuer, also mußte Konfuzius ständig in Bewegung bleiben.

Eine zuverlässigere Quelle ist der Philosoph Zhuangzi.[2] Er lebte zweihundert Jahre vor Sima Qian und steht Konfuzius somit zeitlich näher. Zhuangzi vereinfacht die Reise. Statt Konfuzius durch möglichst viele Orte ziehen zu lassen, wie Sima Qian es später tat, bringt er ihn in vier Staaten: Wei, Song, Chen und Cai. In den *Gesprächen* wird erwähnt, daß Konfuzius sich kurzzeitig auch in She aufhielt, einem Bezirk, der unter die Gerichtsbarkeit von Chu fiel. (XIII,16-18) Folgt man also diesen Quellen, brach Konfuzius in Wei auf, reiste durch Song nach Chen und Cai, möglicherweise auch nach Chu und machte auf der Rückreise Station in Chen. Dann verbrachte er noch einige Jahre in Wei, ehe er in seine Heimat Lu zurückkehrte. (IX,15) Dies würde bedeuten, daß er nicht, wie Sima

2 Konfuzius' Reise wird im Buch *Zhuangzi* viermal erwähnt. In: »Des Himmels Kreislauf« (»Tianyun«); »Der Baum auf dem Berge« (»Shanmu«); »Einen Thron verschenken« (»Rangwang«) und »Der alte Fischer« (»Yufu«). Siehe die Übersetzung von Watson in Zhuangzi, *The Complete Works of the Chuang Tzu*, S. 159, 214f., 318f., 348. Ich folge hierin Shizuka Shirakawa, der die im *Zhuangzi* skizzierte Reiseroute für die wahrscheinlichste hält. Vgl. seine Argumentation, in: *Kōshi den*, S. 47f.

Qian behauptet, einen Ort mehrmals – bis zu viermal – verließ und später wieder zurückkehrte und sich daher auch nicht wie ein Mensch verhielt, der sich nicht entscheiden kann, was er tun und wo er leben soll.

Außerdem deutet Zhuangzi in seinem Bericht an, daß Konfuzius nicht zum erstenmal außer Landes reiste. Es ist bekannt, daß Konfuzius vor seiner langen Wanderschaft einige Zeit im Nachbarstaat Qi verbrachte. Den *Gesprächen* zufolge befragte einst Herzog Jing von Qi Konfuzius, wie man einen Staat zu lenken habe, worauf dieser antwortete: »Laßt den Herrscher einen Herrscher sein, den Vater einen Vater, den Sohn einen Sohn.« Der Herzog erwog, Konfuzius einzustellen, war aber unsicher, wie hoch der Posten und sein Gehalt sein sollten. Am Ende gab er ganz auf und sagte: »Ich bin zu alt. Ich fürchte, ich kann seine Gaben nicht nutzen.« Darauf erfahren wir, daß »Konfuzius abreiste« (XII,11).

Seine Beziehung zu Herzog Jing legt nahe, daß Konfuzius bei seinem Besuch in Qi bereits außerhalb seines Heimatstaates bekannt war. Er kann daher damals nicht erst dreißig oder vierzig gewesen sein, denn in diesem Alter stand er noch in Diensten einer Erbfamilie. Damit wäre er um 505 v. Chr. in Qi gewesen, als der Tyrann Yang Hu ganz Lu drangsalierte. Vielleicht war Konfuzius nach Qi gegangen, um einer weiteren Konfrontation mit Yang Hu aus dem Weg zu gehen.

Konfuzius reiste zuerst nach Westen, geradewegs in den Staat Wei, der ungefähr zweihundert Kilometer von Lu entfernt lag. Das im Nordosten gelegene Qi zog er nicht einmal in Betracht. Der Herrscher von Qi, der sich einst für ihn interessiert hatte, war inzwischen verstorben, und Konfuzius' Verhältnis zu dessen Sohn war nicht einvernehmlich. Er hatte den Herzog von Qi drei Jahre zuvor, als das Bündnis in Xiangu geschlossen wurde, unfähig und schlecht bewandert in der Etikette erscheinen lassen, wie einen Bauern oder, schlimmer noch, wie einen, der die Zhou-Kultur nicht von Barbarei unterscheiden konnte. Demzufolge konnte er nicht erwarten, daß man ihn in Qi gut, ja nicht einmal unvoreingenommen, aufnehmen würde. Wei war etwas anderes. In den *Gesprächen* sagt

Konfuzius: »Die beiden Staaten Wei und Lu sind wie Brüder.« (XIII,7)

Die königlichen Vorfahren von Wei und Lu waren Kangshu und der Herzog von Zhou.[3] Sie waren Söhne derselben Mutter und pflegten freundlichste Beziehungen zueinander. Nach der *Überlieferung des Zuo* hatte ein Berater aus Wei seinem Herrscher einst geraten, nicht zu überstürzt und heftig auf ein Vergehen Yang Hus gegen seinen Staat zu reagieren. »Von den Kindern des Königs Wen und [seiner Frau] Taisi, vertrugen sich nur der Herzog von Zhou und Kangshu gut. Wenn Ihr das Verhalten eines gemeinen Strolchs nachahmt, werdet Ihr ihm dann nicht in die Falle gehen?«[4] Der »gemeine Strolch« war Yang Hu. Er war kein Nachkomme des Herzogs von Zhou. Seine Macht war unrechtmäßig erworben, und sein Verhalten entsprach nicht den Sitten von Lu. Daher bat der Berater von Wei seinen Herrscher, nicht auf die Taten dieses Mannes einzugehen – sich nicht auf Yang Hus Niveau herabzulassen –, sondern dem Beispiel ihrer Ahnen zu folgen und Lu brüderlich zu behandeln.

Auch in anderer Hinsicht waren Lu und Wei sich ähnlich. In der Frühlings- und Herbstzeit war allgemein bekannt, daß es den beiden Staaten nie an integeren Männern mit politischer Begabung fehlte. Wenn zum Beispiel eine Person von Stand sich im Staat Qi unrühmlich verhalten hatte, wagte sie es nicht, Lu oder Wei zu besuchen, weil sie den dortigen Ratsherren nicht vor Augen treten konnte.[5] Konfuzius erklärte

---

3 Der frühste Bericht über die Beziehung zwischen Kangshu und dem Herzog von Zhou findet sich in der »Ankündigung für Fürst Kang« (»Kanggao«) im *Buch der Urkunden* (*Shujing* oder *Shangshu*). Siehe die Übersetzung von James Legge, *The Shu King (Shujing)*, S. 380-398.

4 *Chunqiu Zuozhuan zhu*, Herzog Ding, 6. Jahr, S. 1556.

5 Ein Beispiel hierfür war Dilu Zifang, der Gefolgsmann eines Ministers in Qi. Selbst als sein Leben in Gefahr war, weigerte er sich, von einem Feind seines Herrn Hilfe anzunehmen, weil er zu der Zeit erwog, nach Lu oder Wei zu fliehen. Er sagte: »Wenn ich persönliche Bindungen zum Feind unterhalte, während ich meinem

voll Stolz: »Mit einer großen Veränderung könnte der Staat Qi dem Staat Lu ähnlich werden. Mit einer großen Veränderung könnte [die Regierung] von Lu auf den rechten Weg kommen.« (VI,24) Qi war Lu von Anfang an unterlegen, weil sein Gründer, wenngleich ein fähiger Mann, dem Gründer von Lu – einem Sohn des Herzogs von Zhou – charakterlich und an politischem Weitblick unterlegen war. Doch 550 Jahre später unterschieden sich die Herzöge von Lu nicht mehr von denen von Qi. Nachkomme des Herzogs von Zhou zu sein brachte keinen Vorteil mehr. Der Herrscher von Lu war weder besonders redlich noch besonders tüchtig und hatte eine ganz gewöhnliche Auffassungsgabe. Konfuzius wußte dies, glaubte jedoch noch immer, daß sich durch die richtigen Veränderungen das Blatt für Lu noch wenden und sein Volk wieder die Stabilität genießen würde, die nur eine tugendhafte Regierung schaffen konnte. Diesen Optimismus verdankte er seinem Vertrauen in die »tüchtigen Herren von Lu«. In Lu, so fand er, hatten mehr Männer die Befähigung zu guten Beratern als irgendwo sonst. Und gute Berater waren es, in die er seine Hoffnungen in diesen Zeiten moralischen Verfalls und politischer Mißwirtschaft setzte.

Die Geschichte der Berater von Lu – Männer wie Zhaozi und Zijiazi – flößte Konfuzius Vertrauen ein und ließ ihn glauben, daß sich in seiner Heimat alles zum Besseren wenden konnte. Auch als Gast im Staat Wei zeigte er politischen Optimismus. Damals herrschte Herzog Ling in Wei, und Konfuzius sprach ganz offen über die Verworfenheit dieses Mannes. Als man ihn fragte, wie es denn sein könne, daß »ein solcher Herrscher nicht seinen Staat verliere«, erwiderte Konfuzius, dies käme daher, daß im Staat Wei die richtige Person »für die ausländischen Gäste zuständig ist«, ein ehrlicher Priester »den Ahnentempel betreut« und ein fähiger General »für die militärischen Angelegenheiten verantwortlich ist. Wie kann

Herrn diene, könnte ich den Edelleuten von Lu und Wei nicht unter die Augen treten.« Siehe *Chunqiu Zuozhuan zhu*, Herzog Ai, 14. Jahr, Ausgabe von Yang, S. 1685 f.

ein Herrscher unter solchen Umständen sein Reich verlieren?« (XIV,19)

In Wei hatte man sich ebenso wie in Lu in Krisenzeiten stets auf gute Berater gestützt, um Katastrophen abzuwenden. Und obwohl Wei nicht seine Heimat war, war Konfuzius gut informiert – er kannte die gesamte Liste der dortigen Ratsherren, selbst wenn sie Generationen vor ihm gelebt hatten. Einige hatten herausragende Qualitäten: Der eine war »geradeaus wie ein Pfeil, ob Ordnung herrschte oder nicht«, der andere »amtierte, wenn Ordnung herrschte, trat zurück und verbarg sich, wenn sie nicht herrschte«, ein dritter war so großherzig gesinnt, daß er »einen Gefolgsmann aus seinem Haushalt für das Amt eines Staatsrats empfahl« und damit seinem Untergebenen gestattete, »Seite an Seite mit ihm zu arbeiten«.[6]

Nach seiner Ankunft in Wei hoffte Konfuzius, wie jeder Arbeitssuchende es getan hätte, auf ein passendes Angebot, wie es der nachfolgende Dialog illustriert. Zigong stellte ihm die Frage: »Wenn Ihr jetzt ein schönes Stück Jade hättet, würdet Ihr es in einer Schachtel aufheben oder versuchen, es für einen guten Preis zu verkaufen?« Und Konfuzius antwortete: »Verkaufen, verkaufen. Ich warte nur noch auf das richtige Angebot.« (IX,3)[7] Nachdem er sich zehn Monate erfolglos in Wei aufgehalten hatte, beschloß er, in den westlichen Nachbarstaat Jin aufzubrechen, wahrscheinlich, um die dortigen Möglichkeiten zu erkunden. Noch ehe Konfuzius die Grenze erreichte, wurde er vom Gefolgsmann einer Erbfamilie in den Staat Jin gerufen, der einen Aufstand plante.[8] Konfuzius überlegte

6 Zu den guten Ratgebern von Wei vgl. *Lunyu*, XIV,19; XV,7; XV,8; XIV,18.

7 Leicht bearbeitet nach der Übersetzung von Lau, (S. 98). Ich folge hier der Deutung von Qian Mu, *Kongzi zhuan*, S. 39f.

8 In den *Gesprächen* wird folgendes erwähnt: Als Bi Xi, der Gefolgsmann einer Erbfamilie aus Jin, Konfuzius bat, sich ihm anzuschließen, erwog dieser, die Aufforderung anzunehmen (vgl. XVII,7). Spätere Gelehrte waren sich jedoch nicht einig, wann sich dies zugetragen hatte, ob im Winter 497 oder im Sommer 490 v. Chr. Vgl.

eine Weile und entschied sich, nach Wei zurückzukehren, wo er sich wieder um eine Anstellung bemühte. Möglicherweise um diese Zeit stattete Konfuzius der Gemahlin des Herrschers einen Besuch ab. Nanzi galt als mannstolle Frau und hatte sich ihren skandalösen Ruf wohlverdient. Aus den *Gesprächen* wissen wir, daß Konfuzius' Schüler Zilu »nicht glücklich« war, als er von diesem Besuch erfuhr. Konfuzius schwor ihm jedoch: »Wenn ich etwas Unrechtes getan habe, möge der Himmel mich verstoßen, möge der Himmel mich verstoßen!« (VI,28) Sima Qian konnte dem dramatischen Potential dieser beiden Zeilen nicht widerstehen und erzählt die Geschichte wie folgt:

> Nanzi, die Gemahlin des Herzogs Ling, schickte jemanden zu Konfuzius mit der Botschaft: »Wünscht ein Edelmann von irgendeinem Ort der Welt ein Freund meines Gatten zu werden, muß er zuvor mich aufsuchen. Nun möchte ich Euch sehen.« Anfangs lehnte Konfuzius ab, doch dann änderte er seine Meinung, denn es blieb ihm nichts anderes übrig.
>
> Die Dame saß hinter einem Vorhang aus *ge*-Hanf. Konfuzius betrat den Raum. Sich nach Norden wendend, kniete er nieder und legte seine Hände auf den Boden. Er verbeugte sich und berührte mit dem Kopf seine Hände. Die Dame erwiderte die förmliche Begrüßung hinter dem Vorhang – die Jadeanhänger an ihrem Mieder funkelten, als sie sich verbeugte.
>
> Später sagte Konfuzius: »Ich wollte sie nicht sehen, aber aus Schicklichkeit mußte ich ihr einen Besuch abstatten.« Zilu war mißgestimmt. Konfuzius schwor ihm: »Wenn ich etwas Unrechtes getan habe, möge der Himmel mich verstoßen, möge der Himmel mich verstoßen!«[9]

Sima Qian läßt Nanzi in seiner Fassung sprechen und agieren. Die Vorstellung, die sie gibt, ist besonders amüsant, weil sie

Lunyu zhengyi, S. 371 f. und Qian Mu, *Xianqin zhuzi xinian*, S. 39 f. Ich bin Qian Mu gefolgt.

9 Sima Qian, *Shiji*, Kap. 47, S. 1920 f.

sich innerhalb der Grenzen schicklichen Benehmens abspielt. Dennoch ziehen wir vielleicht die Nanzi in den *Gesprächen* vor, wo sie eine Person ist, die keine Erklärung erfordert. Ihre Macht ist so groß, daß schon ein Besuch bei ihr Konfuzius' Verhältnis zu Zilu strapaziert.

Indem er Konfuzius verteidigt – dieser sucht Nanzi nur auf, weil ihm »nicht anderes übrigbleibt« – relativiert Sima Qian die Bedeutung der Begegnung und Konfuzius' Reaktion auf Zilus Mißbilligung. Ohne Sima Qians Apologie würde man sich fragen, was Konfuzius so nervös machte, daß er einen so düsteren und feierlichen Eid schwor, um seinen Schüler zu beruhigen. Ein Gelehrter aus jüngerer Zeit bietet eine einfachere, aber überzeugendere Antwort an als Sima Qian. Als Konfuzius sich in Wei aufhielt, so sagt dieser Gelehrte, benötigte er dringend eine Stellung in der Regierung von Herzog Ling. Daher glaubten einige, wie auch Zilu, er habe Nanzi aufgesucht, um sich durch persönliche Beziehungen zur Gemahlin des Herzogs den Weg nach oben zu bahnen. Dies wird durch eine andere Stelle in den *Gesprächen* bekräftigt: »Wang Sunjia [der Befehlshaber von Wei] sagte einmal zu Konfuzius: ›Was haltet Ihr von dem Ausspruch: Besser dem Herdgott zu schmeicheln als dem Gott der südwestlichen Ecke im inneren Gemach?‹ Konfuzius antwortete: ›Falsch. Wer sich gegen den Himmel vergeht, kann zu niemandem mehr beten.‹« (III,13)[10]

Die »Südwestecke« ist die dunkelste Stelle in einem Raum, da es in ihr kein Fenster und keine Lichtquelle gibt. Sie stellt Nanzi dar, die in den inneren Gemächern wohnt. Der »Herd« ist ein offener Platz, wo man sich zu den Mahlzeiten oder zum Plaudern versammelt. Damit ist Wang Sunjia gemeint, der in der Öffentlichkeit lebt und arbeitet. Wang deutet an, daß es wohl nützlicher für Konfuzius wäre, ihn aufzusuchen als Nanzi, falls ihm an einem Regierungsamt in Wei gelegen ist. Konfuzius antwortet ihm ähnlich wie Zilu: Hat man ein Un-

10 Vgl. Qian Mus Erörterung von Konfuzius Antwort an Wang Sunjia, in: *Kongzi zhuan*, S. 45 f.

recht begangen – den Himmel beleidigt –, gibt es keinen Gott, an den man sich wenden kann. Wer nichts Unrechtes getan hat, kann ohne Furcht vor himmlischer Vergeltung jeden Eid schwören. Dieses Prinzip gilt ausnahmslos für alle und damit auch für ihn.

Auch wenn Konfuzius weder vor den Menschen noch vor den Göttern etwas zu verbergen hatte, brauchte er dennoch eine Stellung. Besonders Menzius hat sehr deutlich beschrieben, wie besorgt Konfuzius war, wenn er keine Beschäftigung hatte: »In der Überlieferung heißt es, wenn Konfuzius drei Monate lang nicht in den Diensten eines Herrn stand, so war er äußerst beunruhigt, und wenn er beschloß, in einen anderen Staat zu reisen, nahm er stets ein Geschenk mit [falls er zu einer Audienz gerufen würde].« Ein Edelmann müsse in einer solchen Lage beunruhigt sein, fährt Menzius fort, da er ohne ein Regierungsamt kein Land und somit auch keinen Anspruch auf Opfertiere und Opfergefäße habe und deshalb nicht imstande sei, Opfer darzubringen und Opfermähler zu veranstalten. »Wenn ein Edelmann sein Amt verliert, ist es, wie wenn ein Fürst sein Reich verliert.« Und »nach drei Monaten ohne einen Herrn bezeugt man ihnen Beileid.«[11]

Die Beschreibungen von Konfuzius in den *Gesprächen* stimmen mit dem überein, was Menzius uns über ihn erzählt, aber sie liefern uns auch noch mehr Gründe für seine Unruhe. Einst fragte ihn ein älterer Mann: »Warum bist du so ruhelos? Willst du deine Überredungskünste üben? [Und bist deshalb immer unterwegs?]« Konfuzius antwortete: »Ich wage es nicht, meine Überredungskünste zu üben. Ich bin nur besorgt, weil die Welt so hartnäckig beschränkt ist.« (XIII,32) Anderen sagte er: »Mit einem Mann, der nicht dauernd sagt ›Was soll ich tun? Was soll ich tun?‹ kann ich nichts anfangen.« Doch der Mensch, der Konfuzius' peripatetische Neigungen besser verstand als er selbst, war ein Grenzwart aus Wei. Als unterer Beamter bat dieser Mann um eine Unterredung, als er erfuhr, daß Konfuzius durch seinen Bezirk reiste. Nach ih-

11 *Menzius*, Buch 3B, Abschnitt 3. Siehe *Mengzi zhengyi*, S. 247-251.

rer Begegnung sagte er zu den zwei oder drei Schülern, die Konfuzius auf dieser Reise begleiteten: »Was sorgt ihr euch, daß er kein Amt hat? Die Welt ist lange ohne den Weg der Tugend ausgekommen. Nun will der Himmel euren Meister als die hölzerne Zunge einer Bronzeglocke verwenden.« (III,24) Der Grenzwart erkannte mehr, als Konfuzius über sich wissen konnte. Es sei der Wille des Himmels, sagte er, daß Konfuzius im Reich umherwandere und wie eine Glocke die Menschen aufwecke. Lehrer zu sein sei ihm bestimmt, und nicht Beamter. Vielleicht war der Grenzwart ein Werkzeug des Himmels, denn er prophezeite etwas, das zuzutreffen schien. Konfuzius hingegen war so ausgeprägt menschlich, daß er sich dagegen wehrte und sich weiter sorgte, weil er kein Amt hatte.

Sima Qian zufolge wohnte Konfuzius während seines Aufenthalts bei Qu Boyu,[12] dem Mann, den er in Wei am höchsten schätzte. Im Gegensatz zu Konfuzius drängte es Qu nicht im geringsten nach einer Anstellung. Ihn schien nichts zu beunruhigen, abgesehen von den Folgen, die er vielleicht durch voreingenommenes oder kurzsichtiges Verhalten heraufbeschworen hatte. Sogar seinen Bediensteten fiel dies auf. Als Konfuzius sich einmal bei einem von ihnen nach seinem Herrn Qu erkundigte, erklärte der Diener: »Mein Herr wünscht sich, weniger Fehler zu machen, aber es ist ihm nicht gelungen.« (XIV,25) Zhuangzi bringt dies auf eine andere Ebene und vertritt die Ansicht, Qu habe ein Bewußtsein besessen, das schärfer und sogar wacher war, als die Redaktoren der *Gespräche* es beschreiben. Seiner Einschätzung nach wußte Qu, daß alles, was ihn selbst betraf, fragwürdig war, nicht nur sein Charakter, sondern auch alle seine Standpunkte, ganz gleich, wie vernünftig sie ihm erscheinen oder wie teuer sie ihm sein mochten. Zhuangzi überspitzt diesen Aspekt in seinem Werk, so daß wir Qu Boyu nicht vergessen werden: »Qu Boyu lebt seit sechzig Jahren und hat sich sechzig Mal verändert. Es gibt kein einziges Ereignis, bei dem er das, was er an-

12 Siehe *Lunyu*, XIV,25. Siehe auch *Shiji*, Kap. 47, S. 1920.

fangs für richtig hielt, nicht am Ende ablehnte. Deshalb kann man auch jetzt nicht wissen, ob das, was er momentan richtig nennt, nicht etwas ist, was er in den vergangenen neunundfünfzig Jahren als falsch bezeichnet hat.«[13]

Wirklich bei Qu Boyu Gast zu sein hätte Konfuzius' Ansehen gesteigert. Doch als er in Wei ankam, muß Qu um die neunzig gewesen sein und hätte sich wahrscheinlich nicht dazu entschließen können, diesen samt seinen Schülern auf unabsehbare Zeit zu beherbergen. Konfuzius' Bemerkungen über Qu in den *Gesprächen* legen sogar nahe, daß er sich in sicherer Entfernung zu diesem Mann hielt, der beinahe vierzig Jahre älter war als er. Nachricht von Qu erhielt er durch einen Boten, den letzterer zu ihm schickte. Die Distanz lag vielleicht am Altersunterschied oder war ein Zeichen, daß Konfuzius sich ein wenig vor Qu fürchtete – vor dessen ehrfurchtgebietendem Ruf und Urteil.

Konfuzius' Anhänger Menzius scheint gut über den Gastgeber in Wei Bescheid zu wissen.[14] Das Thema kommt zur Sprache, als jemand ihn fragt, ob es wahr sei, daß Konfuzius bei einem Leibarzt gewohnt habe, der auf Wundbrand und Geschwüre spezialisiert gewesen sei. Menzius nennt die Geschichte »Klatsch und das Werk von Wichtigtuern«. Leibärzte wurden in der chinesischen Gesellschaft nicht geschätzt – und schon gar nicht im frühen China, dennoch standen sie häufig in der Gunst der Herrscher, weil sie die Schmerzen und Sorgen ihrer Patienten zu lindern vermochten oder dies zumindest für sich beanspruchten. Herzog Ling von Wei war dem betreffenden Arzt sehr zugeneigt. Dies erklärt, warum böswillige Zungen behaupteten, Konfuzius sei Gast dieses Mannes gewesen. Man wollte ihm unterstellen, er sei so begierig auf einen Posten in Herzog Lings Regierung, daß er nicht einmal davor zurückschreckte, die Hilfe eines Günstlings in Anspruch zu nehmen. Sein Besuch bei Nanzi nährte ähnliche

13 *Zhuangzi*, »Zeyang«. Siehe die Übersetzung von Watson, S. 288.

14 *Menzius*, Buch 5A, Abschnitt 8. Siehe *Mengzi zhengyi*, S. 388f. (Übersetzung nach Lau, S. 147).

Gerüchte und gab den Klatschmäulern Stoff. Dadurch gerieten sogar sein Schüler Zilu und der Befehlshaber Wang Sunjia ins Wanken und zweifelten, ob Konfuzius wirklich ehrenhaft handelte.

Menzius fiel es nicht schwer, mit Geschichten über Konfuzius aufzuräumen, die eindeutig nicht wohlwollend waren. Er tat sie einfach als bösartig und unbegründet ab. Auf die Frage, ob Konfuzius die Gastfreundschaft des Leibarztes von Wei angenommen habe, entgegnete Menzius, daß Konfuzius, falls er persönlichen Einfluß brauchte, sich der Unterstützung eines Mannes hätte bedienen können, der auf vertrauterem Fuß mit Herzog Ling stand als der, der sich um seine Wunden und Geschwüre kümmerte. Dieser Mann war Mi Zixia, ein berühmter Höfling der Frühlings- und Herbstzeit. Eine Quelle sagt, daß Herzog Ling eine Zeitlang so bezaubert von Mi Zixia war, daß er sogar dessen Vergehen auf edle Absichten zurückführte. Hinzu kam, daß Mi Zixia mit einer Schwester von Zilus Frau verheiratet war. Laut Menzius habe Mi zu Zilu gesagt, wenn Konfuzius ihn als Gastgeber und Gönner akzeptiere, »stünde ihm das Amt eines Staatsrats von Wei zur Verfügung«. Als Zilu seinem Lehrer dies erzählte, habe Konfuzius keine Notiz davon genommen: »Er ging in angemessener Manier vor und zog sich auf eine moralisch korrekte Weise zurück. Und ganz gleich, ob er mit dem, was er tat, Erfolg hatte oder nicht, sagte er immer: ›So muß es eben sein.‹« Menzius will sagen, daß, wenn Konfuzius Vergünstigungen angenommen hätte, seine Bemühungen nicht aufrichtig gewesen wären und er ihren Erfolg oder Mißerfolg nicht akzeptiert hätte.[15]

Wenn wir mit Menzius annehmen, daß Konfuzius es ablehnte, durch Beziehungen zu Erfolg zu gelangen, dauerte es vermutlich ziemlich lange, bis er einen Posten in Wei bekam. Seine Schweigsamkeit trug sicher nicht dazu bei, Herzog

15 Ebenda. Siehe auch *Hanfeizi jijie*, Kap. 12, »Shuinan«, S. 65 f. (Übersetzung in Watson, *Basic Writings of Mo Tzu, Hsün Tzu, and Han Fei Tzu*, S. 78 f.).

Lings Aufmerksamkeit zu erregen. Überdies standen die Dinge in Wei damals nicht zum Besten. Die Schuld dafür geben die frühen Historiker der Unbesonnenheit Herzog Lings und seiner Gattin Nanzi.[16] Denn Herzog Ling war nicht nur im eigenen Land, sondern selbst in den Nachbarstaaten als Hahnrei bekannt. Nanzi unterhielt eine Affäre mit ihrem Bruder, einem Fürsten aus dem Staat Song, und statt der Liaison ein Ende zu setzen, rief Herzog Ling den Bruder im Jahre 496 – im Jahr nach Konfuzius' Ankunft – nach Wei, »um ihr eine Freude zu machen«. Nicht lange danach wurde der Erbe von Wei, ein Sohn Herzog Lings mit einer anderen Gemahlin, auf eine Mission nach Qi geschickt, und »als er durch die Landschaft von Song zog, hörte er einen Bauern dieses Lied singen: ›Jetzt, wo du deine geile Sau befriedigt hast / wird es Zeit, unser hübsches Schwein nach Haus zu schicken.‹«[17] Dieses Lied demütigte den Erben so sehr, daß er Nanzi ermorden lassen wollte. Die Verschwörung mißlang, und Herzog Ling, außerstande, Nanzi zu bestrafen oder sich von ihr zu trennen, schickte Soldaten nach seinem Sohn aus. Dieser floh nach Song und kehrte erst dreizehn Jahre später zurück, um seine Ansprüche anzumelden, nachdem sein eigener Sohn seinem Vater, der ihn vertrieben hatte, auf den Thron gefolgt war. Dieser Thronfolgestreit sollte Zilu später das Leben kosten.

Dieses Kapitel der Geschichte von Wei wird dem, was wir über Herzog Ling wissen, nicht gerecht. Den meisten Berichten zufolge war er trotz seiner Hörigkeit gegenüber Nanzi kein leichtes Opfer. Im *Zhuangzi* heißt es, daß Herzog Ling »Wein trank und in Vergnügungen schwelgte, ohne sich um die Regierung oder den Staat zu kümmern«, daß er »mit Netzen und Pfeil und Bogen auf Vogelfang und Jagd ging, ohne seine Verpflichtungen gegenüber den anderen Fürsten zu be-

16 Siehe *Chunqiu Zuozhuan zhu*, Herzog Ding, 14. Jahr, S. 1597. Zu den Nachfolgeschwierigkeiten und Zilus Tod siehe auch die Anmerkungen zu Kapitel 3 des vorliegenden Buches.

17 Siehe Zhuangzi, *The Complete Works of Chuang Tzu*, üb. v. B. Watson, S. 289.

achten«, und »daß er drei Frauen hatte, mit denen er in derselben Wanne badete«. Der Spottgesang von Sau und Schwein paßte anscheinend auch recht gut auf Herzog Ling selbst. Dennoch hoffte, Konfuzius in seine Dienste zu treten.

Wir wissen weder, wie Konfuzius zu seinem Amt bei diesem Herrscher gelangte, noch, ob seine Stellung überhaupt von Bedeutung war. Wahrscheinlich sah er Herzog Ling nur sehr selten. Die *Gespräche* verzeichnen nur eine Begegnung: »Herzog Ling von Wei befragte Konfuzius zu einer Schlachtordnung. Konfuzius erwiderte: ›Ich weiß etwas über den Gebrauch von Ritualgefäßen, doch über das Befehlen von Truppen habe ich nichts gelernt.‹ Am nächsten Tag beschloß Konfuzius, Wei zu verlassen.« (XV,1)[18]

Konfuzius muß lange auf eine Audienz bei seinem Herrscher gewartet haben. Da er aus der Frage Herzog Lings schließen konnte, daß er den falschen Mann beriet, entschied er sich, Wei zu verlassen. Herzog Ling interessierte sich dafür, Kriege zu gewinnen, während Konfuzius ihm nur beibringen konnte, den Weg der Riten zu pflegen.

Sima Qian übertreibt in seinem Bericht nicht nur die Wertschätzung Herzog Lings für Konfuzius und die Häufigkeit ihrer Begegnungen, sondern behauptet auch, es sei wegen einer Unaufmerksamkeit seitens Herzog Lings und einer belanglosen Beleidigung zu einem persönlichen Zerwürfnis gekommen: »Herzog Ling und seine Gemahlin [Nanzi] teilten eine Kutsche mit dem Eunuchen Yong Qu. Konfuzius diente als Yong Qus Helfer. Konfuzius sagte: ›Noch bin ich nicht einem Mann begegnet, der die Tugend so liebt wie den betörenden Anblick einer schönen Frau.‹ Verärgert und gedemütigt ver-

18 Vgl. auch Qian Mus Deutung des Satzes *mingri zhuxing*. Obwohl der Text nahelegt, daß Konfuzius am nächsten Tag aufbrach, ist Qian Mu der Ansicht, daß es ihm unmöglich gewesen wäre, so schnell zusammenzupacken und fortzuziehen, nachdem er so lange in Wei gelebt hatte. Ihm zufolge hat Konfuzius nach seinem Gespräch mit Herzog Ding »beschlossen, Wei zu verlassen«. Siehe *Kongzi zhuan*, S. 51.

ließ er Wei.«[19] Diese Episode erscheint vertraut. Nach Sima Qian hatte Konfuzius Lu aus ähnlichen Gründen verlassen, und als er ging, folgendes Lied angestimmt:

Die Zunge einer Frau bringt den Mann dazu zu fliehen,
ihre Sticheleien sind es, die ihn ins Verderben senden.
Warum also nicht von hier nach dorthin ziehen,
bis die mir bemessenen Jahre enden.[20]

Waren dies Konfuzius' Ansichten über Frauen? Glaubte er wirklich, daß Frauen einen Mann, seine Laufbahn und seine Möglichkeiten, ein tugendhaftes Leben zu führen, ruinieren konnten? Oder hat Sima Qian das erfunden? In seiner Konfuzius-Biographie stehen die Betrachtungen über Frauen für gewöhnlich am Schluß eines Kapitels. Diesen Bemerkungen folgt dann ein Bericht, wie Konfuzius gescheitert war, einen Herrscher für die Ausübung seiner Herrscherpflichten zu interessieren. Sima Qians Berichte erwecken den Eindruck, daß Konfuzius sooft wie möglich einer Frau die Schuld an seinen Enttäuschungen gab. Einem scharfsinnigen und bewußten Menschen wie Konfuzius muß jedoch klar gewesen sein, daß die meisten Herrscher seiner Zeit besonders empfänglich für die Vorschläge jener waren, die ihre Lüsten und Launen befriedigten, und der Einfluß derjenigen, die Integrität und Weisheit predigten, häufig zweitrangig war. Außerdem muß er gewußt haben, daß schädliche Einflüsse von Männern und Frauen gleichermaßen kommen konnten.

In der Geschichte der Frühlings- und Herbstzeit mangelte es nicht an Frauen von untadligem Charakter und festen Ansichten. Eine von ihnen war Herzog Lings Pflegegroßmutter Ding Jiang, die Erste Gemahlin von Herzog Lings Großvater. Da ihr einziger Sohn frühzeitig gestorben war, hatte man sie zur Adoptivmutter von Herzog Lings Vater ernannt. Als die Erbfamilien von Wei ihren Adoptivsohn ins Exil trieben, weil er hartherzig und kurzsichtig war, wies der Mann den Priester des Ahnentempels an, seinen Vorfahren mitzuteilen, daß er

19 Sima Qian, *Shiji*, Kap. 47, S. 1920f.
20 Ebenda, S. 1918.

außer Landes flüchten müsse, obwohl er nichts Unrechtes getan habe. Als Ding Jiang davon erfuhr, sagte sie:

> Es gibt keine Götter. Wen sollen wir also benachrichtigen? Und sollte es sie geben, können wir sie nicht mit einer Lüge beleidigen. Unser Herrscher hat Unrecht getan, wie könnten wir also behaupten, er trüge keine Schuld? Er hat seine Berater im Stich gelassen und sich mit seinen Günstlingen verschworen. Das ist sein erstes Vergehen. Sein Vater hat ihm seine eigenen Ratgeber als Tutoren und Beschützer zur Seite gestellt, dennoch hat er es versäumt, ihnen mit Achtung zu begegnen. Das ist sein zweites Vergehen. Ich habe jedes Bedürfnis seines Vaters erfüllt, ihm mit Handtüchern und Kamm aufgewartet, dennoch hat er mich grob behandelt, als wäre ich eine mindere Konkubine. Das ist sein drittes Vergehen. Sagt den Ahnen, daß er flüchten muß. Sagt ihnen jedoch nicht, daß er kein Unrecht begangen hat.[21]

Es ist anzunehmen, daß aufrichtige und angesehene Menschen eine Frau wie Ding Jiang bewunderten. Ihre Rede kann sich mit jenen der großen Berater der Vergangenheit messen, dennoch hatte sie, wie jeder Edelmann im Reich wußte, keinen Einfluß auf ihren Pflegesohn, ob er nun Herrscher im Palast oder ein in die Wildnis Verbannter war.

Konfuzius hat die Dame Ding Jiang nie erwähnt, zumindest gibt es keine Aufzeichnungen darüber. Dennoch äußerte er sich über Frauen wie sie, beispielsweise über eine Dame aus der Familie Gongwen. Sie war die Mutter eines Beraters aus Lu. Als er starb, »liefen seine Gemahlin und seine Nebenfrauen weinend durch die [Zimmer und] Gänge; sie weinten, bis

21 *Chunqiu Zuozhuan zhu*, Herzog Xiang, 14. Jahr, S. 1013. Herzog Lings Großvater war Herzog Ding. Dessen Vater war Herzog Xian. Als Herzog Ding starb, fiel seiner Gemahlin Ding Jiang auf, daß sein rechtmäßiger Erbe »keinen Kummer äußerte«. Sie sagte voraus, daß dieser Mann – Herzog Xian – »der Untergang des Staates Wei sein« würde. Siehe *Chunqiu Zuozhuan zhu*, Herzog Cheng 14. Jahr, S. 870.

sie ihre Stimmen verloren.« Ihre Schwiegermutter ermahnte sie:

> Wenn ein Mann sich dafür entscheidet, sein Heim für ein Leben in der Ferne zu verlassen, werden andere Männer bereit sein, für ihn zu sterben. Doch wenn ein Mann es vorzieht, zu Hause zu bleiben, sind es die Frauen, die bereit sind, für ihn zu sterben. Mein Sohn ist jung gestorben, und soweit ich sehe, muß ich fürchten, daß er für seine Liebe zu den inneren Gemächern berühmt sein wird.[22]

Sie befahl den jungen Witwen, die beschlossen hatten, in ihrem Haus zu bleiben und sich nicht wieder zu verheiraten:

> Schaut nicht so elend und niedergeschlagen drein. Vergießt nicht eimerweise Tränen. Schlagt euch nicht an die Brust. Verzieht nicht schmerzhaft das Gesicht. Und überschreitet bei der Auswahl eurer Trauergewänder nicht das, was die Riten vorschreiben. Untertreibt lieber ein wenig. Findet Ruhe und Trost in geziemendem Benehmen. Das ist der richtige Weg, meinem verstorbenen Kind Ehre zu erweisen.[23]

Als Konfuzius davon erfuhr, soll er gesagt haben:

> Keine weibliche Klugheit übertrifft die einer verheirateten Frau in mittleren Jahren. Keine männliche Klugheit die eines verheirateten Mann in mittleren Jahren. Die weibliche Klugheit dieser Frau aus der Familie Gongwen ist dergestalt, daß sie ihre Gefühlsbindungen abtrennt und die Rituale verkürzt, um die Tugenden ihres Sohnes hervorzuheben.[24]

In einer älteren Fassung der Geschichte bemerkt Konfuzius nur, daß »ihre weibliche Klugheit wie die eines Mannes« sei,[25] ohne das Wesen dieser Klugheit – ohne Rücksicht auf

---

22 *Kongzi jiayu*, Kap. 43, »Quli Zixia wen«, S. 112f.

23 Ebenda.

24 Ebenda.

25 *Guoyu* (»Gespräche aus den Staaten«), in der Abteilung »Luyu« (»Gespräche aus dem Staat Lu«), S. 211. Es gibt noch eine weitere Version dieser Geschichte im *Liji* (*Buch der Riten*), Kap. 4, »Tangong xia«, S. 128.

die eigenen Gefühle die Rituale zu beschränken – näher zu beschreiben. Aus beiden Fassungen läßt sich vielleicht etwas über Konfuzius' Ansichten zu männlichem und weiblichem Feingefühl herauslesen, zumindest mehr als das, was wir von Sima Qian zu diesem Thema erfahren. Für Konfuzius scheint die Fähigkeit, seinen Kummer und seine Aufregung zugunsten wichtigerer Dinge zu mäßigen, ein hervorstechender Zug des intelligenten Menschen zu sein. Seiner Ansicht nach kann auch eine kluge Frau auf diese Weise handeln. Damit übertrifft sie sich jedoch selbst.

Zu dieser Einschätzung kann Konfuzius nicht durch die Erinnerung an seine Eltern gelangt sein.[26] Sein Vater starb, als Konfuzius gerade laufen konnte, und hat wohl kaum einen Eindruck bei ihm hinterlassen. Mit seiner Mutter verbrachte er mehrere Jahre, doch auch sie starb noch in jungen Jahren. Die wenigen Aufzeichnungen über sie schildern sie als schweigsame und zurückgezogene Frau. Nichts an ihrem Verhalten legt eine Ähnlichkeit mit der Frau aus der Familie Gongwen nahe. In den *Gesprächen* werden Konfuzius' Eltern und auch seine Gefühle für sie nicht näher beschrieben. Doch die Schilderung der Freuden und Schwierigkeiten, ein Sohn zu sein, muß aus einer intimen Kenntnis dieser Dinge stammen, falls er nicht über die außergewöhnliche Gabe verfügte, zu verinnerlichen, was er sah und hörte und was andere Menschen ihm über ihre Eltern erzählten.

Konfuzius schweigt über seine Eltern, seine Verwandten und seine Vorfahren. Zufällig führte seine Reise ihn jedoch in das Land der Vorfahren seines Vaters – nach Song. Bei der Geschichte der Familie Kong war dies wahrscheinlich keine besondere Freude für ihn. Etwa hundert Jahre vor seiner Geburt hatte das Oberhaupt der rivalisierenden Familie Hua das Oberhaupt der Kong ermordet, dessen Gemahlin geraubt und alle Verwandten aus Song vertrieben. Nach seinem Aufenthalt in Wei betrat Konfuzius 492 vermutlich zum ersten Mal die Heimat seiner Väter.

---

26 Siehe *Kongzi jiayu*, Kap. 39, »Benxing jie«, S. 93; *Shiji*, Kap. 38, S. 1623; *Chunqiu Zuozhuan zhu*, Herzog Zhao, 7. Jahr, S. 1294ff.

Herzog Ling war im Jahr zuvor gestorben, was vielleicht Konfuzius' Abreise aus Wei erklärt. Doch wie wir aus den *Gesprächen* und Sima Qians Bericht wissen, hatte er sich schon zu Lebzeiten des Herrschers dazu entschlossen, weil Herzog Ling hauptsächlich an Krieg und Sex interessiert war. Dennoch ließ Konfuzius sich Zeit, zu der Einsicht zu gelangen, daß er sich wieder in den Dienst des falschen Herrn gestellt hatte, und beeilte sich auch nach seinem Rücktritt nicht. Durch Herzog Lings Tod wurde seine Lage noch prekärer. Der neue Herrscher war ein Enkel des Herzogs. Weder kannte Konfuzius ihn noch billigte er seine Entscheidung, die Stelle seines Großvaters einzunehmen, da sein Vater, der rechtmäßige Thronerbe, noch am Leben war. Konfuzius hatte keinen Grund mehr, zu bleiben.

Nicht lange nachdem er die Grenze nach Song überschritten hatte, wurde er tätlich angegriffen. Doch wer steckte dahinter? Die Hua waren inzwischen aus der politischen Landschaft von Song so gut wie verschwunden. Ihr Oberhaupt hatte 522 v. Chr. alle Verstöße der Familie öffentlich bereut. Zwei Jahre später hatte beinahe der gesamte Clan Song verlassen und war nach Chu gezogen. Also konnten nicht die Hua die Ursache von Konfuzius Schwierigkeiten sein. Mehrere frühe Werke erwähnen, es sei Huan Tui gewesen, der Konfuzius in Song zu töten versuchte. Menzius berichtet, Konfuzius »war in Lu und Wei nicht glücklich«[27] und habe diese Länder deshalb verlassen. Während er auf dem Weg nach Chen »durch Song reiste«, »trachtete Huan Tui, der Kriegsminister von Song, ihn zu überfallen, und er mußte daher in Verkleidung reisen«. Bei Zhuangzi heißt es: »Man versuchte in Song einen Baum auf ihn zu fällen und brachte ihn damit in große Not.«[28] Die *Gespräche* zitieren nur eine Äußerung von Konfuzius selbst: »Der Himmel hat mir diese Macht gegeben – die Tugend. Was könnte Huan Tui mir anhaben!« (VII,23)

---

27 *Menzius*, Buch 5A, Abschnitt 8.

28 Dies wird mehrmals im *Zhuangzi* wiederholt. Siehe die Übersetzung von Watson, S. 159, 214, 318, 348.

Sima Qian machte aus allen drei Erwähnungen folgende Geschichte: »Konfuzius kam von Song nach Cao,[29] und während er unter einem Baum mit seinen Schülern die Riten vollzog, entwurzelte Huan Tui, der Befehlshaber von Song, den Baum in der Absicht, Konfuzius zu töten. Konfuzius trat zur Seite. Seine Schüler sagten: ›Laßt uns fliehen!‹ Konfuzius erwiderte: ›Der Himmel hat mir diese Macht gegeben – die Tugend. Was könnte Huan Tui mir anhaben!‹«[30]

Wir wissen nicht, ob Konfuzius durch Cao zog, um nach Song zu gelangen. Er hätte auch direkt von Wei nach Song oder zuerst nach Osten nach Cao und dann in den Süden nach Song reisen können. Jedenfalls kann er sich nicht lange in Cao aufgehalten haben. Wußte er von dem Hinterhalt? Oder wurde er völlig überrascht? Zhuangzi und die *Gespräche* äußern sich nicht dazu. Menzius nimmt das erstere an und Sima Qian das zweite. Bei Sima Qian wirkt die Szene irrwitzig und surreal: Konfuzius vollzieht die Riten mit seinen Schülern unter einem großen Baum. Huan Tui schleicht sich von hinten heran und reißt den Baum aus, statt ihn zu fällen, was einfacher gewesen wäre, wenn er gewollt hätte, daß er umstürzte. Der Baum fällt, aber nicht auf Konfuzius, denn dieser weicht aus. Seine Schüler drängen ihn, sofort aufzubrechen, er zeigt sich unbeeindruckt und äußert den in den *Gesprächen* zitierten Satz.

Keiner der frühen Autoren erklärt, welche Beziehung zwi-

29 Cao wird auch von Sima Qian und in verschiedenen anderen Quellen erwähnt. Die Historiker vermuten, daß sich der kleine Staat zwischen Wei und Song befand. Seine genaue Lage ist jedoch unklar. (Anm. d. Übers. nach Rücksprache mit der Autorin).

30 *Shiji*, Kap. 47, S. 1921. In einem anderen Teil seiner allgemeinen Geschichte Chinas gibt Sima Qian die Episode von Konfuzius und Huan Tui wieder. Es ist interessant, daß er in seiner Erzählung Menzius folgt (siehe *Shiji*, Kap. 38, S. 1630). Auch wenn es diesen Hinterhalt nie gab, ergibt Konfuzius' Aussage über Huan Tui einen Sinn: Seine Schüler wiesen ihn auf eine Überraschung hin, die Huan Tui vielleicht bereithielt, und Konfuzius erwiderte: »Was könnte Huan Tui mir anhaben!«

schen Huan Tui und Konfuzius besteht oder warum dieser jenen töten wollte. In der *Überlieferung des Zuo* wird Huan Tuis Charakter beschrieben.[31] Als junger Mann war er der Liebling seines Herrschers. Einmal begehrte er vier wertvolle Pferde, worauf der Herrscher diese von ihrem rechtmäßigen Besitzer konfiszierte, um sie Huan Tui zu schenken. Als er das Land verlassen wollte, weil seine Feinde ihm zusetzten, weinte sein Herr, »bis ihm die Augen schwollen«, und flehte ihn an zu bleiben. In dem Jahr, in dem Konfuzius zufällig nach Song kam, war Huan Tui eine wichtige Persönlichkeit, vermutlich sogar mächtiger als Yang Hu auf dem Höhepunkt seiner Laufbahn, denn Huan Tui war Kriegsminister eines Staates, während Yang nur der Gefolgsmann einer mächtigen Familie war.[32] Wenn also Huan Tui einen Hinterhalt legte, um Konfuzius zu töten, hätte er den Plan nicht persönlich ausführen müssen. Seine Soldaten hätten dies leicht für ihn erledigt. Somit erscheint Menzius' Version – Konfuzius habe die Gefahr geahnt und sich vorsichtshalber unauffällig verhalten – wesentlich plausibler als die von Sima Qian. Doch wir wissen noch immer nicht, warum Huan Tui Konfuzius so sehr haßte, daß er ihn töten wollte. Keine der frühen Schriften geht darauf ein, und jede mögliche Antwort ist spekulativ. Ein Wissenschaftler aus neuerer Zeit bringt Huan Tui mit Yang Hu über einen Berater aus dem Staat Jin in Verbindung, der die Inter-

31 Siehe *Chunqiu Zuozhuan zhu*, Herzog Ding, 10. Jahr, S. 1582. Dem *Zuozhuan* zufolge wurde Huan Tui in Song so mächtig, daß der Herrscher 481 v. Chr. bereute, Huan so lange »verwöhnt« zu haben. Er versuchte Huan loszuwerden, woraufhin jener einen Aufstand organisierte, der aber scheiterte. Anschließend lebte Huan Tui im Exil zuerst in Wei und dann in Qi. Siehe *Chunqiu Zuozhuan zhu*, Herzog Ai, 14. Jahr, S. 1686ff.

32 Shizuka Shirakawa schreibt, Yang und Huan müssen sich gekannt haben, weil Zhai Jianzi, Staatsrat von Jin, Yang Hu und Huan Tuis Bruder Sima Niu half, als sie in Schwierigkeiten waren. (*Kōshi den*, S. 49-52) Zu Zhao Jianzis Beziehung zu den beiden Männern, siehe *Chunqiu Zuozhuan zhu*, Herzog Ding, 9. und 10. Jahr, S. 1573f., 1582f.; Herzog Ai, 2. und 14. Jahr, S. 1612f., 1688.

essen beider Männer vertrat. Der Gelehrte behauptet, Huan Tui habe im Auftrag Yang Hus gehandelt, der Konfuzius während seiner ganzen Wanderschaft verfolgt und auf eine Gelegenheit zum Zuschlagen gewartet habe. Dafür gibt es keinen Beweis, doch bestanden in dieser Periode der chinesischen Geschichte starke Bindungen zwischen jenen, die auch vor Risiken oder Verbrechen nicht zurückschreckten, um kühne politische Ziele durchzusetzen. Diese Männer hatten zahlreiche und furchtbare Feinde, aber sie achteten einander.

Die andere Behauptung über Yang Hu ist problematischer. Seit er aus Lu verbannt war, erkundete Yang Hu seine Möglichkeiten in anderen Regionalstaaten und hatte sich ein ausgedehntes, wenn auch großmaschiges politisches Netzwerk geschaffen. Während der Zeit, in der Konfuzius im Ausland lebte, war er beinahe überall. Will man also nachweisen, daß er Konfuzius gefolgt sei, kann man durch einen selektiven Gebrauch der Aufzeichnungen zeigen, daß die Wege der beiden sich häufig kreuzten, und so eine Verschwörungstheorie konstruieren. Doch Yang Hu war ehrgeizig und gerissen. Er hätte nie nur ein Ziel verfolgt, selbst wenn er Konfuzius als einen gefährlichen Gegner gefürchtet hätte – wofür es natürlich keinen Beweis gibt.

Dennoch überschnitt sich das Schicksal der beiden Männer immer wieder, auch ohne daß sie es wollten. Als Konfuzius einige Jahre zuvor durch eine Stadt namens Kuang im Staat Zheng[33] kam, soll eine wütende Menge ihn umzingelt haben, und zeitweilig schien es, er würde von ihrer Hand sterben. Daß es überhaupt zu diesem Zwischenfall kam, lag an Yang Hu, obwohl dieser sich andernorts aufhielt und nichts dazu getan hatte. Die meisten frühen Autoren sind sich einig, daß

33 Die Gelehrten sind sich nicht einig, ob Kuang in Song, Wei oder Zheng lag. Mit seiner Lage in Zheng folge ich dem Herausgeber des *Lunyu zhengyi* (S. 176f.) und dem des *Chunqiu Zuozhuan zhu*. (Herzog Ding, 6. Jahr, S. 1556f.) Zur Frage, wann Konfuzius sich in Kuang aufhielt, siehe Qian Mu, *Kongzi zhuan*, S. 40-43 und die Diskussion in *Lunyu zhengyi*, S. 176f.

dem Überfall in Kuang eine Verwechslung zugrunde lag. Konfuzius sah Yang Hu sehr ähnlich. Das war sein Pech, denn die Einwohner von Kuang hegten einen Groll gegen diesen. Der *Überlieferung des Zuo* zufolge hatte das Heer von Lu im Jahre 504 v. Chr. die Stadt besetzt und von Zheng abgetrennt. Um sich beim Herrscher von Jin anzubiedern, ließ Yang Hu, der zu der Zeit die Macht in Lu hatte, eine unbekannte Zahl Gefangener aus Kuang als Geschenk nach Jin schicken. Diese Unbesonnenheit muß die Einwohner Kuangs so beleidigt haben, daß sie ihn bei erster Gelegenheit töten wollten. Konfuzius griffen sie nur an, weil sie ihn für Yang Hu hielten.

Sima Qian fügte seiner Geschichte eine Gestalt hinzu, um die Vermutung zu stärken, daß die Männer von Kuang Konfuzius mit Yang Hu verwechselten. Ihm zufolge hatte Konfuzius, als er »durch Kuang kam, einen Mann namens Yan Ke als Diener bei sich«, der einst in Yang Hus Diensten gestanden hatte. Bei ihrer Ankunft am Stadtrand von Kuang zeigte Yan Ke auf einen Teil der Stadtmauer und sagte zu Konfuzius: »›Das letzte Mal habe ich die Stadt durch diese Lücke betreten.‹ Als die Bewohner von Kuang dies hörten, glaubten sie, [Konfuzius] sei Yang Hu aus Lu.«[34]

In den *Gesprächen* wird der Zwischenfall in Kuang ebenfalls erwähnt, auch wenn es dort weniger um das Geschehen als um Konfuzius' Äußerungen bei der Umzingelung geht: »Konfuzius geriet in Gefahr, als er in Kuang war. Er sprach: ›Da König Wen verstorben ist, ist da nicht seine kulturelle Hinterlassenschaft mir anvertraut? Wenn der Himmel diese Kultur vernichten wollte, hätte er die Nachfahren [von König Wen] nicht daran teilhaben lassen. Da der Himmel jedoch diese Kultur nicht zerstört hat, was können mir die Leute von Kuang anhaben?‹« (IX,5) Hier ist Konfuzius in bester Form – kühn und voll Selbstvertrauen tritt er der Welt entgegen. Darin klingt die Bemerkung nach, die er zuvor mit Blick auf Huan Tui gemacht hatte. Nun aber äußert er seine Ansichten ganz deutlich. Er sagt, daß er das Werk König Wens als sein Erbe

---

34 *Shiji*, Kap. 47, S. 1919.

betrachtet und er alles tun wird, um es zu erhalten. Der Himmel sei auf seiner Seite und habe ihm die Macht dazu verliehen. Der Himmel ist seine treibende Kraft und die Quelle seines göttlichen Auftrags. Beides ist bei Konfuzius oft nicht voneinander zu trennen.

Vier Jahrhunderte später erhielt der Vorfall in Kuang eine andere Bedeutung. Den Autoren der Han-Dynastie war eine gut erzählte Geschichte wichtiger als das Verständnis der Worte des Meisters. Sie wollten ihn eindrucksvoller und einfallsreicher darstellen. Also steigerten sie die Dringlichkeit seiner Lage. Eine jener Geschichten berichtet:

> Da Konfuzius wie [Yang Hu] aussah, bewaffnete ein Feind von Yang Hu seine Soldaten und befahl ihnen, dessen Haus zu umzingeln. Zilu wurde zornig, und als er gerade hinausgehen wollte, um sich den feindlichen Truppen zu stellen, hielt Konfuzius ihn zurück und sprach: »Was hast du nur für ein seichtes Verständnis von Menschlichkeit *(ren)* und Recht *(yi)*! Es wäre meine Schuld, wenn ich nicht Geschichte und Dichtkunst studierte und mich nicht der Musik und den Riten widmete. Aber es ist Schicksal und nicht meine Schuld, daß ich nicht Yang Hu bin, die Leute mich aber mit ihm verwechseln. Warum singst du kein Lied, und ich spiele die Akkorde dazu?« Zilu sang, und Konfuzius spielte. Nach drei Runden zerstreuten sich die Soldaten, und die Belagerung war vorüber.[35]

Nach dieser Quelle aus der Han-Zeit überzeugte Konfuzius die Menge von Kuang durch »Gesang und den Klang der Saiten« davon, daß er nicht Yang Hu war. »Er mußte sich nicht in Worte flüchten, um sich zu verteidigen.«

Sima Qian verfaßte eine weitere Version der Geschichte,[36] in der Konfuzius seine Anhänger nach Wei schickt, um dort in den Dienst eines Ratsherrn namens Ning Wuzi[37] zu treten. Daraufhin wird Konfuzius durch die Vermittlung Ning Wuzis

35 *Hanshi waizhuan*, Kap. 6, 21.
36 *Shiji*, Kap. 47, S. 1919.
37 Zu Ning Wuzi siehe *Lunyu zhengyi*, S. 176.

»freigelassen«. Diese Geschichte muß fiktiv sein, denn als Konfuzius nach Kuang kam, war Ning Wuzi bereits seit Jahrzehnten tot. Allerdings stützte Konfuzius sich in den vierzehn Jahren seiner Wanderschaft mitunter tatsächlich auf seine Schüler, damit sie ihm durch den Einfluß eines Ratsherrn wie Ning Wuzi halfen. In den *Gesprächen* sagt er: »Als ich auf dem Weg von Chen nach Cai in Schwierigkeiten war, war keiner meiner Anhänger in den Diensten eines Beraters.« (XI,2) Menzius äußert sich fast noch deutlicher zu diesem Punkt: »Der Grund, aus dem Konfuzius zwischen Chen und Cai in Not geriet, war, daß er keine Freunde bei Hofe hatte.«[38]

Nachdem er Song verlassen hatte, lebte Konfuzius etwa drei Jahre in Chen, wo er sich laut *Überlieferung des Zuo* ab 492 v. Chr. aufhielt. In diesem Jahr, so der Bericht, gab es eine Feuersbrunst im Staat Lu, und als Konfuzius erfuhr, daß dabei zwei Ahnentempel zerstört wurden, bemerkte er: »Das müssen die Tempel von Herzog Duan und Herzog Xi sein.«[39] Sein Aufenthalt in Chen verlief vermutlich ereignislos, denn es gibt keine Berichte über seine dortigen Aktivitäten. 489 »unternahm der Staat Wu einen Feldzug gegen Chen, um einen alten Groll zu begleichen«.[40] Die Gefahr eines langen Krieges und die Aussicht auf einen guten Posten in Chu veranlaßten Konfuzius, Chen zu verlassen. Doch auf dem Weg dorthin verirrten er und seine Schüler sich in der Wildnis von Chen oder Cai. Da sie nur noch wenig Proviant hatten, sah es zeitweilig so aus, als müßten sie verhungern.

Die frühen Autoren hielten die mißliche Lage in Chen oder Cai für das wichtigste Kapitel der Reise. Sie schildern diese Episode als langen Kampf in Dunkelheit und Einsamkeit, mit leerem Magen und gegen keinen sichtbaren Feind. In den *Gesprächen* heißt es: »Als ihnen in Chen die Lebensmittel ausgingen, waren seine Anhänger so schwach, daß keiner von ihnen auf die Füße zu kommen vermochte. Mit finsterem

38 *Menzius*, Buch 7B, Abschnitt 18.
39 *Chunqiu Zuozhuan zhu*, Herzog Ai, 3. Jahr, S. 1622.
40 Ebenda, Herzog Ai, 6. Jahr, S. 1632.

Blick sagte Zilu: ›Gibt es für den Edlen auch Notzeiten wie diese?‹ Konfuzius antwortete: ›Ein Edler bleibt fest in der Not. Ein Gemeiner wird trotzig, wenn er in eine solche Lage kommt.‹« (XV,2)

Zwei Jahrhunderte später arbeitete der konfuzianische Denker Xunzi diesen Dialog um und legte dabei stärkere Betonung auf die Frage, warum ein integerer Mann sich auch in der Not nicht gehen läßt. Bei Xunzi sagt Konfuzius: »Außer mir gibt es viele Menschen, die nicht die rechte Gelegenheit gefunden haben. Man betrachte die Engelwurz und die Orchidee, die im tiefen Wald blühen. Daß niemand da ist, der sie riecht, mindert ihren Duft nicht. Das gleiche gilt für die Gelehrsamkeit eines Edlen: Er lernt nicht, um bekannt zu werden. Daher wird er auch in äußerster Not nicht gepeinigt sein. In Zeiten der Angst wird seine Entschlußkraft nicht nachlassen.«[41]

Der daoistische Philosoph Zhuangzi bringt die Szene auf eine andere Ebene:

> Konfuzius geriet zwischen Chen und Cai in Not und aß sieben Tage lang keine gekochte Nahrung. Er hielt sich mit der linken Hand an einem abgestorbenen Baum fest, mit der rechten schlug er auf einen welken Ast. Das Schlagen auf den Ast lieferte eine Begleitmusik, doch ohne festen Rhythmus. Es gab eine Melodie, aber keine, die in die üblichen Tonlagen *gong* und *jue* paßte. Das Trommeln auf den Baum und die Stimme des Sängers hatten ein Pathos, das jedem Menschen zu Herzen ging.
>
> Yan Hui, der die Hände ehrfürchtig über der Brust gefaltet hielt, richtete seinen Blick auf Konfuzius und sah ihn fragend an. Aus Sorge, daß Yan Huis Achtung vor ihm zu groß sei und seine Liebe zu zärtlich, sagte Konfuzius zu ihm: »Hui, es ist leicht, die Heimsuchungen des Himmels nicht zu spüren, schwer ist es jedoch, die Güte von Menschen nicht zu empfinden. Es gibt keinen Anfang und kein Ende.

---

41 *Xunzi jijie*, Kap. 28, »Youzuo«, S. 345 f.

> Himmel und Mensch sind eins. Wer ist es denn nun, der dieses Lied singt?«[42]

Nach diesen Berichten sind die Schüler vor Hunger oder aus Angst vor dem Verlust ihres Lehrers zu geschwächt, um sich mit ihrer Notlage abzufinden, und Konfuzius versucht, ihnen Mut zu machen. In den *Gesprächen* drängt Konfuzius seinen Schüler Zilu, fest zu bleiben. Bei Xunzi erklärt er Zilu, daß das Unglück auch den Edelsten heimsuchen kann, wenn er zur falschen Zeit lebt. Dennoch sei nichts von seinem Bemühen verloren, denn seine Suche diene nicht dem Erwerb eines guten Namens, ja nicht einmal einem guten Ausgang. Bei Zhuangzi schlägt Konfuzius einen ganz anderen Kurs ein. Er fragt Yan Hui, warum wir, wenn wir die Heimsuchungen des Himmels leicht nehmen können, dies nicht auch mit der Güte der Menschen zu tun vermögen. »Himmel und Mensch sind eins«, fährt er fort, und obwohl sein eigener Gesang über »Pathos« verfügt, unterscheidet er sich nicht von der Musik des Himmels, einem Lied, das weder glücklich noch traurig ist. »Wer ist es nun«, fragt er, »der dieses Lied singt?«

Sima Qian schuf aus allen drei Berichten seine Version von der »Notlage in Chen oder Cai«. Zuerst setzt er Konfuzius und seine drei Schüler in einer feindlichen Umgebung ab: Nachdem die Männer von Chen und Cai erfuhren, daß Konfuzius auf dem Weg nach Chu war, wurden sie unruhig. Sie fürchteten, die Zukunft ihrer eigenen Länder geriete in Gefahr, wenn Konfuzius einen Posten in Chu inne hätte. Also ließen sie ihn »in der Wildnis belagern«. Sima Qian fährt fort:

> Konfuzius konnte nirgendwohin. Seine Nahrungsvorräte gingen zu Ende. Seine Anhänger wurden so schwach, daß keiner sich auf seine Füße erheben konnte. Konfuzius fuhr fort, zu lehren und zu singen – sein Mut war nicht im geringsten gebrochen. ⟨...⟩ Doch als er erkannte, daß seine Schüler finster dreinsahen, rief er Zilu zu sich und stellte ihm folgende Frage: »In den *Liedern* heißt es: ›Ich bin weder

42 *Zhuangzi*, Kap. XX (leicht bearbeitet nach Watson, *The Complete Works of Chuang Tzu*, S. 217).

Tiger noch Nashorn, dennoch streife ich auf und ab in der Wildnis.‹ Ist unser Weg falsch? Warum ist uns dies zugestoßen?« Zilu antwortete: »Vielleicht sind wir nicht tugendhaft, und daher trauen uns die Menschen nicht. Vielleicht haben wir keine Weisheit, und daher handeln die Menschen nicht nach unseren Ideen.« Konfuzius sprach: »Ist das wahrhaftig so? Wenn man den Tugendhaften immer traut, wie erklärst du dann [das tragische Ende von] Bo Yi und Shu Qi? Wenn diejenigen, die Weisheit besitzen, stets zu guten Ämtern gelangen, wie erklärst du dann [den gewaltsamen Tod von] Fürst Bigan?«
Als Zilu fort war, suchte Zigong Konfuzius auf. Konfuzius stellte ihm die gleiche Frage. 〈...〉 Zigong antwortete: »Euer Weg ist zu bedeutend. Die Welt ist nicht imstande, ihn zu erfassen. Warum ändert Ihr ihn nicht und macht ihn ein wenig einfacher?« Konfuzius sprach zu ihm: »Ein guter Bauer kann so schwer arbeiten, wie es nur geht, dennoch fährt er nicht immer eine Ernte ein. Ein guter Handwerker kann wunderschönes Handwerk schaffen, und dennoch wird es nicht immer geschätzt. Ein Edler kann einen [hochsinnigen] Weg für sich kultivieren; er kann umreißen und zusammenfassen, was er gelernt hat, alle Fäden zusammenfügen und sie zu [sich verschränkenden] Prinzipien ordnen. Dennoch werden die Menschen nicht immer annehmen, was er sie lehren kann. Nun scheint es, daß du nicht [Gelehrsamkeit] und das Verständnis deiner selbst verfolgst. Statt dessen trachtest du danach, daß deine Ideen Annahme finden. Dein Ziel ist nicht weit genug!«
Als Zigong fort war, suchte Yan Hui Konfuzius auf. Wieder stellte ihm Konfuzius seine Frage. 〈...〉 Yan Hui erwiderte: »Euer Weg ist zu bedeutend. Die Welt ist nicht imstande, ihn zu verstehen. Dennoch drängt Ihr, ihn in die Tat umzusetzen. Doch was ist verkehrt daran, wenn die Welt ihn nicht zu verstehen vermag? Das zeigt nur, daß Ihr ein überlegener Mensch seid. Es gereicht uns zur Schande, wenn wir es nicht fertigbringen, den höheren Weg zu pflegen. Es gereicht dem Herrscher zur Schande, wenn wir alles getan ha-

ben, was wir tun konnten, und er sich unseren Weg nicht zu eigen macht.« Konfuzius lächelte und sagte: »Du hast recht, Sohn aus dem Clan der Yan! Solltest du jemals reich werden, werde ich dein Geld verwalten.«[43]

Die Widersacher, die Sima Qian in seiner Geschichte auftreten läßt, existierten wahrscheinlich nicht. Chen und Cai waren Feinde und werden sich deshalb nicht verbündet haben, um Konfuzius daran zu hindern, nach Chu zu gelangen.[44] Demnach ist es wahrscheinlicher, daß Konfuzius und seine Schüler durch die Wildnis wanderten, ohne eine sichere Kenntnis der Route oder einen Plan zu haben, auf den sie im Notfall zugreifen konnten, falls andere sie einfach vergessen hatten. Einen sinnlosen Tod vor Augen zu haben ist traurig und einsam, aber auch weniger umdüstert. Obwohl Sima Qian es schmeichelhaft für Konfuzius fand, daß die widrigen Umstände ihm von Männern aufgezwungen worden waren, die eifersüchtig auf seine Gaben waren, vergaß er über der Diskussion des Meisters mit seinen Schülern die Feinde. Es war sein Genius, der ihn diese Gespräche, unberührt von der Außenwelt, entwikkeln ließ.

Zilu beantwortet Konfuzius' Frage als erster. Er beurteilt seinen Lehrer danach, wie andere sich zu ihm verhalten. Wenn andere ihm nicht trauen und seine Ideen nicht ausführen wollen, so glaubt Zilu, muß es daran liegen, daß Konfuzius nicht über einen vollkommenen Charakter und ausreichende Kenntnisse verfügt. Zilu würde für seinen Lehrer sterben, dennoch ist er nicht absolut sicher, daß Konfuzius tugendhaft und sein Weg der richtige ist. Ebenso wie er sich wünscht, daß Konfuzius wie ein Staatsrat stirbt und bestattet wird, braucht er die öffentliche Anerkennung seines Lehrers, um seine Zweifel ablegen zu können. Konfuzius' Antwort ist knapp: Warum sollte man guten Männer trauen, und warum sollten die Erkenntt-

---

43 *Shiji*, Kap. 47, S. 1930ff.

44 Siehe Quan Zuwangs Diskussion der Gründe, aus denen die Beamten von Chen und Cai Konfuzius nicht davon abhalten konnten, nach Chu zu gehen. Zitiert nach *Lunyu zhengyi*, S. 332.

nisse von Gelehrten genutzt werden? Er tadelt Zilu, weil er Ursache und Wirkung menschlichen Verhaltens mit Hilfe einfacher Gleichungen zu durchschauen sucht.

Zigong wiederum ist sich gewiß, daß Konfuzius alle anderen überragt. Aber er hält ihn für zu bedeutend für diese Welt und würde es gern sehen, daß er seine Ansprüche und Maßstäbe ein wenig herunterschraubt, damit sie für andere zugänglicher werden. Überdies würde Zigong gern seine Fähigkeiten als Rhetoriker und Kaufmann einsetzen, um Konfuzius zu helfen, seine Lehren attraktiver zu machen. In seiner Antwort weist Konfuzius ihn darauf hin, daß seine Lehre nichts mit Vergnügen oder angenehmen Äußerlichkeiten zu tun hat. Auch wenn sie keine Anerkennung fänden, würde er sie nicht als gescheitert ansehen. Er würde sich nur besorgt fragen, ob er sein Bestes getan hatte, um sie zu pflegen.

Nur Yan Hui versteht Konfuzius.[45] Auch er findet den Weg seines Meisters zu groß für diese Welt, dennoch ist er unbeirrt. Er sagt: »Was ist verkehrt daran, wenn die Welt ihn nicht zu verstehen vermag? Das zeigt nur, daß Ihr ein überlegener Mensch seid.« Seine Arroganz mag vorlaut erscheinen, aber sie spornt Yan Hui an. Er war Konfuzius' Mitsuchender und engster Gefährte, wie Zhuangzi Jahre später bemerkte. Er verfolgte die gleichen Ziele wie sein Meister, und anders als Zilu und Zigong wurde er durch nichts abgelenkt, nicht durch persönlichen politischen Ehrgeiz oder finanzielle Pläne.

Doch Konfuzius lobt Yan Hui nicht für seine Treue. Bei Sima Qian lächelt er und sagt: »Du hast recht, Sohn aus dem Clan der Yan! Solltest du jemals reich werden, werde ich dein Geld verwalten.« Yan Hui hätte niemals reich werden können (vgl. XI,11). Er war damit zufrieden, in einem schäbigen Viertel zu leben und sich von Wasser und Hirse zu ernähren. Doch sollte er plötzlich einen Hang zum Geldverdienen verspüren, würde Konfuzius ihm dabei helfen. Diese Loyalitätserklärung hat in

45 Zu Yan Huis Beziehung zu Konfuzius, siehe *Zhuangzi*, Kap. XXI und die Diskussion auf S. 93 f.

dieser Stunde der Verzweiflung etwas Unbeschwertes und zeigt, wie losgelöst Konfuzius ist.

Niemand weiß, wie Konfuzius sich aus seiner Notlage befreit hat. Sima Qian behauptet, Konfuzius habe »Zigong nach Chu« geschickt, und der Herrscher von Chu habe seine Männer gesandt, um Konfuzius aus der Wildnis zu führen. Diese Geschichte wird schon seit geraumer Zeit von Gelehrten angezweifelt, aber bisher hat sich keine andere Erklärung gefunden. Wir wissen, daß Konfuzius Chu erreicht hat, denn in den *Gesprächen* sind zwei Zusammenkünfte mit dem Gouverneur von She, einem Bezirk von Chu, überliefert.

Der Bezirk She gehörte ursprünglich zu Cai.[46] 493 beschloß der Herrscher von Cai, seine Hauptstadt in den Osten zu verlegen, um näherer an Wu zu sein, mit dem er zu jener Zeit verbündet war. Danach war She auf sich selbst gestellt. Zwei Jahre später riß die Regierung von Chu die Herrschaft über She an sich, und ihre Vertreter ermutigten die Einwohner von Cai, die nicht mit ihrem Herrscher nach Osten gezogen waren, nach She zu kommen, sich dort niederzulassen und Chu als neue Oberherrschaft anzuerkennen. Als Konfuzius in She eintraf, war der dortige Gouverneur gerade erst berufen worden. Seine Untertanen waren ein ihm im wesentlichen fremdes Volk, zudem befand er sich in großer Entfernung von seiner politischen Basis in Chu. In ihrem ersten Gespräch fragt der Statthalter Konfuzius: »›Was nennt man eine gute Regierung?‹ Konfuzius erwiderte: ›[Eine Regierung ist gut], wenn die Nahen erfreut und die Fernen angezogen werden.‹« (XIII,16) Die Antwort paßte auf die damaligen Umstände des Statthalters. Sicherlich hoffte er, seine neue Untertanen zufriedenzustellen und mehr Siedler anzulocken. In der *Überlieferung des Zuo* heißt es, der Statthalter habe sein Amt zwölf Jahre

46 Zur Geschichte von She und seinen Beziehungen zu den Staaten Cai und Chu, siehe *Chunqiu Zuozhuan zhu*, Herzog Ai, 2. und 4. Jahr, S. 1618, 1625 ff. Siehe auch die Erörterung der Geschichte von She, in: Quan Mu, *Kongzi zhuan* (»Leben des Konfuzius«), S. 54 f., und Quan Mu, *Xianqin zhuzi xinian*, S. 55 f.

lang inne gehabt. 479 reiste er in seine Heimat, um bei der Unterdrückung der immer wieder aufflammenden Gewalt zu helfen, die den Hof von Chu erschütterte, doch sobald er seine Aufgabe erfüllt hatte, kehrte er nach She zurück, um dort seinen Ruhestand zu verbringen.

Als Konfuzius sich in She aufhielt, erzählte der Statthalter ihm von einem Kriminalfall, der unter seine Gerichtsbarkeit fiel, und erklärte ihm die näheren Umstände, ohne ihm jedoch seine Meinung mitzuteilen. Vermutlich wollte er hören, was Konfuzius dazu zu sagen hatte. »Hier in meiner Heimat gibt es einen Mann, den man den Aufrechten Gong nennt. Als sein Vater ein Schaf gestohlen hatte, legte er Zeugnis wider ihn ab.« Konfuzius erwiderte: »In meiner Heimat sind diejenigen, die man aufrecht nennt, ganz anders als dieser Mann. Väter decken ihre Söhne, und Söhne decken ihre Väter. Darin liegt Aufrichtigkeit.« (XII,18)

Der Aufrechte Gong war nur der Sohn eines gewöhnlichen Diebes, doch was er tat, führte zu einem der in der chinesischen Geschichte meistdiskutierten Fälle. Diese Geschichte interessierte Moralphilosophen und Rechtshistoriker ebenso sehr wie die über den Herzog von Zhou und seine beiden unbotmäßigen Brüder. Wie die ältere Episode warf sie die Frage nach der Beziehung des Individuums zur Gesellschaft auf: War es möglich, daß ein Mensch der Liebe zu seiner Familie gehorchte und zugleich seiner gesellschaftlichen Verantwortung nachkam? Was geschah, wenn beides miteinander in Konflikt geriet?

Es ist nicht klar, ob der Fall des »Aufrechten Gong« bereits zu Konfuzius' Zeit berühmt war oder ob seine Bedeutung sich erst aus den *Gesprächen* entwickelte. Konfuzius hielt Gong nicht für aufrecht, denn in seiner eigenen Welt galt es als aufrecht, wenn Söhne für ihre Väter einstanden und umgekehrt. Der Gelehrte Cheng Yaotian aus dem 18. Jahrhundert vertrat, wie ich meine, diese Ansicht am überzeugendsten. In seinem Essay »Über den Geist der Gemeinschaft« schreibt er:

> Jemand macht eine kategorische Aussage: »Wenn es um den wahren Gemeinschaftsgeist *(gong)* geht, existieren persön-

liche Gefühle und Motive *(si)* nicht mehr.« Man kann nicht glauben, daß diese Aussage die Idee des Gemeinschaftsgeistes auf eine höhere Ebene bringt. Ich würde sogar bestreiten, daß sie viel damit zu tun hat. Seine Lehre besteht eher darin, alle Dinge mit der gleichen Menschlichkeit zu behandeln und zur Liebe ohne Unterschiede zu ermutigen.[47]

Cheng hegt tiefstes Mißtrauen gegenüber einem Menschen, der behauptet, es gehe ihm allein um das Wohl der Gemeinschaft.

Wenn alle anderen aus persönlichen Motiven handeln und nur ein Mensch demonstrativ nicht, ist das dann wirklich ein Fall, in dem keine persönlichen Motive existieren? Wenn selbst die Weisen es schwierig finden zu erkennen, was man das »Gemeinwohl« nennt, und nur ein Mensch es leicht findet, heißt das nicht, daß diese Person etwas vereinfacht, das alle anderen schwierig finden? Hat sie wirklich erkannt, was sie erkannt zu haben behauptet?[48]

Aus der Sicht dieses Gelehrten strebt solch ein Mann entweder nach dem Ruf, gemeinschaftlich gesinnt zu sein, oder er ist nicht menschlich. Wäre er menschlich, würde er naturgemäß seine Familie mehr lieben als irgend jemanden sonst und seinen eigenen Sohn mehr als den seines Bruders. Vorlieben zu haben ist eine dem Menschen angeborene Eigenschaft und der Grund, aus dem selbst die Weisesten und Tugendhaftesten »es schwierig finden«, ein Ziel zu erreichen, das so edel und anständig ist wie der Gemeinschaftsgeist. Ohne diese Eigenschaft, argumentiert Cheng, verfügt eine Tat, so aufrecht und gemeinnützig sie auch erscheinen mag, über keine wahrhafte Integrität. Und auf diese Weise versteht er auch Konfuzius' Bemerkung über die »Aufrichtigkeit«. Er schreibt: »[Das bedeutet, daß] jemand die [Gesamtheit] seiner persönlichen

47 Cheng Yaotian, *Talking about Public Spirit* (*Shugong*), in: *Lunxue xiaoji* (»Inoffizielle Bemerkungen zum Gegenstand des Lernens«) in dessen gesammelten Werken *Tongyi lu* (Die Kunst der Dinge verstehen), Bd. 1, 53.

48 Ebenda.

Gefühle nutzen muß, um zu erkennen, was unparteiisch ist und dem öffentlichen Wohl dient.«[49]

Konfuzius verwendete nie das Begriffspaar privat und öffentlich, um zu erklären, was »aufrecht« für ihn bedeutete. Sein Urteil über den Mann, der seinen Vater verraten hatte, war entschieden, dennoch ließ er genügend Raum für Leser wie Cheng, um die Bedeutung selbst herauszufinden.

Niemand weiß, was mit dem Aufrechten Gong geschah, nachdem er seinen Vater angezeigt hatte. Es gibt zwei einander widersprechende Berichte. Beide stammen aus dem dritten vorchristlichen Jahrhundert. Der erste findet sich in den Schriften des Legalisten Hanfeizi. Er sagt, daß der örtliche Beamte den Aufrechten Gong töten ließ, weil »dieser Mann in seinem Streben, seinem Souverän aufrecht zu dienen, seinem Vater Unrecht getan hatte«. Hanfeizi findet den Beamten irrgeleitet und inkompetent. *Herrn Lüs Frühlings- und Herbstannalen*, die zweite Quelle, berichten jedoch, daß der Aufrechte Gong, als der Vater hingerichtet werden sollte, darum bat, seine Stelle einnehmen zu dürfen, und daß Gong, als man ihn gerade töten wollte, zu den beiden anwesenden Beamten sagte: »Ich habe meinen Vater angezeigt, als er ein Schaf gestohlen hat. Bin ich nicht vertrauenswürdig? Als mein Vater kurz vor seiner Hinrichtung stand, bat ich darum, an seiner Stelle zu sterben. Ist das keine Sohnesliebe? Ich bin also vertrauenswürdig und voll Kindesliebe, und dennoch wollt ihr mich töten lassen. Gibt es überhaupt jemanden in diesem Land, den ihr nicht hinrichten wollt?« Cheng Yaotian, der zweitausend Jahre später schrieb, vorwegnehmend, bemerkt Konfuzius in *Herrn Lüs Frühlings- und Herbstannalen*: »Wie seltsam ist doch das, was der Aufrechte Gong ›vertrauenswürdig‹ nennt! War es nicht nur eine Bezeichnung, die er zu erwerben hoffte, indem er seinen Vater verkaufte?«[50]

---

49 Ebenda, Bd. 1, 53b-54a.

50 Siehe *Hanfeizi jijie*, Kap. 49, »Wugu« (»Fünf Schädlinge«), S. 344f. (Übersetzung bei Watson, *Basic Writings of Mo Tzu, Hsün Tzu, and Han Fei Tzu*, S. 105f.). Siehe auch *Lüshi chunqiu xinjiaozheng* (»Neuer

Der Bezirk She war der südlichste Punkt, den Konfuzius erreichte, ehe er beschloß, in seine Heimat zurückzukehren. Er muß She um 487 verlassen haben. Wenn er Heimweh hatte, war es nicht das erste Mal. Als er im Staat Chen lebte, sagte er einmal: »Laßt uns uns heimkehren, laßt uns heimkehren! Unsere jungen Männer in der Heimat sind beherzt und frisch *(kuang)*. Sie sind von glänzender Machart, aber sie wissen nicht, ihr Material zu formen.« (V,22) In seiner Konnotation geht *kuang* sogar über Beherztheit hinaus, bedeutet »wild sprühend« oder »edle Wildheit«. Einst fragte ein Schüler des Menzius seinen Lehrer: »Warum vermißte Konfuzius die wild sprühenden Männer von Lu, als er sich in Chen aufhielt?« Menzius erwiderte: »Konfuzius selbst hat bemerkt: ›Wenn man nicht in Reichweite derer sein kann, die nie vom Schicklichen und Angemessenen abweichen, hat man keine Wahl, als sich den wild Beherzten oder den Übervorsichtigen zuzuwenden.‹«[51] In Chen wandte Konfuzius sich in seinen Gedanken den wild Beherzten zu, und hier wie im Allgemeinen liegt die Vermutung nahe, daß er sich zu außergewöhnlichen Menschen hingezogen fühlte.

In She wäre er beinahe Jie Yu begegnet, einem unbändig begeisterten Mann, der als der »Narr von Chu« bekannt war. In den *Gesprächen* heißt es:

Als Jie Yu an Konfuzius' Tür vorbeiging, sang er:
»Phönix, Phönix,
wie sehr deine Tugend verblich!
Doch was geschehn ist, ist geschehn, nur künftig hüte dich!
Gib auf, gib auf,
wer heut dem Staate dienen will, stürzt in Gefahren sich.«
(XVIII,5)

In diesem Lied ist Konfuzius der Phönix – kein Phönix in voller Pracht, sondern einer, dessen Macht in den Jahren des Um-

---

Kommentar zu Herrn Lüs Frühlings- und Herbstannalen«), 11 *juan*, »Dangwu«, S. 110f.

51 *Menzius*, Buch 7B, Abschnitt 37. Siehe auch *Lunyu*, XIII,21.

herziehens und der einsamen Suche nach dem Guten und Edlen »verblichen« ist. Der Narr rät Konfuzius aufzugeben, denn man kann die Fehler der Vergangenheit nicht rückgängig machen und die der Zukunft nicht voraussehen. Außerdem warnt er ihn vor den Gefahren der Politik: »Wer heut dem Staate dienen will, stürzt in Gefahren sich.« Wir erfahren, daß Konfuzius, als er das Lied hörte, ans Tor lief, um mit dem Mann zu reden, doch Jie Yu war bereits verschwunden.

Warum war Konfuzius so begierig darauf, mit dem Mann zu reden, wenn er selbst der Phönix war? Was wollte er von Jie Yu, das seine eigene Überzeugung ihm nicht geben konnte? Und warum eilte Jie Yu vor ihm davon? Das sind die Fragen, die frühe Texte gern stellen, und sie sind nicht immer spielerisch gemeint, um die Leser aufzurütteln, wie es die Skeptiker gern tun. Zhuangzi, das Genie im Gewand eines Skeptikers, präsentiert eine längere Fassung von Jie Yus Lied, die laut einigen Wissenschaftlern dem Original näher kommt. Darin liefert der Sänger mehr Hinweise auf sich selbst und einen eindeutigen Standpunkt. Er sagt zu Konfuzius: »In Zeiten wie der Gegenwart ist es schon schwer genug, nicht bestraft zu werden. Das Glück ist leicht wie eine Feder, doch niemand weiß, wie man es halten kann. Das Unglück ist schwer wie Erde, doch niemand weiß, wie man es umgehen kann. Genug, genug, dies Wachen über Menschen mit der Kraft deiner Redlichkeit. Gefährlich, gefährlich, deinen Pfad zu wählen und aufzubrechen. Gestrüpp, Gestrüpp, hemme nicht meinen Schritt. Ich gehe einen krummen Pfad – verletze nicht meine Füße.«[52]

In Jie Yus Augen war Konfuzius Phönix und Gestrüpp zu-

52 Qian Mu, *Zhuangzi zuanjian*, Kap. 4, »Renjianshi« (»In der Welt der Menschen«), S. 38. Siehe Qian Mus Deutung dieser Zeilen aus dem *Zhuangzi zuanjian*. Er meint, *miyang* sei entweder ein Gestrüpp, das auf der Ebene von Chu wuchs, oder ein so von Wildpflanzen überwuchertes Gelände, daß ein Wanderer sich dort verirren konnte.

gleich: höchst edel und ein Hindernis. Er war zu wählerisch und drang zu weit vor, und das in einer Zeit, in der es allein schon schwierig war, »nicht bestraft zu werden«. Und Konfuzius? Was hielt er von Jie Yu? Er wußte natürlich, daß Jie Yu nicht völlig verrückt war, nur so ungebärdig, daß er keiner geraden Linie folgen konnte. Ebenfalls wußte er, daß Jie Yu etwas zu bieten hatte: einen Weg aus der Verzweiflung, weg von den Gefahren, die die Menschen sich in ihrer Menschenwelt schaffen. Jie Yu war der Versucher in der Wildnis, aber es gab noch mehrere wie ihn, und vielleicht war Konfuzius ihnen auf seiner Heimreise von Chu begegnet.

In den *Gesprächen* werden Changju und Jieni, zwei beeindruckende Männer, erwähnt, die auf einem weichen und schlammigen Feld arbeiteten.

Konfuzius kam an ihnen vorbei und ließ Zilu fragen, wo die Furt sei.

Changju fragte: »Wer ist der Mann, der den Wagen lenkt?«

Zilu antwortete: »Das ist Kong Qiu.«

»Der Kong Qiu aus Lu?«

»Ja.«

»Dann weiß er doch, wo die Furt ist.«

Also versuchte es Zilu bei Jieni [dem anderen Mann].

Jieni fragte: »Wer bist du?«

»Zhongyou.«[53]

»Dann mußt du ein Schüler des Kong Qiu aus Lu sein.«

»Ja.«

»Die Welt ist im Chaos, dennoch ist sie voller Leute, die umherwandern [und jemanden suchen, der ihre Gaben nutzt, um Ordnung zu schaffen]. [Das Durcheinander geht weiter], warum also einen anderen Herrn suchen, wenn man den einen verlassen hat? Warum wechseln? Und überdies, warum folgst du jemandem, der ständig von einem Fürsten zum anderen zieht [weil sie sich stets als die falschen Dienstherren erweisen]? Warum folgst du nicht jemandem, der sich ganz aus der Welt zurückgezogen hat?«

---

53 Der Vorname Zilus.

Zilu ging zu Konfuzius, um ihm zu berichten, was die beiden Männer gesagt hatten.

Konfuzius schien eine Weile in Gedanken versunken. Dann sprach er: »Wir können doch nicht mit Vögeln und Tieren zusammen hausen. Mit wem kann ich zusammen sein, wenn nicht mit anderen Menschen? Die Welt hat eine moralische Ordnung, [die ich kenne,] daher werden diese beiden meinen Sinn nicht ändern.« (XVIII,6)[54]

Unmittelbar nach diesem Eintrag berichten die *Gespräche* von Zilus Begegnung mit einem dritten Fremden. Die zweite Episode könnte sich um die gleiche Zeit zugetragen haben wie die erste, auf der Strecke von Cai nach Chen, wo mehr Vögel und Tiere zu Hause waren als Menschen. In dieser Szene wird Zilu von Konfuzius getrennt. Er begegnet »einem alten Mann, der an einem Stab einen Korb über der Schulter trägt«. (XVIII,7)

Der Alte sagte: »Du siehst aus wie ein Mann, der weder mit seinen Gliedern gearbeitet hat noch ein Getreide vom anderen zu unterscheiden vermag. Wer könnte dein Meister sein?« Dann steckte er seinen Stab in die Erde und jätete.

Zilu legte eine Hand über die andere und erwies ihm seine Ehrerbietung.

Der alte Mann lud Zilu ein, bei ihm zu übernachten. Er schlachtete ein Huhn und kochte einen Hirsebrei für seinen Gast und stellte ihm seine beiden Söhne vor.

Am anderen Tag machte Zilu sich wieder auf den Weg und erzählte Konfuzius [als er ihm wieder begegnete], was er erlebt hatte. Konfuzius sprach: »[Der alte Mann] muß ein weiser Einsiedler sein.« Er sandte Zilu zurück, um ihn noch-

54 Meine Übersetzung folgt der Deutung in *Lunyu zhengyi*, S. 391 f. Der Kommentar weist darauf hin, daß die beiden Namen Changju und Jieni wörtlich »große Männer mit schlammbedeckten Füßen« bedeuten. Damit wären es die Spitznamen gewesen, die Zilu verwendete, als er Konfuzius von seiner Begegnung mit den beiden Einsiedlern erzählte.

mals aufzusuchen. Als Zilu dort ankam, war jener jedoch fortgegangen.

Die Szene endet mit Zilus Kommentar:

> Man kann nicht wissen, was schicklich und richtig ist, wenn man sich von jedem öffentlichen Amt fernhält. Wenn der alte Mann die Schranken zwischen alt und jung nicht fallen lassen kann, wie kann er die moralische Verpflichtung zwischen Fürst und Untertan fallen lassen? Indem er sich selbst unbefleckt gehalten hat, hat er eine wichtige menschliche Beziehung in Unordnung gebracht. Ein Edler übernimmt ein Amt, um das Rechte in jener Beziehung zu verstehen. Daß es nicht möglich ist, die moralische Ordnung durchzusetzen, weiß er allemal. (XVIII,7)

Konfuzius sagte, die Einsiedler könnten ihn nicht umstimmen, ganz gleich, wie verlockend ihr Weg auch schien, denn er sei ein Mensch und könne nicht unter Vögeln und Tieren leben. Zilu sagt uns noch mehr. Konfuzius habe schon immer gewußt, daß es für ihn keine Hoffnung gebe, die moralische Ordnung in die Praxis umzusetzen. Dennoch müsse er sich am öffentlichen Leben beteiligen, um zu begreifen, was in menschlichen Beziehungen das richtige sei. In beiden Episoden halten Konfuzius und Einsiedler an dem fest, was sie glauben – keiner von beiden ist umzustimmen. Die *Gespräche* vermitteln, es sei richtig, daß die beiden ihre getrennten Wege gehen.

Einen Abschnitt später findet sich eine Liste von Männern, die sich aus der Gesellschaft zurückgezogen hatten, um redlich zu bleiben. Konfuzius wägt ihre Charaktere gegeneinander ab. Er macht feine Unterschiede zwischen ihnen und hat über alle etwas Gutes zu sagen. Die Männer in einer Gruppe »gaben ihr Ziel nicht auf und brachten keine Schande über sich«. Die in einer anderen Gruppe »gaben ihr Ziel auf und brachten sich in Schande, aber ihre Worte waren vernünftig, und ihr Verhalten wich nie von ihrem Denken ab«. Diejenigen der dritten Gruppe »lebten in Abgeschiedenheit und sagten, was immer ihnen gefiel; ihr Charakter war makellos und mit ihrem Rückzug aus der Welt handelten sie entsprechend«.

Konfuzius schließt: »Doch ich bin anders als alle diese Männer. Ich habe keine vorgefaßte Meinung von dem, was möglich und was unmöglich ist.« (XVIII,8)

Konfuzius mußte niemandem sagen, daß er anders war. Er bewies seine Einmaligkeit auf vielerlei Arten und zuweilen recht unerwartet. In den ersten Jahren seines Exils lernte er, den Klangstein zu spielen. Eines Tages kam ein Mann mit einem Korb an seinem Haus vorbei und hörte, wie er spielte.

> Der Mann sagte: »Er spielt falsch mit einem schweren und bekümmerten Herzen.« Dann fügte er hinzu: »Was für ein erbärmliches Geklapper: *keng, keng*! Wenn ihn niemand versteht, so soll er das, was er glaubt, für sich behalten, und damit fertig: ›Durch tiefes Wasser muß man einfach gehen. Nur wenn das Wasser seicht ist, muß man den Saum schürzen und hindurchwaten.‹«
>
> Konfuzius sagte darauf: »[Dieser Mann scheint zu wissen, was er will.] Wenn er so entschieden ist, wird er keine Schwierigkeiten haben.« (XIV,39)[55]

Der Mann mit dem Korb war sicherlich ein Einsiedler. Frühe Kommentare bezeichnen solche Männer als »Würdige, die beschlossen hatten, sich vor der Welt zu verbergen«. Der großzügige Mann, dem Zilu später in der Wildnis von Chen oder Cai begegnet, trug auch einen Korb. All diese Männer verfügen über große Entschlossenheit. Sie alle wissen, wie man die Länge seines Gewandes der Wassertiefe anpaßt – sie lassen es fallen, wenn die Tugend hoch und verbreitet ist, und gehen einfach hindurch, ist sie dagegen seicht und selten, heben sie es leicht an. Konfuzius versteht ihre Ansicht und kommentiert ihre Entscheidung, aber er findet auch, daß diese Männer, wenn sie so genau wissen, was man zu tun und zu lassen hat, »keine Schwierigkeiten haben sollten«. Er ist jedoch anders als sie. Seine Liebe zum Menschen ist aus der Armut geboren, und sein Verhältnis zur Welt ändert sich nicht wegen des moralischen Klimas. Er stellt keine Bedingungen, und er kennt keine Gewißheit, was erlaubt ist und was nicht.

---

55 Meine Deutung folgt den Bemerkungen in *Lunyu zhengyi*, S. 325 f.

Einer der Autoren von *Herrn Lüs Frühlings- und Herbstannalen* läßt Konfuzius sich selbst beschreiben: »Ein Drache trinkt klares Wasser und schwimmt in klarem Wasser. Ein gelber *chi*-Drache trinkt klares Wasser, schwimmt aber im Trüben. Ein Fisch trinkt trübes Wasser und schwimmt im Trüben. Ich bin nicht so gut wie der Drache, aber auch nicht so niedrig wie der Fisch. Bin ich dann nicht ein *chi*?«[56]

Konfuzius weiß, wie schwierig es ist, aus einem klaren Teich zu trinken und im Schlamm zu schwimmen, und wie viel leichter alles gewesen wäre, wenn er sich für ein reines Leben an einem reinen Ort entschieden hätte. Er weiß, daß er ein Drache hätte sein können, dennoch hatte er sich entschieden, ein *chi* zu werden.

56 *Lüshi chunqiu xinjiaozheng* (»Neuer Kommentar zu Herrn Lüs Frühlings- und Herbstannalen«), 19 *juan*, »Junan« (»Die Schwierigkeit, jemanden zu empfehlen«), S. 252.

5
HEIMKEHR NACH LU

Um 485 v. Chr. hielt Konfuzius sich wieder in Wei auf. Was in den vier Jahren zwischen 489 bis Ende 486 geschah, ist nicht belegt. Entweder verbrachte er sie in erzwungenem Müßiggang im Süden oder auf einem langsamen Rückweg nach Norden. Seine Schüler Zigong und Ran Qiu waren ihm längst vorausgereist und hatten Posten in Lu angenommen.[1] Sie waren jung und hatten gute Aussichten, daher hatte Konfuzius nichts dagegen einzuwenden.

In Wei freundete er sich mit dem einflußreichen Berater Kong Yu an. Kong Yu hatte ernsthafte familiäre Schwierigkeiten. Seine Frau hatte ein Verhältnis mit einem Hausknecht, doch die Wahrheit kam erst zutage, als Kong Yu bereits gestorben war. So blieb ihm zumindest die öffentliche Demütigung erspart. Aber zu seinen Lebzeiten hatte Kong Yu selbst Streitigkeiten geschürt. Irgendwann vor 485 überredete er einen jüngeren Berater, seine Tochter zu heiraten, obwohl der Mann bereits eine Gemahlin und deren Schwester zur Nebenfrau hatte. Nachdem der jüngere Kollege in eine Scheidung und die Heirat mit Kong Yus Tochter eingewilligt hatte, konnte er sich dennoch nicht von seiner früheren Schwägerin trennen und gründete in einem Bezirk in der Nähe der Hauptstadt mit ihr einen Hausstand. Alle wußten, daß der junge Berater lebte, »als hätte er zwei Frauen«. Diese Taktlosigkeit erboste Kong Yu so sehr, daß er beschloß, seine Tochter zurückzuholen und seinem Schwiegersohn »mit Gewalt« entgegenzutreten. Kurz vor dem geplanten Überfall suchte er Konfuzius auf, um zu erfahren, ob sein Freund der Ansicht war, daß er

1 Siehe Sima Qian, *Shiji*, Kap. 47, S. 1927 f.; *Chunqiu Zuozhuan zhu*, Herzog Ai, 11. Jahr, S. 1641, 1649.

das Richtige tat. Was dann geschah, ist nicht eindeutig dokumentiert. Anscheinend war Konfuzius, sobald Kong Yu ihn fragte, ob er die Waffen gegen seinen Schwiegersohn erheben solle, so wütend geworden, daß er seinem Kutscher befahl, »anzuspannen und ihn unverzüglich aus Wei fortzubringen«.[2]

Konfuzius' Reaktion ist ein wenig verblüffend. Ein hoher Beamter sucht den Rat eines stellungslosen Mannes, weil er dessen Tugenden schätzt. Was war dagegen einzuwenden? Überdies war bekannt, daß Konfuzius eine günstige Meinung von Kong Yu hatte. In den *Gesprächen* sagt er: »[Kong Yu] war rasch von Begriff und liebte es zu lernen. Er schämte sich nicht, Niedrige um Rat zu fragen.« (V,15) Wenn Kong Yu so würdig war, wie sein Freund ihn beschrieb, warum war Konfuzius dann so beleidigt, daß er sofort abreiste, als dieser Freund ihn vertrauensvoll um Rat fragte? Die Worte, mit denen Kong Yu versuchte, Konfuzius zum Bleiben zu überreden, geben vielleicht einen Hinweis. Er erklärte: »Wie könnte ich es wagen [gegen meinen Schwiegersohn] vorzugehen, um mich selbst zufriedenzustellen! Ich wollte nur den Staat Wei vor weiteren Verhängnissen bewahren.«[3]

Als Kong Yu Konfuzius von seinem Plan unterrichtete, seinen Schwiegersohn zu überfallen, hatte dieser zunächst wohl nur einen persönlichen Racheakt darin gesehen, der seiner Ansicht nach niemals einen Fehde beenden noch als Lehre dienen konnte. Er sagte: »Die falsche Tat anzugreifen statt der Person, die sie begangen hat – ist das nicht der Weg, die Verderbten zu bessern? Ist es nicht ein Fehlurteil, um des Zorns eines Augenblicks willen die Gefahren zu vergessen, in die man sich und die bringt, die einem am nächsten und am liebsten sind?« (XII,21) Private Auseinandersetzungen zwischen »Männern in der Regierung« konnten unwiderrufliche Folgen haben. Auch solche, die nichts mit dem Konflikt zu tun hatten, konnten betroffen werden. »Männer in der Regierung«, sagt Konfuzius, »sollten nicht aufgrund privater Gefallen be-

2 *Chunqiu Zuozhuan zhu*, Herzog Ai, 11. Jahr, S. 1665 ff.
3 Ebenda, S. 1667.

lohnen oder aufgrund persönlichen Grolls bestrafen.«[4] Kong Yu mag geahnt haben, warum Konfuzius so verärgert war, und ist erschrocken darüber, mißverstanden worden zu sein. »Wie könnte ich es wagen [gegen meine eigene Familie] vorzugehen, um mich selbst zufriedenzustellen!« Konfuzius war vermutlich zu klug, um sich von der Beredtheit seines Freundes umstimmen zu lassen. Dennoch scheint er ins Wanken geraten zu sein. Aber gerade, als er »dachte, daß er vielleicht doch bleiben würde«, traf ein Ruf vom Hof in Lu ein. Man lockte ihn entweder mit einem hübschen Geldgeschenk oder der Aussicht auf ein gutes Gehalt. »Darauf«, so heißt es in der *Überlieferung des Zuo*, »kehrte Konfuzius in die Heimat zurück.«[5] Dies ereignete sich im Winter 484, wahrscheinlich auf Betreiben Ran Qius.

Ran Qiu stand seit seiner Rückkehr nach Lu in Diensten der Familie Jisun. Er hatte sich rasch unentbehrlich gemacht. 484, kurz vor Konfuzius' Rückkehr, war er nochmals befördert worden. Im Frühling des Jahres zogen zwei Befehlshaber aus Qi in alarmierender Nähe der Grenze von Lu Truppen zusammen. Jikangzi, Oberhaupt der Jisun und damit Oberster Staatsrat von Lu, fragte Ran Qiu, wie man auf diese feindliche Geste reagieren solle. Die anderen beiden Erbfamilien hatten ihm bereits zu verstehen gegeben, daß sie im Falle eines Kriegsausbruchs nicht daran interessiert seien, ihre Truppen zur Verfügung zu stellen. Ran Qiu beruhigte Jikangzi: »Die Anzahl der Soldaten und Streitwagen Eurer Familie allein übertrifft die des Feindes bei weitem. Weshalb sorgt Ihr Euch also? Da die Macht in Lu in Euren Händen liegt, ist es leicht zu verstehen, daß die anderen beiden Familien zögern [mit Euch] zu kämpfen. Aber Ihr werdet Schande über Euer Haus bringen, wenn Ihr das Heer aus Qi, das uns angreifen will, nicht niederringt, denn damit würde es unmöglich [für unseren Herrscher], zum Kreis der Feudalfürsten zu gehören.«[6]

4 *Chunqiu Zuozhuan zhu*, Herzog Zhao, 5. Jahr, S. 1163.
5 Ebenda, Herzog Ai, 11. Jahr, S. 1667.
6 Ebenda, Herzog Ai, 11. Jahr, S. 1657f.

Ran Qiu bemühte sich, die Jisun durch Versprechungen und Drohungen zum Handeln zu bewegen. Während sie noch versuchten, den Mut aufzubringen, dem Feind entgegenzutreten, ernannte Ran Qiu sich selbst zum Befehlshaber der Linken Armee, die die Familie vor fast achtzig Jahren für ihren eigenen Gebrauch beschlagnahmt hatte. Er machte Guan Zhoufu zu seinem Wagenlenker und Fan Chi zu seinem Oberleutnant. Als seine Vorgesetzten gegen die Ernennung Fan Chis protestierten, weil sie ihn für zu jung hielten, erwiderte Ran Qiu: »Er weiß, wie man Befehle erteilt.«[7]

Ran Qius Entscheidung, Fan Chi mit sich zu nehmen, war richtig. Die Schlacht, in die die beiden die Linke Armee führten, sollte sich als entscheidend für Lu erweisen. Die *Überlieferung des Zuo* berichtet: »Das Heer aus Qi griff uns von Jiqu her an, und unsere Soldaten weigerten sich, den Kanal zu überqueren, um ihm frontal zu begegnen 〈...〉 Fan Chi sagt zu Ran Qiu: ›Es liegt nicht daran, daß unsere Männer unfähig wären, [sich dem Feind] entgegenzustellen. Es liegt daran, daß sie Euch noch nicht vertrauen. Gebt dreimal den Befehl zum Angriff, und überquert dann als erster den Kanal.‹« Als Ran Qiu sich genau so verhielt, wie Fan Chi ihm geraten hatte, folgten ihm seine Truppen, ohne im geringsten zu zögern: »Sie hieben achtzig Feinden die Köpfe ab und stürzten die gegnerische Seite in völlige Verwirrung.« Noch ehe der Tag zu Ende ging, mußte das Heer aus Qi den Rückzug antreten.[8]

Offenbar hatte Ran Qiu sich im Krieg gegen Qi so viele Verdienste erworben, daß seine Vorgesetzten geneigt waren, seiner Bitte nachzukommen, seinen Lehrer mit einem guten Angebot zurückzuholen.

Bei Sima Qian erkundigt sich der Oberste Staatsrat Jikangzi nach dem Sieg über die feindlichen Truppen, wie Ran Qiu zu seinen Kenntnissen in der Kriegskunst gekommen sei:

»Habt Ihr sie erworben oder seid Ihr damit geboren?« Ran Qiu antwortete: »Ich habe sie von Konfuzius gelernt.« Ji-

7 Ebenda, S. 1658 f.

8 Ebenda, S. 1659 f.

kangzi fragte: »Was ist Konfuzius für ein Mann?« Ran Qiu erwiderte: »Er ist ein Mann, der nur dann Gewalt anwendet, wenn es gute Gründe dafür gibt. Und ein Mann, der es nicht bedauert, wenn seine Pläne beim Volk verbreitet und den Göttern und Geistern vorgetragen werden. Und wenn ich durch das Befolgen seiner Lehren ein Gebiet von eintausend *she*-Haushalten gewinnen würde, würde mein Lehrer keinen Anteil daran beanspruchen.« Jikangzi fragte: »Wenn ich nach ihm schicken wollte, wäre Euch das recht?« Ran Qiu antwortete: »Wenn Ihr nach ihm schikken wollt, wendet [wenn er hier ist] nicht die Mittel eines Gemeinen an, um ihn einzuengen. Wenn Ihr das bewerkstelligen könnt, soll es mir recht sein.«[9]

Vielleicht hatte Ran Qiu das Interesse des Obersten Staatsrats an Konfuzius mit Hilfe seiner Mitschüler geweckt. Denn ohne ihre Fürsprache wäre er vermutlich nur ein stellungsloser Berater unter vielen gewesen. Zigong hatte sich mittlerweile den Ruf eines Experten für Riten und Diplomatie erworben.[10] Bei mehr als einer Gelegenheit riefen ihn die Drei Familien und der Herrscher von Lu zur Hilfe, damit er sie aus einer schwierigen außenpolitischen Lage befreie. Zum Beispiel erzwang der Herrscher von Wu 488 – also vier Jahre vor Konfuzius' Rückkehr – ein Treffen mit dem Herrscher von Lu in einem Ort namens Zeng. Sobald man sich dort versammelt hatte, erpreßte er von den Vertretern von Lu hundert Stück Vieh als Geschenk für das Volk von Wu. Sodann forderte der Oberste Staatsrat von Wu, daß sein Kollege aus Lu ebenfalls bei der Versammlung anwesend sei: »Da die beiden Herrscher sich auf eine so lange Reise hierher begeben haben, wäre es doch unschicklich, wenn ihre Ratgeber zu Hause blieben.« Der Oberste Staatsrat von Lu schickte Zigong nach Zeng, um die Einladung offiziell abzulehnen. Zigong äußerte sich knapp und gewandt: »Das Verhalten unseres Staatsrats steht kaum im

9 *Shiji*, Kap. 47, S. 1943.

10 *Chunqiu Zuozhuan zhu*, Herzog Ai, 7. ,11. und 12. Jahr, S. 1641, 1663, 1671.

Einklang mit den Riten. Doch er handelt in Erwartung dessen, was ein mächtiger Staat [wie Eurer] einem schwachen [wie unserem] antun könnte. Ein mächtiger Staat [wie Eurer] zwingt seinen Willen anderen regionalen Staaten ohne Beachtung der Riten auf. Gibt es, wo Ihr einmal die Riten mißachtet habt, eine Grenze dessen, was Ihr tun könntet?«[11]

Es gibt keine Aufzeichnungen über den Empfang, den man Konfuzius bereitete, aber zweifellos brachte man ihm eine neue Achtung entgegen. Vielleicht förderten auch Ran Qius und Zigongs Erfolge seinen Ruf als Mann von politischem Verstand und außergewöhnlichen pädagogischen Fähigkeiten. Außerdem war Konfuzius lange unterwegs gewesen. Er hatte viel gesehen und viel gehört. Er hatte Naturgewalten getrotzt und die grausamen Intrigen höfischer Politik überlebt. Daher beschlossen viele junge Männer aus der Hauptstadt, noch ehe er die Tore durchschritten hatte, bei ihm in die Lehre zu gehen. Zu ihnen gehörte auch Fan Chi, Ran Qius rechte Hand im Kampf gegen Qi.

Noch weitere Umstände wirkten sich zu Konfuzius' Gunsten aus. Herzog Ding und sein Berater Jihuanzi, die beiden Männer, die ihn 497 vertrieben hatten, waren längst tot, ebenso wie die meisten aus ihrem alten Klüngel. Für Herzog Ai, den gegenwärtigen Herrscher von Lu, war Konfuzius der »Staatsälteste« *(guolao)*.[12] Doch die größeren Zusammenhänge waren düsterer und komplizierter, als Konfuzius sie in Erinnerung hatte. Konflikte zwischen Regionalstaaten fanden mit größerer Häufigkeit und viel mehr Opfern statt, und Lu war noch zerrissener als früher. Bevor der Zwillingsbruder von Herzog Ding und Onkel von Herzog Ai im Krieg gegen Qi vor der Stadt getötet wurde, erklärte er einem Torhüter: »Wir sind von Not überschwemmt und von Steuern niedergedrückt. Unsere Führer sind unfähig, die Zukunft zu planen. Unsere Männer nicht willens, für unser Land zu sterben.« Diese Bemerkung reflektiert die dunklen Seiten von Lu, die

11 Ebenda, Herzog Ai, 7. Jahr, S. 1640f.
12 Ebenda, Herzog Ai, 11. Jahr, S. 1668.

Konfuzius in den ersten Wochen nach seiner Ankunft wahrscheinlich noch nicht überschaute.

Ende 484 wollte die Familie Jisun eine Grundsteuer erheben und sandte ihren Verwalter Ran Qiu zu Konfuzius, um seine Ansicht zu dieser Angelegenheit zu erfragen. Doch ungeachtet Ran Qius wiederholter Bitten um eine Antwort sagte er nur: »Ich verstehe nicht das geringste davon.« Schließlich erklärte sein Schüler: »Aber Ihr seid unser *guolao*, unser Staatsältester. Ich warte auf Eure Antwort, damit ich weiß, was zu tun ist. Warum sagt Ihr also nichts?« Konfuzius »antwortete noch immer nicht«.

Ihm war klar, daß seine Meinung zu dieser Frage nicht das war, was die Jisun hören wollten. Er fand auch, daß es nicht klug oder gerecht gewesen wäre, Ran Qiu seine Botschaft überbringen zu lassen, denn sie würde Ran Qiu verwirren und ihn bei seinen Arbeitgebern in eine schwierige Lage bringen. Privat erklärte Konfuzius ihm jedoch: »Ein Edler richtet seine Handlungen nach dem Geist der Riten – wenn er eine Gunst erteilt, bemüht er sich, großzügig zu sein; wenn er einen Dienst erweist, trachtet er nach dem, was das Passendste ist; wenn er eine Steuer erhebt, ist er schonend.«[13]

Als sie einmal allein waren, verriet Konfuzius Ran Qiu auch seine Einschätzung der Jisun. Wenn die Jisun den Riten nicht folgen und von unerfüllbaren Begierden verzehrt würden, wäre auch eine Besteuerung der Bauern nicht ausreichend. Sollten sie wirklich bestrebt sein, das Richtige zu tun, brauchten sie sich nur am Vorbild des Herzogs von Zhou orientieren.

Das »Vorbild des Herzogs von Zhou« bezieht sich auf das System des *feng jian*, das dieser bei der Gründung der Dynastie eingesetzt hatte und das auf der gegenseitigen Unterstützung des Regionalfürsten und seiner Untertanen basierte. Das Volk unterstützte den Herrscher und den Staat durch seine Arbeit auf öffentlichem Grund und Boden, während der Herrscher sicherstellte, daß dem Volk nie die Existenzgrundlage entzogen wurde. Nach Konfuzius' Ansicht war dieses Verhältnis

13 Ebenda.

ideal, da es auf einer gegenseitigen moralischen Verpflichtung und dem Dienst an der Gemeinschaft beruhte. Materielle Güter statt Dienste vom Volk zu verlangen würde dieses Verhältnis zerstören. Denn sobald ein Herrscher persönliche Güter anzuhäufen begann, würde er nicht wissen, wann er aufhören mußte, und das Volk wäre naturgemäß unzufrieden und weniger bereit, in Notzeiten seine Dienste zur Verfügung zu stellen.

Die Lage wurde im Jahr 484 zusätzlich dadurch kompliziert, daß der Herrscher keine Befugnis besaß, Steuern einzuziehen. Schon bevor die Drei Familien sich 592 die staatliche Armee aneigneten, hatte er ihnen die meisten, wenn nicht alle, Verwaltungsbezirke übertragen. Als die Jisun nun eine Grundsteuer von den Pächtern erheben wollten, waren die Herrscher von Lu längst auf die »Abgaben« angewiesen, die ihnen die Familien zukommen ließen.

Die Jisun hatten die Grundsteuer nicht erfunden. Das System gab es schon sehr lange. Die Herrscher von Jin, Qin und Chu hatten es bereits angewandt und für einträglich befunden. In Lu wurde es 594 eingeführt, ehe die dortigen Herrscher ihrer Macht und ihres Besitzes entkleidet wurden. Da keine Steueraufzeichnungen von Lu aus der Frühlings- und Herbstzeit erhalten sind, läßt sich nur schwer feststellen, inwieweit es praktiziert wurde. Die Gelehrten der *Frühlings- und Herbstannalen* beklagten diese Politik. In der *Überlieferung des Zuo* heißt es: »Es ist gegen den Geist der Riten und gegen alle Regeln des Anstands. Um seinen Wohlstand zu mehren, sollte ein Herrscher nicht mehr Getreide von seinem Volk einziehen als das, was er durch die Arbeit erhält, die er von ihm entlehnt.«[14] Ein anderer Kommentar aus derselben Chronik erklärt: Da die Grundsteuer zusätzlich zum Getreide, das auf dem öffentlichen Land angebaut wird, und nicht an seiner Statt erhoben würde, »zieht der Staat vom Volk alles, was er nur kann, zu seinen eigenen Gunsten ein«.[15] Das war

14 Ebenda, Herzog Xuan, 15. Jahr, S. 766.
15 *Chunqiu Guliangzhuan*, Herzog Xuan, 15. Jahr, 12, 15a-b.

auch Konfuzius' Meinung. Daher weist er Ran Qiu im persönlichen Gespräch auf annehmbarere Maßnahmen hin. Eine Verletzung des »universellen Maßstabs«, warnte er, bedeute häufig den Ruin vieler zugunsten weniger. Ran Qiu, so erfahren wir, »hörte nicht auf seinen Lehrer«. Im Frühjahr 483, so die *Frühlings- und Herbstannalen*, »war die Grundsteuer eingeführt«.[16]

Aus den *Gesprächen* erfahren wir, was nun geschah: »Der Reichtum der Familie Jisun übertraf den des Herzogs von Zhou, und Ran Qiu trieb für sie die Steuern ein und vermehrte ihren Wohlstand. Konfuzius sprach: ›Er ist kein Schüler von mir. Ihr, meine jungen Freunde, mögt die Trommeln schlagen und ihn öffentlich angreifen.‹« (XI,17) Konfuzius hatte gute Gründe, erzürnt zu sein. Die Jisun waren die größten Landbesitzer in Lu und hatten mehr Verwaltungsbezirke unter sich als alle anderen Familien zusammen. Das bedeutet, daß die 483 wiedereingeführte Grundsteuer weitreichendes Elend verursacht haben muß. Zur gleichen Zeit kam es zu Naturkatastrophen. Im Winter 483 gab es eine Heuschreckenplage und im Jahr darauf zwei weitere.[17] Die geballten Folgen dieser Heimsuchungen müssen Konfuzius sehr aufgebracht haben.

Die *Gespräche* berichten von mehreren Anlässen, bei denen Konfuzius gegenüber Ran Qiu die Beherrschung verlor. Als Gongxi Hua, ebenfalls einer seiner Schüler, dienstlich nach Qi geschickt wurde, bot Ran Qiu ihm an, sich um seine Mutter zu kümmern. Er erkundigte sich bei Konfuzius, wieviel Getreide er der alten Dame während der Abwesenheit ihres Sohnes schicken solle. Konfuzius sagte: »Ein *fu*«. Ran Qiu fand das zu wenig. Konfuzius sagte: »Ein *yu*.« Ran Qiu gab ihr ein *bing*, also viel mehr als ein *fu* oder ein *yu*. Als Konfuzius davon erfuhr, bemerkte er: »Als Chih [Gongxi Hua] nach Qi aufbrach, hatte er ein Gespann von gutgenährten Pferden und war in leichtes Pelzwerk gekleidet. Ich habe gehört, der Edle ist stets

16 *Chunqiu Zuozhuan zhu*, Herzog Ai, 12. Jahr, S. 1669.
17 Ebenda, Herzog Ai, 12. und 13. Jahr, S. 1669, 1674.

bestrebt, den Bedürftigen und Verzweifelten zu helfen – aber er fügt [den Speichern] der Reichen nicht noch mehr hinzu.« (VI,4)

Bei anderer Gelegenheit erfuhr Konfuzius, daß Jikangzi beabsichtige, »Opfer und Opferriten auf dem Taishan abzuhalten«. (III,6) Dies war eine eindeutige Rechtsverletzung – ein Verstoß gegen die Riten –, da allein der Zhou-König ein Anrecht hatte, Rituale auf dem heiligen Berg durchzuführen, und Jikangzi nur der Berater eines Feudalherrschers war. Konfuzius erkundigte sich sofort bei Ran Qiu, ob »er es verhindern könne«, denn dieser unterhielt eine enge Beziehung zum Staatsrat und hatte ihn gelegentlich schon erfolgreich beeinflußt. Ran Qiu antwortete desinteressiert: »Ich kann nichts machen.« Worauf Konfuzius erwiderte, der Taishan würde das Opfer ohnehin nicht annehmen, da es unrechtmäßig sei.

Konfuzius scheint enttäuschter von Ran Qiu zu sein als von anderen Schülern, und er ist ihm gegenüber auch nachtragender. Das ist sonderbar, denn immerhin war Ran Qiu sehr erfolgreich. Er erreichte mehr in der Politik als alle seine Mitschüler und mehr, als Konfuzius für sich selbst zu hoffen wagte. Er war der erste, der eine Armee anführte, als Feinde das Land bedrohten, und der erste, der ein feindliches Heer angriff, als niemand sonst dazu bereit war. Ran Qiu war begabt, besaß politischen Instinkt und war tapfer – ein echter Soldat. Dennoch fehlte es ihm an moralischer Unerschrockenheit. Er war nicht mutig genug, sich den Wünschen seiner Vorgesetzten zu widersetzen. Konfuzius spielte darauf an, als er bemerkte, daß Ran Qiu ebenso wie Zilu fähig sei, »im oberen Stab einer der Erbfamilien«, jedoch »unfähig, seinem Herrn auf moralische Weise zu dienen«. Andererseits gestand Ran Qiu seinem Lehrer ganz offen: »Nicht, daß mir Euer Weg nicht gefällt, es ist eher, daß meine Kraft nicht ausreicht.« Darauf erwiderte Konfuzius: »Diejenigen, deren Kraft versagt, brechen unterwegs zusammen. Du ziehst vorher eine Grenze [um zu entscheiden, wie weit du gehen willst].« (XI,24)

Sooft Konfuzius seinen Schüler Ran Qiu drängte, seinen

Herrn von schlechtem Benehmen oder unrechtem Tun abzubringen, schreckte Ran Qiu spontan zurück und brachte eine Ausrede wie »ich kann nichts mehr dagegen tun« hervor. Er setzte die Grenze, ohne sich zu gestatten herauszufinden, ob seine Kraft tatsächlich nicht ausreichte. Für Konfuzius war dies moralische Feigheit. Er konnte nichts dagegen tun, als Ran Qiu, wenn er ihn um Rat bat, ernst zu nehmen. Konfuzius erkannte, daß es letztendlich Ran Qiu war, der den Mut finden mußte zu handeln, wie er es für richtig hielt, auch wenn er unter Beschuß oder Druck von oben stand.

Inzwischen war Konfuzius' politischer Einfluß nur noch begrenzt. Man nannte ihn zwar den »Staatsältesten«, aber diese Stellung hatte nur wenig Gewicht in der Regierung und bei den Entscheidungsträgern von Lu. Eine Audienz, die Konfuzius 481 bei Herzog Ai hatte, verdeutlicht dies. Anfang desselben Jahres hatte Chen Heng, ein Berater in Qi, einen Nachfolgestreit provoziert.[18] Zuerst hatte er sich seiner Rivalen bei Hofe entledigt und dann den Herrscher gewaltsam entführt und getötet. Es war nicht das erste Mal, daß Staatsrat Chen einen Herrscher tötete. Einige Jahre zuvor war er mit dem Vater des Herrschers ebenso umgegangen. Da nun beide tot waren, setzte er einen Enkel an ihre Stelle. In der *Überlieferung des Zuo* heißt es:

> Am sechsten Tage des sechsten Monats erschlug Chen Heng aus dem Staat Qi seinen Herrscher Ren. Konfuzius fastete drei Tage [bevor er vor Herzog Ai trat]. Dreimal flehte er den Herzog an, eine Strafaktion gegen Qi einzuleiten. Herzog Ai sagte: »Qi zehrt nun schon so lange an unseren Kräften. Wenn ich Eurem Rat folgen und angreifen würde, wie, meint Ihr, würde es ausgehen?« Konfuzius erwiderte: »Chen Heng hat seinen Herrn ermordet. Wenigstens die Hälfte des Volkes von Qi ist gegen ihn. Unsere Männer und wenigstens die Hälfte ihrer Männer könnten ihre Armee gewiß schlagen.« Herzog Ai sagte: »Warum unterbreitet Ihr Euren Vorschlag nicht der Familie Jisun?«

18 Ebenda, Herzog Ai, 14. Jahr, S. 1682 ff.

Konfuzius lehnte ab. Nachdem er sich zurückgezogen hatte, erklärte er: »Meiner Stellung gemäß war es meine Pflicht zu sprechen.«[19]

Den *Gesprächen* zufolge suchte Konfuzius jedoch sowohl die Jisun als auch die Shusun und Mengsun auf, und keine der Familien zeigte Interesse an dem, was er zu sagen hatte. (Siehe XIV,21.) In beiden Fassungen verhält sich Herzog Ai ausweichend. Doch selbst wenn es Konfuzius gelungen wäre, ihn zu überzeugen, daß es moralisch richtig und praktisch vernünftig war, Qi für seine Verbrechen zu bestrafen, hätte der Herzog nichts tun können, da sämtliche Soldaten und Waffen sich im Besitz der Drei Familien befanden. Seine Antwort, Konfuzius möge die Jisun oder – nach den *Gesprächen* die Drei Familien – aufsuchen, verrät die tiefe Hoffnungslosigkeit, die er angesichts seiner Situation und seiner selbst empfand. Der Herrscher ergibt sich in sein Schicksal und ist zu schwach, sich dagegen aufzulehnen. Konfuzius suchte die Drei Familien vermutlich wirklich auf, denn es wäre undenkbar für ihn gewesen, dem Befehl seines Herrschers nicht nachzukommen.[20] Konfuzius war politisch verantwortungsvoll und hielt die rituellen Vorschriften ein. Auch wenn die Welt um ihn herum dem Druck oder den Verlockungen des Opportunismus unterlag, hielt er an bestimmten Regeln fest: Er reinigte sich, bevor er vor den Herrscher trat. Er näherte sich den Beratern stets mit großem Ernst und ersuchte sie dringend, Unrecht zu korrigieren, auch wenn er wußte, daß nichts dabei herauskommen würde.

In seinem Verhalten und seiner Rede wich Konfuzius niemals von dem ab, was er für die Grundlagen von Ordnung und Anstand hielt. Im Alter geriet sein Streben immer mehr zu einer Art Sisyphusarbeit, erschöpfte sich in wirkungsloser Wiederholung. Immer weniger Menschen nahmen Notiz von der Mühe, die er sich gab, alles richtig zu machen. Dennoch

---

19 Ebenda, Herzog Ai, 15. Jahr, S. 1689.

20 Mein Verständnis der Stelle bei Herzog Ai folgt dem Kommentar des *Lunyu zhengyi*, S. 317f.

blieben seine Ziele hoch. Nie übersprang er einen Schritt oder gab auf, auch wenn er das Ergebnis einer Arbeit erraten konnte und die Vergeblichkeit seiner Bemühungen spürte. Es gibt Aufzeichnungen von einigen Gesprächen mit Herzog Ai. Diese veranschaulichen die Würde und Sturheit des alten, müden Konfuzius besonders gut. Bald darauf tritt er mit einer Verbeugung von der politischen Bühne ab. Sein ohnmächtiger Herrscher lieferte den passenden Hintergrund.

Konfuzius' Begegnungen mit dem Obersten Staatsrat Jikangzi waren rein dienstlich. Jikangzi befragte ihn zu Regierungsangelegenheiten und wollte wissen, welche von seinen Schülern für Ämter geeignet waren. Im wesentlichen erklärte Konfuzius ihm, daß er – Jikangzi – für das Benehmen des Volkes verantwortlich sei. »Wenn Ihr nicht habgierig seid«, sagte er, »wird auch niemand stehlen, selbst wenn man fürs Stehlen eine Belohnung bekäme.« Die beiden Männer waren freimütig, aber ihrem Austausch fehlte es an Spannung und Prägnanz, weil keiner von beiden sich besonders anstrengte.[21] Vielleicht hatte Konfuzius bereits akzeptiert, daß sein Zeitalter dem Ende entgegen ging – das Ende der Tradition, die die Herzöge von Zhou und Shao am Hofe von König Wu und König Cheng begründet hatten; das Ende aufrichtiger Erörterungen von Gesetzen und Riten, Pflichten und Innenpolitik, Kriegen und Friedensbedingungen.

In seinem Privatleben lagen die Dinge jedoch ganz anders. Den Gesprächen, die Konfuzius mit seinen Schülern führte, fehlte es nie an Schärfe und Kraft. Sie vermitteln den Eindruck, daß er eine starke Wende in seinem Leben vollzogen hatte, indem er seine Aufmerksamkeit von der Politik auf die Lehre richtete, von der Beratung der Fürsten auf die Erziehung der Jugend. Es ist möglich, daß er schon länger über einen solchen Wandel nachgedacht hatte. Als er in Chen lebte, hatte er erwogen, nach Lu zurückzukehren, um »unseren jungen Männern zu Hause« zu helfen, »sich zu bilden«. Nun setzte er all seine Hoffnungen auf die Jugend. Er sagte: »Woher wissen wir,

21 Siehe *Lunyu*, VI,8; XII,17; XII,18; XII,19.

daß die kommenden Generationen den gegenwärtigen nicht gleichkommen werden?« (IX,33)[22]

Besonders intelligent und vielversprechend war Zizhang, einer von Konfuzius' jüngeren Schülern. Er stellte schwierige Fragen: Was ist »geistige Klarheit«? Was ist »getrübte Urteilskraft«? Wann konnte man sagen, ein Gebildeter besitze »die Eignung eines Edlen«? Und was ist der Unterschied zwischen einem solchen Mann und einem, der auf Berühmtheit aus ist? Zizhang fragt auch nach den Anzeichen für Sittlichkeit; wie man in der Welt vorankomme; wie man eine Beamtenlaufbahn verfolge und welche moralischen Voraussetzungen man benötige, um der Regierung zu dienen. Zizhangs Interessen waren vielseitig, und er bohrte gern nach, was ihn für Konfuzius zu einem idealen Gesprächspartner machte – zu einem »guten Wetzstein«.

Einige der scharfsinnigsten Betrachtungen, die Konfuzius über die Natur und das Selbstverständnis des Menschen anstellte, entstammen den Gesprächen mit Zizhang:

Zizhang fragte: »Was ist geistige Klarheit?« Konfuzius sagte: »Wer von bis auf die Haut durchsickernden Verleumdungen und Klagen nicht zu unmittelbarer Reaktion getrieben wird, von dem kann man sagen, er besitzt geistige Klarheit.« (XII,6)

Zizhang fragte: »Ist es möglich, zehn Generationen nach uns zu kennen?« Konfuzius antwortete: »Die Shang-Dynastie baute auf den Riten der Xia-Dynastie auf. Was hinzugefügt und entfernt wurde, ist bekannt. Die Zhou-Dynastie baute auf den Riten der Shang auf. Was hinzugefügt und entfernt wurde, ist bekannt. Wer auch immer den Zhou nachfolgt, selbst hundert Generationen von ihnen können erkannt werden.« (II,23)

Zizhang fragte: »Wie würdet Ihr einen guten und anständigen Mann anhand des Pfades beschreiben, dem er folgt?« Konfuzius antwortete: »Er wandelt nicht sklavisch auf den Pfaden, die andere bereits gegangen sind, und sein Pfad

22 Übersetzung nach Lau, S. 146.

führt auch nicht in die inneren Gemächer [moralischer Erkenntnis].« (XI,20)
Zizhang fragte: »Wie muß ein Gebildeter sein, bevor man sagen kann, er besitzt in allem, was er tut, die Eignung eines Edlen?« Konfuzius antwortete: »Zuerst sag mir, was du unter dem Geschick eines Edlen verstehst.« Zizhang erwiderte: »Eine Person, die jeder kennt, ob sie im Dienst des Staates steht oder im Dienst einer Erbfamilie.« Konfuzius sprach: »Du sprichst von Berühmtheit, jedoch nicht vom Geschick eines Edlen. Ein Mensch, der edel und geschickt ist, liebt von Natur aus die Gerechtigkeit, und sein Ziel ist das, was richtig ist. Außerdem hört er auf das, was andere zu sagen haben, und achtet auf ihren Ausdruck und ihre Stimmung. Er ist stets darauf bedacht, nicht selbstherrlich zu sein. Ein solcher Mann besitzt die Eignung eines Edlen, ob er nun beim Staat oder bei einer Erbfamilie in Diensten steht. Ein Mensch, der nach Berühmtheit strebt, hält sich im Äußeren an die Sittlichkeit, übertritt sie jedoch in seinem Handeln, und seine Heuchelei bekümmert ihn nicht. Gewiß kennen die Menschen ihn oder seinen Namen, ob er nun in Diensten des Staates oder einer Familie steht.« (XII,20)
Zizhang fragte: »Wie kann man seine Tugend erhöhen, und wie weiß man, daß die eigene Urteilskraft getrübt ist?« Konfuzius antwortete: »Wenn du stets dein Bestes tust und in deinen Worten und Grundsätzen vertrauenswürdig bist und dich bemühst, deine Absichten und dein Handeln auf das zu richten, was recht ist, wirst du deine Tugend erhöhen. Wenn du einen Menschen liebst, willst du, daß er lebt. Wenn du einen Menschen haßt, willst du, daß er stirbt. Zu wünschen, daß einer lebe, und im nächsten Moment zu wünschen, daß er sterbe, das ist getrübte Urteilskraft.« (XII,10)

Zizhang übte eine besondere Anziehungskraft auf die Leser der *Gespräche* aus. Sein Interesse galt den verwegensten und schwierigsten moralischen Fragen, doch hegte er auch ganz offen Eigeninteressen. Zizhang war nicht nur selbstversonnen, sondern ließ seinen Lehrer auch ganz ungeniert wissen, daß er in der Welt voranzukommen und sich ein Gehalt zu sichern beabsichtige. Einige Gelehrte behaupten, daß Konfuzius stets danach trachtete, Zizhang zur Selbstkultivierung zurückzuführen. Dies trifft nur bis zu einem gewissen Grad zu. »Um in der Welt vorwärtszukommen, ob in der Nachbarschaft oder im Land der Barbaren«, sagte er zu seinem Schüler, »mußt du mit deinen Worten Aufrichtigkeit und Vertrauen vermitteln und Redlichkeit und Achtung mit deinen Taten.« (XV,6) Doch als er merkte, daß Zizhang ein Auge auf eine Beamtenkarriere geworfen hatte, gab er ihm den folgenden Rat: »Habe deine Ohren überall, und laß alles Zweifelhafte beiseite; sprich vorsichtig über das übrige, und du wirst wenige Fehler machen. Habe deine Augen überall, und halte dich von möglichen Gefahren fern; verhalte dich vorsichtig, auch wenn die Gefahren gebannt sind, und du wirst wenig zu bereuen haben. Beim Reden wenige Fehler zu machen und im Tun nicht viel zu bereuen zu haben – das ist der Schlüssel zu einer gesicherten Beamtenstellung.« (II,18)

Konfuzius gewährt Zizhang eine Vorzugsbehandlung. Er wußte, daß die Zielsetzung seines Schülers ausschließlich von pragmatischen Überlegungen bestimmt war und dieser keine moralischen Zweifel hatte. Dies schien ihn jedoch so wenig zu stören, daß er Zizhang sogar in einige Berufsgeheimnisse einweihte. Vielleicht schätzte Konfuzius die Ehrlichkeit seines Schülers, denn im Gegensatz zu Ran Qiu, der seine Worte gern »schönte« (XVI,1), äußerte Zizhang klar und unmißverständlich, was er wollte.

Zizhang war auch »wild beherzt« (*kuang*, vgl. S. 143) und »großartig in seinem Auftreten« (XIX,16) – eine Eigenschaft, die Konfuzius an sich nicht billigen durfte, zu der er sich aber dennoch hingezogen fühlte, weil sie glänzende Fähigkeiten verhieß. Zizhang enttäuschte seinen Lehrer nicht. Er war gescheit und wortgewandt und besaß einem Mitschüler zufolge auch eine »großartige Ausstrahlung«. Ein anderer Mitschüler bemerkte hingegen: »Obwohl es schwer ist, Zizhang nachzueifern, hat er noch nicht seine moralische Fähigkeiten *(ren)* erreicht.« (XIX,15) Die Herausforderung, die Zizhang für Konfuzius bedeutete, lag darin, dessen Begabung zu fließender Rede und Beweglichkeit so zu lenken, daß sie nicht zu bloßer Beredtheit verkam. Ein gutes Beispiel bietet Konfuzius' Antwort auf die Frage seines Schülers, wie man erkenne, ob ein Mann »die Eignung eines Edlen« besitze. Zuerst vergewissert Konfuzius sich, was Zizhang unter der »Eignung eines Edlen« versteht. Seiner Ansicht nach ist das, was Zizhang beschreibt, Glätte und Bereitwilligkeit sowie äußerer Schein. Diese Eigenschaften bewirken nicht die Leichtigkeit, mit der ein Mann von der »Eignung eines Edlen« seine Aufgaben wahrnimmt. Für einen intelligenten Mann wie Zizhang ist es nicht schwierig, die Fähigkeiten eines aalglatten Schmeichlers zu erwerben, aber die Eignung zum Edlen ist etwas ganz anderes. Um diese Kunst zu meistern, sagt Konfuzius, muß ein Mensch an das Prinzip der Gerechtigkeit gebunden sein, er muß sich so sehr danach sehnen, daß er sie in all seinem Tun erstrebt. Zugleich muß er sich bewußt sein, wie andere auf ihn reagieren, damit er sie mit seiner Überzeugung, das Beste für sie zu tun, nicht beleidigt.

Aus den *Gesprächen* erfahren wir, daß Zizhang »sich auf den Gürtel schrieb« (XV,6), was sein Lehrer ihm sagte. Offenbar sollten dessen Worte ihn zügeln, wenn er über die Stränge schlug. Zu seinen Mitschülern gehörte ein gewisser Zixia, der sein Gegner war. Die *Gespräche* deuten an, daß die beiden nicht einer Meinung waren oder zumindest ihren Lehrer unterschiedlich verstanden. Über den Umgang mit Menschen sagte Zixia: »Man sollte sich mit denen anfreunden, deren Charakter annehmbar ist, und sich von jenen fernhalten, deren Charakter es nicht ist.« Zizhang sagte: »Das ist nicht, was ich gehört habe. Der Edle ehrt die Würdigen und ist großzügig gegen die Gemeinen. Er rühmt die Tüchtigen und bemitleidet die, die unfähig sind, gut zu sein. Wenn ich wirklich ein Mann von großem Wert bin, wen würde ich nicht umarmen? Bin ich ein unwürdiger Charakter, werden sich die anderen von mir fernhalten. Wenn dies der Fall ist, wie könnte ich dann sie fernhalten?« (XIX,3)

Beide Männer glaubten wiederzugeben, was ihr Lehrer sie über den Umgang mit Menschen gelehrt hatte. Wie erklärt sich dieser Unterschied? Hatte Konfuzius sich widersprüchlich ausgedrückt, oder hatte einer der beiden Schüler ihn mißverstanden oder seine Äußerung übertrieben dargestellt? Seinen eigenen Worten zufolge scheint Konfuzius beide Positionen zu vertreten. Einmal sagt er: »Habe keine Freunde, die dir nicht gleich sind.« (I,8) Und bei anderer Gelegenheit: »Liebe alle, aber bleibe jenen verbunden, die wahrhaft menschlich sind.« (I,6) Bei der ersten Äußerung denkt Konfuzius ganz pragmatisch an Bildung – nur ein Mensch, der edler und besser ist, kann andere etwas lehren. Im zweiten Beispiel spricht er ganz allgemein von der Jugend, die man dazu erziehen soll, niemanden im Stich zu lassen, sich jedoch moralisch überlegene Freunde zu suchen. Zixia griff sich einen Aspekt heraus und Zizhang den anderen, und Konfuzius konnte je nach Deutung zugleich intolerant und großmütig, pedantisch und sorglos erscheinen.

Konfuzius stellte folgenden Vergleich über seine beiden Schüler an: Zizhang »schießt über das Ziel hinaus«, während Zixia »zurückbleibt«. Zurückbleiben läßt an das Tempo einer Schildkröte oder Schnecke denken. Es kann träge bedeuten oder auf eine sture Entschlossenheit weisen, etwas zu Ende zu bringen. In Zixias Fall war es sicher letzteres, denn er hielt langsames und methodisches Vorgehen für eine Tugend. Andere verspotteten ihn deshalb. Ein Mitschüler äußerte, daß Zixia seine eigenen Schüler nur lehren könne, »[den Boden] zu besprengen und zu fegen«, »Aufrufen zu gehorchen und auf Fragen zu antworten«, und »[bei der Begrüßung von Gästen] vor- und zurückzutreten«, doch seien »dies nur Nebensächlichkeiten«. (XIX,12) Doch Zixia dachte ganz anders darüber. Er sorgte sich nicht darum, ob etwas zu einem größeren Überblick führen oder sich zu tieferen Einsichten zusammenfügen würde. Für ihn war alles, was er lernte, ein Gewinn. Aber nur »ein Mensch, der sich jeden Tag etwas aneignet, das ihm fehlt, und sich nach einem Monat noch daran erinnert, was es war«, kann als gelehrt gelten. (XIX,12) Hier denkt Zixia vielleicht an den Vergleich zwischen dem Abtragen von Erde und dem Lernen, den Konfuzius einmal verwendete hat: »Beim Abtragen von Erde wird ein Fortschritt erzielt, auch wenn ich nur einen Korb abgetragen habe, weil ich hingegangen bin und es getan habe.« (IX,19) Für sich gesehen lädt dieser Vergleich zu einer strengen und begrenzten Auslegung dessen ein, was Konfuzius über das Gute und die Freude am Lernen sagte und warum er selbst dessen nie müde wurde.

Zixias Beschreibung klingt nach Buchwissen. Ihm geht es um Kenntnisse, die man dem Gedächtnis einverleiben kann und »zu einem großen Berg ansammeln kann«. (XIX,6) Seine Sorge war es, das gesammelte Wissen nicht halten zu können; daher entschied er sich für ein Programm und regelmäßige Übung, um sich zu gutem Benehmen und guter akademischer Arbeit zu erziehen. Zixia hob hervor, wie wichtig es sei, auf dem Hauptweg zu bleiben, auch wenn man »ausgebreitete Kenntnisse« erwerben soll: »Auch auf Seitenwegen gibt es sicher viel zu sehen, doch sollte man nicht abschweifen, denn man bleibt womöglich stecken, wenn die Reise zu lang wird.« (XIX,4) Ähnlich beurteilte er das Stellen von Fragen. »Stelle viele Fragen über das, was du nicht verstehst, aber widme dich nur dem, was in deiner Reichweite liegt und deinen Fähigkeiten entspricht.« (XIX,6) Das Studium innerhalb dieser Grenzen läßt wenig Raum für Unerwartetes, für Erkundungsreisen und Phantasie. Es bleibt auch nicht viel Zeit zum Nachdenken über das Gelernte und zum Auswerten. Konfuzius sagte: »Wenn ein Mensch nur lernt, ohne zu denken, gerät er in eine Falle. Wenn er denkt, aber nicht lernt, gerät er in Gefahr.« (II,16) Vielleicht war Zixia nie in Gefahr, in eine »Falle« zu geraten, doch seine Gedanken über das Lernen verrieten die Rastlosigkeit dessen, der zu viel und schwer daran arbeitet. Er sagte: »Handwerker leben in ihren Werkstätten, um ihr Handwerk zu meistern. Der Edle versenkt sich ins Lernen, um seinen Weg zu vervollkommnen.« (XIX,7) In gewisser Weise betrachtete Zixia das Lernen als das Handwerk des Edlen und lebte in einer Werkstatt des Lernens, um seinen Weg zu vervollkommnen. Nur selten verließ er sie, um Luft zu schnappen.

Konfuzius war ganz anders: »Wenn er in Gesellschaft sang oder ihm der Gesang eines Mannes besonders gefiel, so hörte er ihn sich zuerst an, bevor er einstimmte.« (VII,32) Konfuzius lernte ohne die Schwere der Absicht und ohne das Bedürfnis nach Genauigkeit, die seinen Schüler Zixia verzehrten. Hörte er eine schöne Stimme oder die schöne Darbietung einer Melodie oder eines Verses, wollte er sie stets noch einmal hören, um jede Nuance aufzunehmen. Konfuzius hatte vielleicht nicht das Wohl der Welt im Sinn, als er sich an dieser Stimme erfreute. Offenbar hatte sie für ihn einfach etwas Erhebendes.

Das heißt nicht, daß Zixia in seiner Werkstatt des Lernens keine unverhofften Freuden kannte. Wie jeder Gelehrte, der seine Arbeit liebt, hatte er gute Gründe, seine Werkstatt nicht zu verlassen. Konfuzius sagte, daß Zixia »sich in der Kenntnis der literarischen Quellen und in Gelehrsamkeit auszeichnete«. (XI,13) Einigen Historikern galt Zixia später als der Erfinder einer Lesestrategie, die sich insbesondere für knappe und schwerverständliche Texte eignete, und sie stellten ihn als Pionier der exegetischen Tradition im Studium der chinesischen Klassiker anderen Gelehrten voran.[23] Vielleicht überbewerten sie Zixias Bedeutung, doch die Erörterung eines Gedichts in den *Gesprächen* könnte ihnen den Grund für ihre Behauptung geliefert haben.

Zixia fragt Konfuzius:
»Was bedeuten die Zeilen:
›Ihres schelmischen Lächelns Grübchen,
ihre schönen Augen so schwarz und weiß,
klare Farben auf weißem Hintergrund‹?«

---

23 Die frühsten Beispiele für Wort-für-Wort- und Satz-für-Satz-Lesungen finden sich im Gongyang- und im Guliang-Kommentar der *Frühlings- und Herbstannalen* (*Chunqiu*). Gelehrte beider Traditionen – Dai Hong aus der Dynastie der Östlichen Han und Xu Han und Yang Shixun aus der Tang-Dynastie zum Beispiel – bezeichneten Zixia als ihren »ersten Lehrer«. Siehe *Chunqiu Gongyangzhuan zhushu*, S. 1, und *Chunqiu Guliangzhuan*, S. 1.

Konfuzius antwortete: »Beim Malen setzt man die weißen Stellen zuletzt auf.«

»Kommt die Ausübung der Riten auf gleiche Weise am Schluß?«

Konfuzius sagte: »Du hast meine Aufmerksamkeit auf diese Lesart gelenkt. Nur mit dir kann ich über die *Lieder* reden.« (III,8)

Dies war nicht das erste Mal, daß Konfuzius einem Schüler sagte, mit ihm könne er über die *Lieder* reden. (Vgl. I,15) Er machte Zigong das gleiche Kompliment, als dieser einige Zeilen zitierte, die an das anknüpften, was Konfuzius gerade über die Verfeinerung des menschlichen Charakters gesagt hatte. Als er Zixia lobte, hatte Konfuzius vielleicht vergessen, daß er die gleichen Worte schon einmal zu einem anderen Schüler gesagt hatte. Vielleicht wollte er auch sagen: »Nur mit Dir kann ich *so* über die *Lieder* reden.« Oder wollte er das Gespräch einfach beenden? Es scheint nämlich, daß Konfuzius nicht sehr interessiert an der Frage war, die Zixia beschäftigte. Zixia war auf der Suche nach der genauen Lesart von drei Gedichtzeilen. Konfuzius gibt ihm ein paar Hinweise, aber als Zixia die Sache weiterverfolgen will, schneidet Konfuzius ihm mit seinem Lob sozusagen das Wort ab. Es ist ungewöhnlich für Konfuzius, der »sich nach allen Einzelheiten erkundigte« (III,15), daß er nicht mehr über Zixias Vermutungen wissen wollte. Vielleicht interessierte ihn der Ansatz seines Schülers einfach nicht.

Die Verse, aus denen Zixia seine drei Zeilen hatte, preisen die Hochzeit der Tochter des Herzogs von Qi mit dem Herrscher von Wei – die Vereinigung zweier mächtiger Familien zu Beginn der Frühlings- und Herbstzeit. Es ist ein einfaches Lied: Die Braut ist »anmutig und schlank / Brokat trug sie unter einem ungefütterten Mantel.« Sie hat

Hände so weich wie Binsen,
Haut wie Schmalz,
Einen Hals so weiß wie eine Baumlarve,
Zähne wie Melonenkerne,
Eine Stirn fein ziseliert wie bei einer Zikade,

Geschwungene Brauen wie Motten.
Ihres schelmischen Lächelns Grübchen,
ihre schönen Augen so schwarz und weiß.[24]

Als die wunderhübsche Dame in einer Kutsche »beschirmt von Fächern aus Fasanenfedern« bei Hofe eintrifft, befiehlt der Sänger den hohen Beamten von Wei, »sich früh zur Ruhe zu begeben«, und mahnt sie: »Ermüdet nicht unseren Herrn.«

Die Dame selbst tritt für Zixia in den Hintergrund. Ihr Lächeln und ihre schönen Augen sind noch da, aber ihr Zauber und die Verheißung, die sie mit sich trägt, sind verschwunden. Von den »klaren Farben auf weißem Hintergrund« beeindruckt, verwandelt Zixia das Gespräch um ein Gedicht über eine schöne junge Braut in eine Abhandlung über die Ausübung der Riten. Konfuzius fand, die *Lieder* seien »geeignet, den Geist anzuregen, um schärfer zu beobachten; geeignet, um uns besser an eine Gruppe anzupassen, um Groll zu äußern.« (XVII,9) Zu seinem Sohn sagte er: »Wenn du die *Lieder* nicht lernst, wirst du nicht fähig sein zu reden.« (XVI,13) Und »wenn du nicht anwendest, was du aus den Zhounan- und Shaonan-Gedichten aus dem *Buch der Lieder* gelernt hast, bist du, als stündest du mit dem Gesicht gerade vor der Wand.« (XVII,10) Zur Kenntnis des *Buches der Lieder* gehörte es nicht nur, die Gedichte zu kennen oder ein Wort oder eine Zeile theoretisch zu verstehen, damit man sich in einen Exkurs darüber stürzen konnte.[25] Konfuzius lobte seinen Schüler Zigong, weil er mühelos imstande war, einige Zeilen aus einem Gedicht im *Buch der Lieder* zu zitieren und ihren Geist in das Thema ihrer Unterhaltung einfließen zu lassen. Zigong sprach

---

24 *Shijing* (*Buch der Lieder*), Ode 57 (bearbeitet nach Waleys Übersetzung, *The Book of Songs*, S. 48 f.).

25 Von den frühen Kommentaren zum *Buch der Lieder* hatte der Mao-Kommentar den größten Einfluß. Das Werk zeichnet sich durch seine moralistische Deutung aus, und viele Gelehrte assoziierten die Mao-Tradition mit Zixia. Siehe Ban Gu, *Hanshu*, *Yiwenzhi*, Kap. 30, S. 1708 und Legge, *The Chinese Classics*, Bd. 4, *The She King* (*Shijing*), S. 30 f.

mit der Stimme der *Lieder*; seine Beziehung zu ihnen war flexibel (eine bestimmte Gelegenheit regte ihn zu einem Zitat an). Das gleiche läßt sich jedoch nicht von Zixia sagen. Man kann sich vorstellen, daß er sich eine hervorragende Kenntnis des *Buches der Lieder* aneignete oder es als Pädagoge didaktisch zu moralischer Belehrung einsetzte. (Zixia nimmt im Pantheon der Gelehrten, die sich mit dem *Buch der Lieder* beschäftigten, tatsächlich diese geheiligte Position ein.)

Wie beurteilte Konfuzius die beiden Ansätze? Es besteht kein Zweifel daran, daß Konfuzius das Lernen um seiner selbst willen liebte und Schüler, die eine Veranlagung zur Gelehrsamkeit hatten, dazu ermutigte. Dennoch zeigte er auch starken Widerstand gegen ein vom Menschen losgelöstes Wissen. Dies wird besonders gegen Ende seines Lebens deutlich, als er beschloß, nur noch einige wenige begabte Männer zu unterrichten. Und hier ist das Paradox: Gerade, als er bereit war, der Welt der praktischen Probleme den Rücken zu kehren und die Politik für immer aufzugeben, lehrte er seine Überzeugung, daß wahre Bildung sich in geschicktem Verhalten ausdrückt und in der Leichtigkeit und Flüssigkeit, mit der man Wissen in die Tat, Ideale in Politik und Gedichte in die Sprache der eigenen Gedanken umzusetzen vermag, mit größter Inbrunst.

In den letzten Jahren seines Lebens zog Konfuzius sich zurück. Bei seiner starken Abneigung dagegen, das Zentrum der Welt gegen ein friedlicheres Leben an einem ruhigen Ort einzutauschen, muß ihm dies schwergefallen sein. Zu Ran Qiu sagte er einmal: »Gäbe es Regierungsgeschäfte, so würde ich davon hören, auch wenn ich nicht mehr im Dienst bin.« (XIII,14) Konfuzius hatte seine Augen und Ohren stets überall (vgl. II,18), doch seit er nach Lu zurückgekehrt war, hatte er sich von den Ablenkungen ferngehalten, die ihm Krieg und Politik hätten bieten können. Eines Tages fragte ihn Zilu, woran er sein Herz gehängt habe. Konfuzius antwortete: »Den Alten Frieden zu geben, das Vertrauen meiner Freunde zu genießen und die Kleinen zu herzen.« (V,26) Ein anderes Mal fragte Konfuzius Zilu, Ran Qiu, Gongxi Hua und Zeng Dian, wie sie gewisse Dinge regeln würden, wenn sie die Macht dazu hätten.

Zilu gab sogleich eine Antwort: »Wenn ich ein Reich mit tausend Streitwagen zu regieren hätte, das zwischen zwei mächtigen Staaten eingeklemmt, außerdem von ungewollten Kriegen zermürbt und zudem geschwächt durch Hungersnöte wäre, würde es mir in drei Jahren gelingen, dem Volk Mut zu machen und es zu lehren, sein Leben zu ordnen.«

Konfuzius lächelte: »Und Ran Qiu? Was ist mit dir?«

»Wenn ich einen Ort von sechzig oder siebzig *li* im Geviert oder selbst fünfzig oder sechzig *li* im Geviert zu regieren hätte, wäre ich innerhalb von drei Jahren in der Lage, die Bedürfnisse des Volkes zu erfüllen. Was die Pflege der Riten und der Musik angeht, so müßte ich sie den Edelleuten überlassen.«

»Und was sagst du, Gongxi Hua?«

»Ich weiß nicht, ob ich es gut könnte, aber ich bin bereit zu lernen. Ich wäre gern ein niedriger Beamter, der entweder die Rolle eines Gehilfen bei rituellen Angelegenheiten im Ahnentempel versieht, oder ein kleiner Diplomat in schwarzem Gewand und Zeremonialbarett auf einer Versammlung von Feudalfürsten!«

»Und du, Dian?«

Zeng Dian hatte auf der Zither gespielt. Nun ließ er sie verklingen. Die letzte Note schwang noch im Wind, als er sein Instrument beiseite legte, sich erhob. »Was ich gern tun würde«, sagte er, »unterscheidet sich von dem, was wir von diesen dreien gehört haben.«

Konfuzius sagte: »Das schadet nichts. Wir alle erzählen einander, was uns durch den Sinn geht.«

Zeng Dian antwortete: »Ich möchte im Spätfrühling, wenn gerade die leichten Frühlingskleider angefertigt sind, mit sechs oder sieben jungen Männern oder sechs oder sieben Knaben im Fluß Yi baden und die Brise am Altar für das Regengebet genießen und dann singend nach Hause ziehen.«

> Konfuzius seufzte und sprach: »Ich halte es mit Dian.« (XI,26)

In diese Szene kann man viel hineinlesen. Anhänger des Konfuzius aus den verschiedensten Lagern haben das über die Jahre getan. Einige behaupteten, das Gespräch sei von einer rivalisierenden Schule, höchstwahrscheinlich den Daoisten, erfunden und den *Gesprächen* hinzugefügt worden, entweder zum Scherz oder als Beweis, daß sich am Ende sogar Konfuzius zu ihrer Sichtweise bekehrt habe: Er habe Staat, Ahnentempel, Musik und Rituale aufgegeben, um sich ihnen im reinen Wasser anzuschließen. Andere, so der Denker Wang Yangming[26] aus dem 16. Jahrhundert, vermuteten, ein Seelenverwandter habe in einem »spielerischen Augenblick« Konfuzius gezeigt, wie er wirklich war. Wang sagt, »die anderen drei Schüler haben nützliche Begabungen«, allein Zeng Dian »war Herr seiner selbst, ganz gleich, wo er sich befand«, sei es »inmitten der Barbaren« oder »in einer Notlage«. Wangs Deutung stimmt mit dem überein, was wir (mit Zilu) über Konfuzius' geheimes Ich erfahren haben, darüber, was er sich am meisten wünschte und was ihn glücklich machte. Doch wenn wir uns auf diese Sichtweise einlassen, können wir nicht erklären, warum Konfuzius so lange und so hartnäckig nach einem politischen Amt strebte, in dem er seine Ambitionen verwirklichen konnte. Rückzug und Ruhe kamen erst spät in seinem Leben und bedeuteten auch keine Kapitulation, auch wenn Lu in größeren Schwierigkeiten steckte als zuvor und selbst die Musikanten fortzogen. In den *Gesprächen* wird berichtet: »Zhi, der große Musiker, ging nach Qi. Gan, der Leiter der Musik beim zweiten Gang des Banketts, zog nach Chu. Liao, der Leiter der Musik beim dritten Gang, zog nach Cai. Jue, der Leiter der Musik beim vierten Gang, zog nach Qin. Fang Shu, der Paukenmeister, zog hinunter zum Gelben Fluß. Wu, der Meister der Handtrommel, ging hinunter zum Hanfluß. Yang, der Gehilfe des Großen Musikmeisters, und Hsiang, der den Klangstein spielte, gingen hinunter zum Meer.« (XVIII,9)

---

26 Siehe *Wang Yangming quanshu*, Kap. 30, S. 12.

Die Musiker flohen, manche sogar bis ans Meer, weil die Ordnung, die auf der Macht der Riten und der Musik beruht hatte, zusammengebrochen war. Konfuzius schloß sich diesem Auszug jedoch nicht an. Er fand Frieden in seiner Heimat, obwohl er dort inzwischen einsamer war als je zuvor. Um diese Zeit starb sein einziger Sohn. Yan Hui und Zilu folgten ihm bald nach. Eigentlich hätte Konfuzius sehr niedergeschlagen sein müssen. Doch so war es nicht. Er ging noch immer in seinem eigenen Rhythmus seinen eigenen Weg, und wer aufmerksam hinsieht, erkennt, daß sein Gang so beschwingt war wie nie. Es mochte auch daran liegen, daß er viel mit jungen Leuten zusammen war. Vor allem jedoch hatte Konfuzius größere Kenntnis über sich selbst erlangt.

6
DIE LEHRE

Konfuzius wurde es nie müde zu lehren. Dennoch beunruhigte es ihn, wenn dies als seine Berufung gesehen wurde. Er mochte Lehrer, doch die meisten von ihnen waren Bogenschützen, Musikanten oder Klangstein-Spieler – Männer, deren Leben nicht von ihrer Kunst zu trennen waren. Konfuzius empfand große Achtung vor ihnen. Er erklärte nicht, warum, aber sein Verhalten in ihrer Gegenwart ist sehr aufschlußreich. Eines Tages besuchte ihn der blinde Musiker Mian.

> Als er an die Stufen kam, sagte Konfuzius: »Hier sind die Stufen.« Als er an den Matten ankam, sagte Konfuzius: »Hier sind die Matten.« Als alle saßen, teilte ihm Konfuzius mit: »Der und der ist hier, der und der ist da.«
> Nachdem Mian gegangen war, fragte Zizhang: »Ist das die Art, wie man mit einem [Musik-]Lehrer zu reden hat, einem *shi*?« Konfuzius erwiderte: »Das ist die Art, einem [Musik-]Lehrer behilflich zu sein.« (XV,42)

Kein Handwerker hätte sich jemals angemaßt, sich als Lehrer, als *shi*, zu bezeichnen, ehe jemand ihn gebeten hatte, ihn seine Kunst zu lehren. Ein Lehrer war ein Meister. Er mußte in etwas bewandert sein – Musik, Trommeln, Bogenschießen, Wagenlenken. Diese Auffassung teilte Konfuzius mit seinen Zeitgenossen. Man hätte jeden, der sich als Lehrer anpries, ohne über eine bestimmte Fähigkeit zu gebieten, mit Argwohn betrachtet. Auch aus diesem Grund nahm Konfuzius den Titel Lehrer erst im fortgeschrittenen Alter an, nachdem man in Lu beschlossen hatte, nach ihm zu schicken, weil sein Wissen der Regierung von Nutzen sein konnte.

Auch wenn Konfuzius bei seiner Rückkehr nach Lu noch immer nicht behaupten konnte, die Kunst des Regierens gemeistert zu haben, wiesen ihn die politischen Erfolge von Zigong und Ran Qiu als Mann aus, der anderen nützliche Fähigkeiten vermitteln konnte. So erlangte er den Ruf, ein Meister in der Kunst des Unterrichtens zu sein, obwohl dies nie seine Absicht gewesen war. Auch hatte er nie versucht, junge Männer um sich zu scharen, um sie zu beeinflussen. Die wenigen, die ihm ins Exil gefolgt waren, hatten es auf eigene Veranlassung in dem Wissen getan, daß er für sich eigentlich keine Perspektive sah. Was sie in den Jahren der Wanderschaft lernten, hätten sie nicht in Vorlesungen oder einem offiziellen Unterricht lernen können. Wahrscheinlich wäre es ihnen schwergefallen, ihre Ausbildung mit Worten zu beschreiben, aber das Zusammensein mit Konfuzius hatte sie verändert. Sie waren besser auf den Staatsdienst und sämtliche damit verbundenen politischen Turbulenzen vorbereitet, und was noch wichtiger war: Sie hatten Einsicht und Scharfblick erlangt. Das war es, was Konfuzius wollte. Seine jüngeren Gefährten sollten über mehr Kraft, Schnelligkeit und Besonnenheit verfügen als vor ihrer gemeinsamen Wanderschaft. Er wurde nie müde, aufzuklären und zu erleuchten *(mingxiao)*. Dennoch glaubte er nicht, daß er dies zu einem Beruf machen konnte oder sollte. Die Ironie liegt darin, daß er in den Augen anderer genau das tat, was er selbst nicht für möglich oder passend hielt: Er wurde Lehrer.

Er selbst empfand sich stets als Lernenden: »Auch wenn ich in Gesellschaft zweier Männer gehe, finde ich [in ihnen] sicher meine Lehrer. Ich eifere ihren guten Seiten nach; ihre schlechten Seiten versuche ich an mir selbst zu verbessern.« (VII,22) Auf die Frage, bei wem Konfuzius gelernt habe, antwortete er, es gebe wohl niemanden, von dem er nicht lerne.

»›Der Weg der Könige Wen und Wu ist nicht vergessen worden. Er wohnt allen Menschen inne‹, erklärte Zigong. ›Der Überlegene nimmt das auf, was bedeutender ist. Der weniger Würdige nimmt das auf, was weniger bedeutend ist. Also von wem würde Konfuzius nicht lernen? Und überhaupt, wie könnte es einen einzelnen bestimmten Lehrer für ihn geben?‹« (XIX,22)

Ebenso wie Konfuzius keine einzelne Person als ständigen

Lehrer anerkannte, wollte er nicht, daß andere ihn zu dieser Position erhoben, ganz gleich, wie ernsthaft sie ihn darum baten oder wie geschmeichelt er sich von ihren Bitten fühlte. Er war zudem der Ansicht, ein Lehrer könne nur auf eine Ecke eines Quadrats hinweisen, alles übrige hing von den Schülern ab: »Wenn ich einem Schüler eine Ecke zeige, und er kann es nicht auf die drei anderen übertragen, werde ich nicht wiederholen, was ich getan habe.« (VII,8) Für Konfuzius hängt die Ausbildung von dem Menschen ab, der lernen will. Ein Lehrer kann nicht für ihn lernen. Ein Mensch muß selbst so stark nach Wissen streben, daß er sich auf die Suche nach einem Lehrer macht. Er muß erkennen, daß er durch erlernte Fähigkeiten und Kenntnisse zu einem Selbstverständnis gelangt. Konfuzius sagte zwar: »Von denen, die ein Päckchen Dörrfleisch [als Geschenk] brachten, habe ich noch nie einen von meiner Belehrung *(hui)* ausgeschlossen.« (VII,7) Aber die jungen Männer, die um seine Unterweisung baten, ohne daß sie einen inbrünstigen Drang zum Lernen empfanden, konnten Konfuzius nicht für sich gewinnen. Er sagt, daß er diesen Schülern keine »Nachhilfe« und keinen »Anstoß« gab, falls sie scheiterten. Wenn sie »die Verzweiflung beim Versuch, eine schwierige Frage zu lösen« oder das »Ringen um den richtigen Ausdruck einer Idee« nicht kannten (VII,8), waren sie keine echten Sucher.

Aus dieser Voreingenommenheit erklärt sich Konfuzius' anfänglicher Argwohn gegenüber Yan Hui und warum er später, als er ihn besser kannte, wußte, daß er nie wieder einen Schüler haben würde, der das Lernen so sehr liebte wie Yan Hui.[1] Yan Hui nahm alles an, was Konfuzius ihm beibrachte, bewies aber bei näherem Hinsehen, daß er sein Studium als persönliche Angelegenheit verstand – daß es, ganz gleich, wie geschickt sein Lehrer ihn voranbrachte oder mitzog, sein eigener Weg war. Er war allein.

Konfuzius ging noch weiter. Er erklärte seinen besten Schülern nicht nur, daß sie allein stünden, sondern daß sie un-

1 Yan Hui als Schüler: *Lunyu* XI,4; II,9; IX,20; XI,7; IX,11.

ter gewissen Umständen unnachgiebig sein mußten, auch auf die Gefahr hin, ihm zu widersprechen. Er fand dies völlig statthaft: »Wenn es um [die Grundprinzipien] der Menschlichkeit geht, darf man nicht einmal dem Lehrer nachgeben.« (XV,36)

Diese Aussage hatte ernsthafte Auswirkungen. Dong Zhongshu, ein Gelehrter aus der Han-Dynastie, wendete diesen Satz ins Politische, als er gefragt wurde, warum in den *Frühlings- und Herbstannalen* – deren moralische Autorität in der konfuzianischen Überlieferung unumstritten war – ein Befehlshaber gelobt wird, der die Befehle seines Herrschers mißachtet und eine Sache in die eigenen Hände genommen hatte. Warum galt dies nicht als »Akt der Autoritätsanmaßung«?

Das Ereignis war in der Geschichte der Frühlings- und Herbstzeit wohlbekannt: Der Herrscher von Chu schickte seinen Befehlshaber nach Song, um Auskunft über einen Ort zu erhalten, den seine Armee belagerte. Er wollte erfahren, ob die Einwohner über genügend Durchhaltevermögen verfügten, um ihre Stadt zu halten, da seinen eigenen Männern allmählich die Kraft und der Proviant ausgingen. Als der General in Song ankam, erkannte er, daß das Volk in seiner verzweifelten Lage gezwungen war, »Kinder zu tauschen«, um zumindest nicht die eigenen Kinder verzehren zu müssen. Der Anblick entsetzte ihn derart, daß er beschloß, den Song zur Hilfe zu kommen. Bei seiner Rückkehr teilte er seinem Fürsten mit, er habe dem Feind die Wahrheit gesagt: Auch die Streitkräfte von Chu hätten ihre Vorräte aufgebraucht. Damit blieb dem Herrscher keine andere Wahl, als die Belagerung abzubrechen.

Der Fürst von Chu bestrafte seinen General nicht, denn er war unentbehrlich für ihn. Doch warum sollten die Historiker Nachsicht mit einem Mann üben, der den Befehlen seines Herrschers zuwidergehandelt und sich auf die Seite des Feindes gestellt hatte? Auf diese Frage erwiderte der Gelehrte Dong Zongshu: »Weil der [Befehlshaber] ein Herz hatte, daß den Anblick menschlichen Leids nicht ertragen konnte. Dieser Mann konnte ein ganzes Land voller Menschen nicht einfach hungern lassen, so daß sie gezwungen waren, sich gegenseitig zu essen.« Wenn es um das Prinzip der Menschlichkeit ging, so fand Dong, war es gestattet, »bestimmte Grundsätze der rituellen Ordnung zu übertreten«. Er sagte: »Wer für Güte eintritt, bemüht sich um Mitgefühl mit so vielen Menschen wie möglich. Wer menschlich ist, wird von dem geleitet, was natürlich ist. [General] Zifan folgte dem Befehl seines Herzens, da ihn großes Mitleid mit den Bewohnern von Song ergriffen hatte. Deshalb zog er die Möglichkeit, daß andere sein Tun als Anmaßung sehen könnten, nicht in Betracht.« Um seine Verteidigung des Zifan zu untermauern, zitierte Dong Konfuzius: »Wenn es um [die Grundprinzipien] der Menschlichkeit geht, darf man nicht einmal dem Lehrer nachgeben.« (XV,36)[2]

Hier wird deutlich, wie gefährlich Konfuzius' Aussagen sein konnten, besonders wenn man sie aus dem Zusammenhang nahm und einseitig zitierte. Ein oberflächlicher Leser könnte zu der Idee verleitet werden, das Herz sei die höchste moralische Instanz. Diese Ansicht vertrat jedoch weder Konfuzius noch Dong. Dong war ein inbrünstiger Befürworter des Kaisertums und der Staatsmacht. Er war bestimmt kein Aufrührer und durch die extremen Bedingungen in diesem Beispiel über jeden Zweifel erhaben. Wer, der um das Grauen in Song wußte, hätte seiner Armee gestattet, noch mehr Leid anzurichten, nur um sich nicht dem Befehl seines Herrschers zu widersetzen? Ein solcher Mann wäre nicht als menschlich zu bezeichnen.

Konfuzius war skeptischer, was das Herz anbelangt. Er warnte davor, ihm die Antwort auf moralische Fragen zu über-

---

2 Siehe Dong Zhongshu, *Chunqiu fanlu yizheng*, Kap. 3, »Zhulin« (»Bambuswald«), S. 51-55. Die ursprüngliche Geschichte von Zifan, dem Militärbefehlshaber von Chu, erscheint in der *Überlieferung des Zuo* (*Chunqiu Zuozhuan zhu*, Herzog Xuan, 15. Jahr, S. 760ff.). Als Gongyang-Gelehrter folgte Dong Zongshu in seiner Nacherzählung der Version aus dem Gongyang-Kommentar zu den *Frühlings- und Herbstannalen*. Vgl. *Chunqiu Gongyangzhuan zhushu*, Herzog Xuan, 15. Jahr.

lassen, denn er wußte, daß Herz und besseres Wissen häufig um die Herrschaft wetteifern. Zu Zizhang sagte er einmal: »Wer von bis auf die Haut durchsickernden Verleumdungen und Klagen nicht zu unmittelbarer Reaktion getrieben wird, von dem kann man sagen, er besitzt geistige Klarheit.« (XII,6) Geistige Klarheit, so hoffte Konfuzius, würden seine Schüler in Augenblicken walten lassen, die ihre Herzen erschütterten. Der beste Schüler war einer, der seinem Lehrer kraft seines eigenen Urteils widersprechen konnte, wenn er anderer Ansicht war. Es ist der ausdrückliche Wunsch eines guten Lehrers, daß sein Schüler sich von ihm löst, wenn er ihm nichts mehr beibringen kann. Konfuzius akzeptierte dieses Paradox, beschrieb es doch auf einfache Art seine Vorstellung vom Lehren.

Sooft Konfuzius in der ersten Person vom Unterrichten sprach – »Ich lehre, ohne zu ermüden« – benutzte er das Wort *hui*. Er hätte auch *xun* verwenden können. Beides bedeutet »lehren«. Ein Wörterbuch aus dem ersten Jahrhundert definiert *hui* und *xun* auf folgende Weise: *hui* heißt »lehren, indem man Licht in einen Sachverhalt bringt« oder »Licht auf etwas wirft« *(xiaojiao)*; *xun* heißt »lehren, indem man Lehrstunde oder einen Vortrag hält« *(shuojiao)*. Da das Wort *xun* in den *Gesprächen* nicht auftritt, könnte es sein, daß Konfuzius langen Abhandlungen oder Vorlesungen vor Publikum abgeneigt war. Neben *hui* und *xun* existiert noch *jiao*, ein allgemeineres Wort für »lehren«. Das gleiche Wörterbuch erklärt *jiao* mit »unterweisen«, aber nur in dem Sinne, daß ein Untergebener dem Beispiel eines ihm Vorangestellten nacheifert.[3] Konfuzius verwendet es entsprechend: »Nachdem ein guter Herrscher sein Volk sieben Jahre lang unterwiesen hat, mag er es im Krieg einsetzen.« (XIII,29) »Ein Volk in den Krieg zu schicken, ohne es vorher zu unterweisen, ist nicht anderes, als es dem Untergang zu weihen.« (XIII,30) »Einen Mann hinzurichten, ohne ihn zu unterweisen [wie er sich läutern kann],

3 Zu *hui*, *xun* und *jiao* siehe Xu Shen, *Shuowen jiezi*, Kap. 3A, 10a; Kap. 3B, 41a (S. 91, 128).

ist grausam.« (XX,2) Als Staatsrat Jikangzi sich bei ihm erkundigte, wie dem Volk von Lu die Tugenden der Ehrfurcht und der größtmöglichen Bemühung am besten vor Augen zu führen seien, antwortete Konfuzius: »Die Guten erhöhen – und zu Vorbildern machen – und die Unfähigen unterweisen *(jiao)*, so werden sie einander anspornen.« (II,20)[4] *Jiao* beschreibt also ein ungleiches Verhältnis, in dem der eine gewährt und der andere empfängt. Der Unterweisende wäre kein Lehrer im Sinne Konfuzius' gewesen. Er fand seine Lehrer selbst, wenn er in der Gesellschaft zweier Männer ging.

Konfuzius legte keinen Wert darauf, daß man ihm einen Lehrer zuteilte. An Unterweisungen, um die er nicht gebeten hatte, war er ebenfalls nicht interessiert. Diese Art der Ausbildung mochte gut für die breite Masse sein, doch er zog es vor, selbst herauszufinden, wer ein passender Lehrer für ihn war und wer nicht. Er hatte eine hohe Meinung von sich. Doch wenn andere ihn um Anleitung baten, sagte er, mehr als etwas Licht in eine dunkle Ecke bringen *(hui)* könne er nicht tun: Ob eine Person Nutzen aus dem Licht zog oder nicht, lag bei ihr.

Dennoch sagte Konfuzius zu Zilu: »Hast du verstanden, was ich dich lehren wollte? Zu sagen, man weiß, wenn man es wirklich weiß, und zu sagen, man weiß es nicht, wenn man es nicht weiß, ist wahres Wissen.« (II,17) Was genau sollte Zilu verstanden haben? Nur wenige Chinesen haben diese Frage gestellt, auch wenn diese Stelle oft zitiert wird. War es der Unterschied zwischen Aufrichtigkeit und Betrug? Hatte Konfuzius Zilu in Verdacht, bezüglich dessen, was er wußte und nicht wußte, nicht ganz ehrlich zu sein? Wollte er ihn ermahnen, sich zu bessern? Andererseits kann ein Mensch, auch wenn er sein Wissen aufrichtig beurteilt, nie sicher sein, daß er sich über das, was er zu wissen meint, nicht im Irrtum befindet.

Gewißheit ist in diesem Punkt schwer zu erlangen und noch schwerer zu verteidigen, denn auch was wahr erscheint,

4 Konfuzius über den Gebrauch von *jiao*: *Lunyu* XIII,29; XIII,30; XX,2.

kann sich später als falsch erweisen. Konfuzius selbst verabscheute es, »wenn Purpur den Platz von Zinnober besetzte« und »die Lieder von Zheng die elegante klassische Musik« verdarben und »die Glattzüngigen Chaos im Staat« anrichteten. (XVII,18) Durch ihre Ähnlichkeit mit dem Echten können Purpur, die Lieder von Zheng und die Glattzüngigen über ihre Unechtheit hinwegtäuschen. Aber wie konnte Konfuzius, der die Schwierigkeit kannte, eines vom anderen zu unterscheiden, dies von einem Menschen wie Zilu erwarten, der nicht gerade scharfsinnig war? Und wenn er die Folgen der Verwechslung des Unechten mit dem Authentischen so fürchtete, warum wollte er als Lehrer dann nicht mehr tun, als »etwas Licht« in einen dämmrigen Winkel des Schädels seines Schülers zu bringen? War Konfuzius übermäßig bescheiden, was seine Fähigkeiten als Lehrer anging? Er sagte, er könne nur auf eine Ecke eines Quadrats hinweisen, aber brauchte man denn Jahre, um sich nur mit dieser einen Ecke zu beschäftigen? Wie äußerten sich seine Schüler zu ihrem Unterricht? Gab es einen Lehrplan, ein Programm? Konnten sie das, was sie von ihm gelernt hatten, in Worte fassen? Und konnten sie später eigene Schüler »erhellen«?

Einem seiner Schüler fiel auf, daß Konfuzius vier Gegenstände unterrichtete: 1. Literatur und Kultur, 2. Betragen, 3. Gewissenhaftigkeit und 4. Vertrauenswürdigkeit. (VII,25) Yan Hui berichtet, daß Konfuzius sich bemühte, das Verständnis seiner Schüler von »Literatur und Kultur« zu erweitern und ihn »durch die Riten« zu zügeln, ehe er ihn seiner eigenen Suche überließ. (IX,10) Konfuzius' Sohn Bo Yu erzählt, daß sein Vater ihn nichts »Außergewöhnliches« lehrte, auch wenn andere dies vermuteten, da Bo Yu sein einziger Sohn war. Bo Yu erinnert sich an zwei Anlässe, bei denen sein Vater seine Ausbildung erwähnte: »Eines Tages stand mein Vater allein da. Als ich mit raschen Schritten durch den Hof eilte, sprach er: ›Hast du die *Lieder* gelernt?‹ ⟨...⟩ An einem anderen Tag stand mein Vater wieder allein da. Als ich mit raschen Schritten durch den Hof eilte, sprach er: ›Hast du die Riten gelernt?‹« (XVI,13)

Konfuzius erklärte, er sei ein Vermittler, kein Neuerer. Er

liebe »das Altertum« und vertraue darauf. (VII,1) Seine Schüler und sein Sohn bestätigen dies und stimmen darin überein, daß er als Kultur und rituelle Praxis das Wissen der Vergangenheit vermittle. Doch wie konnte Konfuzius sicher sein, daß dieses gesammelte Wissen seine Schüler nicht überforderte, verwirrte und behinderte, statt sie, wie er es hoffte, anzuspornen? »Wenn ein Mensch nur lernt, ohne zu denken, gerät er in eine Falle. Wenn er denkt, aber nicht lernt, gerät er in Gefahr« (II,16), hatte er gesagt. Demnach gab auch er sein Wissen nicht pauschal weiter, sondern filterte es durch seine Gedanken. Als Yan Hui ihn fragte, wie man einen Staat regiere, sagte Konfuzius: »Man folge dem Kalender der Xia-Dynastie, fahre im Staatswagen der Shang, trage die Kopfbedeckung der Zhou, und was die Musik anbelangt, so nehme man die von *shao* und *wu*. Man verbanne die Musik von Zheng und meide glattzüngige Menschen, denn sie sind gefährlich.« (XV,11) Die richtigen Kalender, Kutschen und Kopfbedekkungen waren nicht nur Korrektive für ungebildete Banausen. Sie vermochten die Regierung und den Staat zu verankern. Rituelle Gegenstände hatten, wenn es die richtigen waren, große Macht. Und nur die richtigen, fand Konfuzius, konnten den Anfechtungen der Zeit standhalten. Seine Vorliebe für den Xia-Kalender, die Shang-Kutsche und die Kopfbedeckung der Zhou war daher nicht willkürlich: Wie die Männer, die diese drei Dynastien »auf dem rechten Wege« hielten, waren auch ihre Gegenstände »erprobt« (XV,25).[5]

Zu diesen Gegenständen zählte Konfuzius auch die Musik. Ihr Einfluß konnte eine Dynastie ebenfalls »auf dem rechten Weg« halten. Sie ist ihm beinahe ebenso wichtig wie der Mensch, dem er stets seine genaueste Beobachtung schenkte. Über die Freundschaft äußerte Konfuzius beispielsweise: »Es gibt dreierlei Freunde, die von Nutzen sind, und dreierlei Freunde, die zum Übel gereichen. Von Nutzen sind aufrich-

5 In diesem Abschnitt sagt Konfuzius, daß er nie jemanden willkürlich gelobt oder verurteilt habe – wenn er jemanden gelobt habe, so habe er diesen gewiß zuvor »erprobt«.

tige und beständige Freunde, Freunde, die großmütig und versöhnlich sind. Zum Übel gereichen Freunde, die voreingenommen sind, Freunde, die zu fügsam sind, und solche, die zur Glattzüngigkeit neigen.« (XVI,4)

Konfuzius wußte, wie leicht es ist, eine voreingenommene Person für aufgeschlossen und einen allzu Beflissenen für anteilnehmend zu halten. Dies kam hin und wieder sogar vor, wenn man jemanden so gut zu kennen glaubte, um in ihm einen Freund zu sehen. Dennoch gab es für ihn einen Weg, aufrichtige und unaufrichtige Menschen zu unterscheiden. Beide Typen können fest oder flexibel sein, doch trifft der eine sein Urteil verantwortungsvoll, während der andere nur wankelmütig ist. Der eine bedient sich seiner Bildung und Klugheit, um das Richtige herauszufinden, während der andere nur aus Berechnung handelt. Konfuzius nannte den einen den »Edlen« und den anderen den »Gemeinen«.

> Ein Edler schätzt wahre Freundschaft; er wird nie versuchen, jemanden zu überreden, sich einer Partei oder einer Clique anzuschließen. Der Gemeine versucht andere als Mitstreiter zu gewinnen; ihm geht es nicht um die Freundschaft. (II,15)
>
> Ein Edler ist friedfertig, ohne ein Echo zu sein. Der Gemeine ist ein Echo, aber nicht friedfertig. (XIII,23)
>
> Der Edle ist leicht zu bedienen, aber schwierig zu erfreuen. Sucht man ihn zu erfreuen, weicht dabei aber vom rechten Weg ab, so freut er sich nicht, aber wenn er die Dienste anderer in Anspruch nimmt, berücksichtigt er die Grenzen ihrer Fähigkeiten. Der Gemeine ist schwer zu bedienen, aber leicht zu erfreuen. Sucht man ihn zu erfreuen, wenn auch nicht auf dem rechten Weg, so freut er sich dennoch, aber wenn er die Dienste anderer in Anspruch nimmt, verlangt er umfassende Vollkommenheit. (XIII,25)[6]

Gemeine geraten leicht unter den Einfluß raffinierter Menschen, da sie anfällig für Schmeicheleien sind. Sie selbst sind häufig auch hintersinnig, denn sie sind »bewandert im Profit«

---

6 Bearbeitet nach der Übersetzung von Lau.

(IV,16), wie Konfuzius bemerkt, und erwarten sich Vorteile, wenn sie andere begünstigen. So verwundert es nicht, daß Konfuzius die Musik von Zheng mit der Glattzüngigkeit mancher Menschen vergleicht. Beide bringen Töne hervor, die unmittelbares Vergnügen bereiten. Doch ein Mann mit einer glatten Zunge hat nur sein eigenes Interesse im Sinn und ist daher gefährlich. In seinem Gespräch mit Yan Hui deutet Konfuzius an, daß diese Musik einen Staat ruinieren könne. Übertrieb er ihren negativen Einfluß? Die Musik von Zheng galt ihm als ausschweifend. (XV,11)[7] Frühe Quellen berichten, daß die Männer und Frauen von Zheng sich gern am Flußufer versammelten und Lieder sangen, »um das Feuer ihrer Sinne zu schüren«, und daß diese Lieder »die Sinne erfreuten« und »das geschickte Zupfen« der Instrumente »ihr Verlangen erregte«. Konfuzius mißbilligte diese Lieder, weil sie lüstern waren, und nicht, weil sie von Liebe handelten. Sein Lieblingslied aus dem *Buch der Lieder* – »Der Fischadler« – erzählt sogar von der Werbung eines Prinzen um eine »liebliche Frau«.

Mal länger, mal kürzer wächst die Seemalve,
Zu beiden Seiten pflücken wir sie;
Lieblich ist diese edle Frau,
Wachend und schlafend sehnte er sich nach ihr.

Er sehnte sich nach ihr und konnte sie nicht erlangen,
Dachte an sie Tag und Nacht.
In quälender Sehnsucht wälzte er sich hin und her.

Das im Lied des Fischadlers beschriebene Verlangen war sicher nicht weniger verzehrend als das in den Liedern von Zheng besungene. Doch der verliebte Prinz aus dem *Buch der Lieder* stellt seine Gefühle für die Geliebte nicht einfach nur zur Schau. Er bedient sich der Hilfe der Männer und Frauen seiner Gemeinschaft, und sie musizieren gemeinsam, um das Herz des Mädchens zu erweichen und zu erfreuen.

---

7 Siehe den Kommentar in *Lunyu zhengyi* zu XV,11.

Mal länger, mal kürzer wächst die Seemalve,
Zu beiden Seiten pflücken wir sie;
Lieblich ist diese edle Frau,
Mit Zithern und Lauten empfangen wir sie.

Mal länger, mal kürzer wächst die Seemalve,
Zu beiden Seiten pflücken wir sie;
Lieblich ist diese edle Frau,
Glocken und Pauken erfreuen sie.[8]

Über den Ton und den Ausdruck dieser Verse sagte Konfuzius: »Das Lied ist voll Freude, ohne ausgelassen zu sein, es ist sehnsüchtig, ohne das Herz zu verwunden.« (III,20)

Am besten gefiel Konfuzius eine alte Form der musikalischen Darbietung, die als *shao* bezeichnet wird und bereits aus der Zeit des Kaisers Shun stammte. Menzius erzählt die Geschichte der Thronbesteigung Shuns[9] – von Kaiser Yaos Entscheidung, zugunsten eines Mannes abzudanken, der »in den tiefen Bergen lebte«, dessen Tugendliebe jedoch wie ein reißender Sturzbach war. Diese Klänge schürten kein Verlangen, waren nicht leidenschaftlich. Doch die Götter und Geister fühlten sich ebenso zu ihr hingezogen wie Vögel und Tiere – alle unterwarfen sich ihrer Macht. Das *Buch der Urkunden* schilderte eine solche Darbietung in Anwesenheit Kaiser Shuns: »Als die neun Sätze beendet waren, schwebten männliche und weibliche Phönixe in Paaren von ihren Bäumen in den Bergen [zum Hof] herab.«[10] Konfuzius hörte diese Musik zu ersten Mal bei seinem Aufenthalt im Staat Qi und sagte über dieses Erlebnis: »Ich hätte nie gedacht, daß die Freuden

8 *Shijing*, 1. Lied, »Der Fischadler«, Übersetzung nach Helwig Schmidt-Glintzer, *Geschichte der chinesischen Literatur*, Bern 1990, S. 28.

9 *Menzius*, Buch 7A, Abschnitt 16.

10 *Shangshu jinguwen zushu*, S. 130. Eine vollständige Beschreibung dieser Darbietung findet sich in *Shangshu jinguwen (Buch der Urkunden)*, »Gaoyaomo«, (»Rat des Gao Yao«), Teil 3, S. 123-133.

der Musik solche Höhen erreichen könnten.« (VII,14) Vor diesem Vergnügen verblaßte alles andere. »Drei Monate lang«, so erfahren wir, »vergaß Konfuzius den Geschmack des Fleisches.« Einige sagten, es sei der Hofmusikmeister gewesen, der die *shao*-Musik für ihn gespielt habe.

Über Konfuzius' Vorliebe für diese Musik gibt es noch einen anderen Bericht: »Als Konfuzius am äußeren Tor der Hauptstadt von Qi ankam, begegnete er einem Jungen. Der Junge schlug auf eine *hu*-Flasche [und sang]. Eine Weile reisten die beiden zusammen. Das Kind verfügte über scharfe Augen, ein unfehlbares Herz und richtiges Benehmen. Konfuzius sagte zu seinem Fahrer: ›Beeil dich, [verliere den Jungen nicht aus den Augen]! Er hat gerade die *shao*-Musik gespielt.‹«[11]

Natürlich würden wir die zweite Geschichte gerne glauben. Es wäre hübsch, wenn Konfuzius vom Gesang eines Kindes statt vom Spiel eines Hofmusikers in den Bann dieser Musik gezogen worden wäre. Doch unser Bild von Konfuzius legt nahe, daß spontanes Gefallen nicht seiner Vorstellung von Vollkommenheit entsprach. Schönheit hatte für ihn etwas mit menschlichem Bemühen zu tun. Sie gab der Schönheit erst Gewicht. Und wenn er von der Musik entzückt und getröstet schien, lag es nicht daran, daß sie eine tiefe Sehnsucht in ihm erfüllte, sondern eine friedliche politische Ordnung verkörperte. So fühlte er sich auch bemüßigt, sogar sehr altertümlichen Musikformen eine Rangfolge zu geben: »Konfuzius sagte von der *shao*-Musik, daß sie sowohl vollkommene Schönheit und Güte erreiche, und von der *wu*-Musik, daß sie vollkommene Schönheit erreiche, aber nicht so vollkommen gut sei.« (III,25)[12]

Wu war die Musik des Königs Wu. Sie preist die Taten dieses Herrschers, die heldenmütig und ruhmreich waren, aber dennoch nicht »vollkommen gut«, weil König Wu die Welt erst erobern mußte, ehe er Ordnung schaffen konnte. Kaiser Shun hingegen mußte nie eine Waffe schwingen oder auch nur eine

11 Liu Xiang, *Shuo Yuan jiaozheng*, 19, 33, S. 499.
12 Übersetzung nach Lau, S. 71.

einzige Armee aufstellen. Sein Aufstieg zur Macht war friedlich: Er gewann die Welt durch die Kraft seiner Lauterkeit, und die Schönheit seiner Musik besaß daher einen sittlichen Klang.

Musik war für Konfuzius die Krone der Kultur und ihre beste Metapher. Wenn er über Musik sprach, dann konzentrierte er sich auf die unterschiedlichen Elemente in einem Muster *(wen)*, das einen Satz, den Übergang zwischen zwei Sätzen und den Fluß definiert, das das gemeinsame Bemühen um Einklang transzendiert. Dem Musikmeister von Lu erklärte er: »Wir wissen, wie ein Musikstück ausgeführt werden muß. Es beginnt damit, daß man im Einklang spielt. Und wenn es in vollstem Schwange ist, ist [der Klang] rein und harmonisch, [die Noten] sind hell und deutlich und die Übergänge fließend, bis die Musik ihr Ende erreicht.« (III,23)

Menzius führte diese Vorstellung weiter. Er schlug vor, Konfuzius' Leistungen als großartiges symphonisches Ereignis zu betrachten. Er begann mit dem Hinweis, daß auch andere Männer zu bemerkenswerten Taten fähig seien – die äußerst gewissenhaften zum Beispiel und die politisch verantwortungsvollen. Die Gewissenhaften trachteten stets danach, sich makellos rein zu erhalten und »nur dann ein Amt zu übernehmen, wenn Ordnung herrschte«, während die Verantwortungsvollen dem Dienst an der Gemeinschaft verpflichtet waren und daher »Ämter übernahmen, ob Ordnung herrschte oder nicht«. Ungeachtet ihrer Verdienste fehlte Menzius zufolge beiden etwas: Der Pedant weigerte sich, politische Verantwortung zu tragen, wenn die Person, der er dienen soll, und das Volk, das regiert werden sollte, nicht die richtigen waren.[13] Der Anspruchslose konnte dagegen nur schwer seine Würde wahren, da er bereit war, unter allen Bedingungen, selbst für Männer mit angeschlagenem Ruf, zu arbeiten. Menzius fand, nur Konfuzius habe die Fähigkeit besessen, vorzutreten oder sich zurückzuziehen, zu dienen oder nicht zu dienen, »ganz wie es die Umstände verlangten«, weil er stets zur

13 Siehe *Menzius*, Buch 2A, Abschnitt 9 und 5B, 1.

rechten Zeit handelte. Daher verfügte sein Handeln über eine »innere Ordnung« und glich einer Symphonie, die »vom Läuten der Glocken am Anfang bis zum Klang der Jadepfeifen am Ende« vollkommen war.

Rechtzeitiges Handeln hat nichts mit Berechnung zu tun. Der Unterschied liegt darin, ob eine Person sich dem Lernen aufrichtig verschrieben hat oder nicht. Jemand mag den Eindruck erwecken, er könne die Verantwortung für eine Gemeinschaft von Menschen übernehmen und sich um ihre Ahnenaltäre kümmern, aber, so sagt Konfuzius, ohne eine strenge Ausbildung könnte er dazu verleitet werden, dem Weg der Glattzüngigen und allzu Schlauen zu folgen. Aus diesem Grund mißtraute Konfuzius jedem, der den Ruf eines »Gerechten im Lande« hatte. Ein solcher Mann sei »der Feind der Tugend«, sagte er. Menzius gibt eine ausführlichere Erklärung:

> Diese Gerechten im Lande sagen: »Was sollen edle Ideale bezwecken? Worte und Taten entsprechen einander ohnehin nicht 〈...〉 Warum also immerzu sagen: ›Die Alten, die Alten‹? Und warum müßt ihr allein gehen? Ihr seid in diese Welt hineingeboren, also müßt ihr auch versuchen, ein Teil von ihr zu sein. Ihr werdet weiterkommen, wenn ihr nur freundlich zu jedermann seid.« So bauchpinseln sie die Welt mit Schmeicheleien. So sind diese Gerechten im Lande 〈...〉 [Konfuzius sah in solchen Leute »Feinde der Tugend«, da] man, will man sie verurteilen, keinen Beweis für ihr Unrecht findet, und will man sie angreifen, kein klares Ziel findet. Sie stehen im Einklang mit der herrschenden Mode und fügen sich in die schmutzige Welt ein. Im Zustand der Ruhe erscheinen sie gewissenhaft und vertrauenswürdig, im Handeln erscheinen sie prinzipientreu und rein. Das Volk ist mit ihnen zufrieden, und sie sehen sich im Recht.[14]

Menzius zufolge hatte Konfuzius gesagt: »Von jenen, die an meinem Tor vorbeigehen, ohne mein Haus zu betreten, sind

14 *Menzius*, Buch 7B, Abschnitt 37.

die einzigen, die mir kein Bedauern entlocken, die Gerechten im Lande.«[15]

Als Konfuzius Oberster Rechtspfleger in Lu war, verurteilte er einen solchen Mann sogar zum Tode. Dieser Shaozheng Mao richtete sich nach der Allgemeinheit, predigte der Masse und redete ihr zu Munde. Sima Qian konstatierte, daß Shaozheng Mao »politische Unordnung hervorrief«[16] und Konfuzius ihn deshalb hinrichten ließ. Doch welche Art von Unordnung? Sima Qian äußert sich nicht dazu. Hatte sie Ähnlichkeit mit dem Aufstand von 498? Konfuzius stand damals selbst unter Anklage. Wenn er jedoch seine eigene Verwicklung in den damaligen Aufstand nicht als Unrecht erachtete, müssen Shaozheng Maos Machenschaften sehr viel schwerwiegender gewesen sein. Oder doch nicht? Einige Gelehrte behaupten, Konfuzius habe Shaozheng Mao als Rivalen gesehen – beide wetteiferten um Schüler – und einfach einen Konkurrenten ausgeschaltet. Xunzi, der konfuzianische Denker aus dem dritten vorchristlichen Jahrhundert, liefert eine andere Version der Geschichte:

> [Als er Oberster Rechtspfleger war] amtierte Konfuzius auch als Staatsrat in Lu und ließ Shaozheng Mao nach siebentägiger Gerichtsverhandlung hinrichten. Seine Schüler kamen zu ihm und fragten: »Shaozheng Mao war ein berühmter Mann in Lu. Dennoch war es Eure erste Amtshandlung in der Regierung, ihn töten zu lassen. Habt Ihr nicht einen schrecklichen Fehler begangen?« Konfuzius sagte: »Setzt euch nieder, und ich will euch die Gründe erläutern. Es gibt fünf verabscheuungswürdige Neigungen, die ein Mensch besitzen kann. Raub und Diebstahl gehören nicht dazu. Die erste ist ein scharfer, aber bösartiger Verstand. Die zweite ist Voreingenommenheit im Verein mit Sturheit. Die dritte ist Verlogenheit und Streitsucht. Die vierte ist ein gutes Gedächtnis, das jedoch nur das Schlechte und Häßliche behält. Die fünfte ist die Neigung zu fal-

15 Ebenda.
16 *Shiji*, Kap. 47, S. 1917.

schem Handeln, ohne daß es je an Rechtfertigungen mangelt. Es ist unvermeidlich, daß ein Mensch, der über nur eine dieser Anlagen verfügt, am Ende von einem Edlen hingerichtet wird. Doch Shaozheng Mao hatte alle fünf. Darüber hinaus besaß er so große Anziehungskraft, daß er, wo immer er sich aufhielt, einen Kreis von Anhängern um sich scharte. Sooft er den Mund auftat, gelang es ihm voll Geschick, sein verdorbenes Wesen zu verbergen und seine Zuhörer zu täuschen. Dieser Mann war so mächtig, daß er richtig und falsch auf den Kopf stellen konnte, ohne daß jemand seine Manöver zu durchschauen und ihn zu Fall zu bringen vermochte. Für die Gemeinen war er ein Held und mußte deshalb getötet werden.«[17]

Xunzi setzte seine Kenntnis von Konfuzius ein, um eine Szene zu konstruieren, die, wie er hoffte, alle Zweifel an der Rechtmäßigkeit der Hinrichtung Shaozheng Maos beseitigen würde. Er stattete Shaozheng Mao mit all den Eigenschaften aus, die Konfuzius an einem Menschen am meisten verachtete. So verfügt dieser über das Talent, die Menge mit seinem eigenwilligen Charme an sich zu ziehen. Er vermag die Welt zu überzeugen, daß richtig falsch war und umgekehrt, und ist so mächtig, daß man seiner, auch nachdem er schon als Betrüger entlarvt ist, nicht habhaft werden kann. Dieser Mann war ein moralischer Gegner, aber kein beruflicher Rivale.

Um Konfuzius im Fall Shaozheng Mao weitere Unterstützung zu leisten, führt Xunzi sieben Präzedenzfälle aus der Geschichte an, in denen ein König oder ein Berater die Betrügereien und Böswilligkeit eines Mannes durchschaut hatten und diesen hinrichten ließen. Von den sieben Männern, die Xunzi als ebenso schurkisch wie Shaozheng Mao beschreibt, ist Deng Xi besonders relevant für das Verständnis dieser Episode. Deng war entweder Rechtsgelehrter oder ein Schriftsteller, der von seinem Eigeninteresse geleitet wurde. In einem frühen Bericht heißt es, dieser Mann habe »fragwürdige Behauptungen aufgestellt«, und es habe »ihm nie an Argumenten ge-

---

17 *Xunzi jijie*, Kap. 28, »Youzuo«, S. 341 f.

fehlt, diese zu untermauern«. Am Ende sei er »verhaftet und hingerichtet« worden.[18] Andere Berichte stimmen hinsichtlich dieser Beschreibung Dengs und der Umstände seines Todes überein, weichen jedoch hinsichtlich der für seinen Tod verantwortlichen Person voneinander ab. Die *Überlieferung des Zuo* nennt einen gewissen Sichuan, während alle anderen frühen Quellen auf Zichan deuten, einen Mann, den Konfuzius als »großzügig«, »umsichtig« (V,16) und »Edlen« (XIV,9) beschreibt. Beide Männer waren Berater aus dem Staat Zheng: Sichuan war ein Zeitgenosse des Konfuzius; Zichan lebte eine Generation vor ihm. In der *Überlieferung des Zuo* heißt es:

> Sichuan aus Zheng ließ Deng Xi töten und übernahm dann die Gesetze, die Deng Xi auf die Bambusstreifen geschrieben hatte. Ein Edler schätzte Sichuan so ein: »Im Umgang mit diesem Fall hat Sichuan nicht sein Bestes getan. Wenn es jemanden gibt, der dem Land nützen kann, dann wäre es das richtige, ihm zu helfen, seine Laster loszuwerden. 〈...〉 Wenn man jemanden schätzt, liebt man selbst den Baum, unter dem er einst gesessen hat. Und wenn man die Strategien einer Person anwendet, wäre es sinnvoll, auch mitfühlenden Anteil an ihrem Leben zu nehmen. Sichuan war recht unfähig, die Begabten zu ermutigen [sich an der Regierung zu beteiligen].«[19]

In keiner anderen Quelle wird Deng Xi von einem »Edlen« verteidigt, denn in allen anderen ist Zichan, der allgemein

---

18 *Liezi*, Kap. 6, »Liming« (»Streben und Schicksal«). Siehe Lieh-Tzu, *The Book of Lieh-tzu*, üb. v. Graham, S. 127.

19 *Chunqiu Zuozhuan zhu*, Herzog Ding, 9. Jahr, S. 1571 f. Der Satz »Wenn man jemanden schätzt, liebt man selbst den Baum, unter dem er einst gesessen hat«, bezieht sich auf das 16. Lied im *Buch der Lieder*. Der Überlieferung zufolge wurde dieses Lied mit dem Titel »Süßer Birnbaum« (*Gantang*) von dem Volk im Süden zur Erinnerung an den Herzog von Shao, einen Bruder des Herzogs von Zhou, verfaßt und beginnt so: »Jung und zart ist dieser süße Birnbaum / fällt ihn nicht, schlagt nicht dagegen / denn der Fürst von Shao suchte einst Zuflucht unter ihm.« Nach Waley, *The Book of Songs*, S. 16.

als der klügste und umsichtigste von allen Beratern galt, verantwortlich für seine Hinrichtung. Mithin sollen wir annehmen, daß Deng jenseits aller Besserungsfähigkeit war. Wie bösartig er wirklich war, ist schwer zu ergründen, denn die Berichte über ihn sind bruchstückhaft und lassen sich nicht zum Leben einer Person zusammenfügen. Laut einer Sammlung von Aufsätzen aus dem dritten Jahrhundert v. Chr. war Deng ein Rechtsgelehrter mit eigener Kanzlei: »Bei größeren Fällen verlangte er ein langes Gewand von seinen Klienten, bei kleineren ein kurzes.« Und da er von Gewinnstreben und seine Klienten vom Wunsch, ihren Fall zu gewinnen, angetrieben waren, schafften sie es gemeinsam, »alle Regeln von Richtig und Falsch zu zerstören«. Dies schuf »große Verwirrung im Staat Zheng« und »soviel Ungemach für Zichan«, daß der Berater am Ende keine andere Wahl hatte, als Deng hinrichten zu lassen.

An anderer Stelle in der gleichen Sammlung steht:

> Im Staat Zheng verschickten die Leute gerne, was sie geschrieben hatten [über Hauptstraßen und Nebenrouten]. Zichan ordnete die Einstellung dessen an. Deng Xi verbreitete dennoch Streifen mit seinen Schriften. Erneut befahl Zichan, dies einzustellen. Nun fügte Deng Xi seine Schriften anderen Dingen bei, die er verschickte. Der unendlichen Zahl der Verordnungen begegnete Deng Xi mit einer unendlichen Zahl von Versuchen, diese zu umgehen.

Weiter bemerkt der Autor: »Dies bedeutet, Erlaubtes mit Unerlaubtem zu verwechseln«, und fügt hinzu:

> Wenn die Leute nicht unterscheiden können, was erlaubt ist und was nicht, muß die Regierung auf Belohnungen und Bestrafungen zurückgreifen, um die Ordnung aufrecht zu erhalten. Und sobald der Gebrauch von Bestrafungen [in einer Gesellschaft] überwiegt, beschleunigt sich auch ihr Abstieg ins Chaos. Ein Staat sollte dies unter allen Umständen zu verhindern wissen.[20]

Auch wenn die Anschuldigungen gegen Deng Xi, die in den

20 Beide Berichte aus dem 3. Jahrhundert v. Chr. stammen aus dem *Lüshi chunqiu xinjiaozheng*, Kap. 18, 3, S. 224f.

beiden Berichten erhoben werden, sich unterscheiden, sind sie sich über das Wesen seiner Verstöße einig: Er zwang noch die vernünftigsten Behörden zu hektischen und gedankenlosen Reaktionen und gab ihnen damit die Veranlassung zu willkürlicher Herrschaft.

Entsprach Shaozheng Maos Verhalten dem gleichen Muster? Es scheint so, dennoch war er heimtückischer als Deng Xi. Shaozheng Mao beherrschte – wie Deng Xi – den Betrug auf vielen Ebenen, aber sein besonderer Trumpf war seine geschickte Maskerade – er war kein Wolf im Schafspelz, sondern ein Schaf mit dem Herzen eines Wolfs. Er verkörperte das, was Konfuzius am meisten verachtete. Er besaß große Ähnlichkeit mit dem Guten, aber wenn man in ihn hineinsah, erblickte man etwas ganz anderes. Eine Geschichte aus dem zweiten Jahrhundert rückt diesen Aspekt stärker in den Mittelpunkt:

> Shaozheng Mao lebte in Lu und war ein Zeitgenosse von Konfuzius. Die Schüler von Konfuzius kamen in Scharen und gingen in Scharen. Nur Yan Hui weigerte sich, in die Nähe [von Shaozheng Maos Tor] zu kommen, denn er allein wußte, daß Konfuzius ein Weiser war. Doch alle seine anderen Schüler hatten ihn wegen Shaozheng Mao verlassen, dessen Unterweisung sie nun suchten. Ein Mensch konnte nicht wissen, daß Konfuzius ein Weiser und Shaozheng Mao ein trügerischer Mann war, sofern er nicht Konfuzius gefolgt und lange bei ihm gelernt hatte. Aus diesem Grund ließen sogar seine eigenen Schüler sich täuschen.
> [Einige Zeit später] sagte Zigong zu Konfuzius: »Shaozheng Mao war ein berühmter Mann in Lu. Warum habt Ihr ihn hinrichten lassen, sobald Ihr für die Regierung zuständig wart?« Konfuzius schnitt ihm das Wort ab. »Fort mit dir!« sagte er, »das ist etwas, das du nicht verstehst.« Wenn nicht einmal Zigong mit seiner Begabung imstande war, zu erkennen, wer ein wahrer Weiser war, hatten die gewöhnlichen Gelehrten wohl gelogen, als sie behaupteten, sie seien dazu fähig.[21]

---

21 Wang Chong, *Lunheng*, »Jiangduan«, S. 164.

In Teilen liest sich diese Fassung wie eine Überarbeitung von Xunzis Geschichte. Die Stimmung ist jedoch ernster. Konfuzius' Schüler kamen und gingen »in Scharen« – alle mit Ausnahme von Yan Hui verließen Konfuzius wegen Shaozheng Mao. Selbst Zigong, der seit Jahren an der Seite seines Lehrers war, vermochte Wahrheit und Fälschung nicht zu unterscheiden. Dennoch kann es sich so nicht abgespielt haben, allein schon, weil Konfuzius zu Lebzeiten Shaozheng Maos nicht »Scharen« von Anhängern hatte, sondern nur eine Handvoll. Doch selbst wenn es sich so zugetragen hätte, hätte Konfuzius sicher gezögert, jemanden – und schon gar nicht Zigong – fortzujagen, wenn er noch nicht klarsah, sondern zwischen wahr und falsch schwankte und beides für möglich hielt.

Konfuzius nahm nie für sich in Anspruch, etwas absolut genau zu wissen. Manche mochten ihn für größer und entschlossener halten als alle anderen Menschen, aber ihm selbst war klar, daß er sich durch jede Frage sorgfältig hindurcharbeiten und immer weiter nach Gewißheit suchen mußte. Er sagte: »Besitze ich Erkenntnis? Nein. Ein einfacher Mensch stellte mir eine Frage, und mein Kopf war völlig leer. Ich klopfte beide Seiten [der Frage] ab, bis ich alles herausbekommen hatte.« (IX,8)[22]

Konfuzius verfügte sehr wohl über Erkenntnisse, aber er hatte keine übergreifende Theorie aus einfachen Antworten. Er betrachtete jede Frage, die ihm gestellt wurde – auch die Fragen eines »einfachen Menschen« –, als neu und fing ganz von vorn an, mit »leerem Kopf«. Mehr als der Frage seine ganze Aufmerksamkeit zu widmen, bis er »alles herausbekommen hatte«, versprach er nicht. Den *Gesprächen* zufolge hielt Konfuzius sich von vier Verhaltensweisen fern (IX,4), und »theoretisieren« war eine davon. Außerdem glaubte er nicht, daß irgend etwas »unzweifelhaft« oder eine Regel »unumstößlich« sein konnte. Er weigerte sich, jemandem seine Meinung aufzuzwingen oder sich über andere zu stellen. Andererseits hinderte ihn sein Prinzip des Zweifels nicht an festen Ansich-

22 Bearbeitet nach der Übersetzung von Lau, S. 97.

ten über das Verhalten und den Charakter eines Menschen. Im Falle Shaozheng Maos war er todernst.

Mehr Mitgefühl für Diebe und Räuber hatte Konfuzius, wenn er glaubte, daß sie die Fähigkeit besaßen, sich zu läutern. Er verheiratete seine Tochter mit einem Mann, der einst »in Ketten« lag. »Auch wenn das Gesetz«, so sagte er, »diesen Mann wie einen Verbrecher behandelt hat, hat er nichts Schlechtes getan und eignet sich sogar zum Ehemann.« (V,1)

Shaozheng Mao jedoch hatte nicht gegen das Gesetz verstoßen oder versucht, es zu umgehen. Er erregte nicht einmal Ärgernis, wie Deng Xi es getan hatte. Er hatte sein Urteil nicht herausgefordert. Es gab auch keine Anzeichen, daß sein Tun gesellschaftlich oder politisch motiviert war, daß es eine Reaktion auf Bedingungen des menschlichen Daseins oder gegen ein Regime oder eine Behörde gerichtet war. Schenkt man den Beschreibungen dieses Mannes in den frühen Quellen Glauben, so hatte Shaozheng Mao keine Prinzipien zu verteidigen und wahrscheinlich nicht einmal Interessen, die er schützen mußte. Er genoß es, die Vernunft zu untergraben und das Rechts- und Unrechtsbewußtsein des Menschen zu verwirren – für Konfuzius ein Kapitalverbrechen. Denn dies war der vorsätzliche Versuch, den Unterschied zwischen Mensch und Tier zu verwischen, ja sogar Menschen in Tiere zu verwandeln. Außerdem wandte Shaozheng Mao Taschenspielertricks an, so daß seine Anhänger zu geblendet waren, um zu merken, was ihnen genommen wurde. Vielleicht hätten sie tapfer und edel gekämpft, wenn sie sein Spiel nur durchschaut hätten.

Shaozheng Mao war meiner Ansicht nach Konfuzius' ärgster Gegner, zäher als Yang Hu, Jihuanzi, Huan Tui, die Männer aus Kuang und selbst die Wildnis von Chen oder Cai. Xunzi nannte ihn das Vorbild der Gemeinen, ihren Meister und Helden. Vielleicht war es Konfuzius' pädagogisches Ziel, junge Männer anzuleiten, die Maske von Menschen wie Shaozheng Mao zu durchschauen und zu erkennen, wie gefährlich ihr Einfluß sein konnte. Oder war es eine Überreaktion auf etwas, das vielleicht nur eine erkenntnistheoretische Übung oder eine großspurige Zurschaustellung von Skepsis war? Skeptizismus als Lehrmethode wäre zu Konfuzius' Zeit ein Anachronismus gewesen. Erst ein Jahrhundert später traten mit Hui Shi und Gongsun Long die chinesischen Sophisten, wie sie im Westen bezeichnet werden, auf und erhoben die Skepsis zu einer Kunst. Konfuzius hätte eine Debatte mit ihnen sicher anregend gefunden und sie ganz bestimmt nicht in einen Topf mit Shaozheng Mao geworfen. Wie man an seiner politischen Laufbahn sehen kann, war Konfuzius bereit, auch Gesetzlose wie Gongshan Furao und seinesgleichen aufzusuchen, wenn er glaubte, durch eine Zusammenarbeit mit ihnen etwas Erstrebenswertes erreichen zu können. Aber auf Shaozheng Mao konnte er sich nicht einlassen. Er hätte es nicht einmal bedauert, wenn Shaozheng Mao an seiner Tür vorübergegangen wäre, ohne zu einem Gespräch ins Haus zu kommen.

Zigong irrte mit seiner Frage: »Von wem würde Konfuzius nicht lernen?« (XIX,22) Er täuschte sich auch in seiner Behauptung, daß jeder Mensch etwas von König Wen und etwas von König Wu an sich habe. Sein Lehrer wäre damit nicht einverstanden gewesen. Shaozheng Mao hätte er jede Spur von König Wen oder König Wu oder überhaupt von etwas Menschlichem abgesprochen. Das Leben war Konfuzius heilig. Daher muß er sich in seinem Urteil ganz sicher gewesen sein, als er Shaozheng Mao dem Henker überantwortete.

In Dingen, die Leben und Tod betrafen, ließ Konfuzius stets größte Sorgfalt walten, wie es in den *Gesprächen* heißt. (VII,13) Dazu gehörten Krieg, Krankheit und die Reinigungsrituale, die man zu vollziehen hatte, bevor man den Geistern der Ahnen opferte. Auch bei der Einschätzung des menschlichen Charakters nahm Konfuzius sich die Zeit, alle Stärken und Schwächen einer Person zu berücksichtigen. Er brauchte Anstöße, »um alles herauszubekommen«. Als ein Berater aus Lu ihn fragte, ob sein Schüler Zilu gütig sei, erwiderte Konfuzius, er wisse es nicht. Als der Mann ihn weiter drängte, sagte Konfuzius schließlich: »Man kann Zilu die Leitung des Militärwesens selbst in einem Staat mit zehntausend Streitwagen übertragen. Doch ob er gütig ist, das weiß ich nicht.« Als nächstes fragte der Berater ihn nach Ran Qiu. Konfuzius sagte: »Ran Qiu kann von einer Erbfamilie mit hundert Streitwagen als Verwalter eines Ortes mit tausend Haushalten angestellt werden. Aber ob er gütig ist oder nicht, weiß ich nicht.« Der Berater fuhr fort: »Und wie steht es mit Gongxi Hua?« Konfuzius sagte: »Wenn Gongxi Hua gegürtet seinen Platz bei Hofe einimmt, kann man ihm den Verkehr mit Staatsgästen übertragen. Ob er gütig ist oder nicht, weiß ich nicht.« (V,5)

Konfuzius ließ sich nur selten dazu bringen, ein kategorisches Urteil zu fällen; er entschied nicht, ob eine Person tugendhaft oder mutig war, selbst wenn er sie gut kannte. Dennoch hielt er es für möglich, die Wahrheit über jemanden zu erkennen, ganz gleich, wie rätselhaft und undurchschaubar er war: »Beobachte, was einer tut, und sieh nach, warum er es tut. Und berücksichtige das, was ihm Befriedigung verschafft. Wie kann er dann seinen Charakter verbergen?« (II,10) Ein Mann erfüllt vielleicht die Pflichten eines Sohnes, aber das könne, nach Konfuzius' Ansicht, »kaum als Kindesliebe bezeichnet werden«. »Schwierig ist der Gesichtsausdruck.« Nur ein Kind, das sich in der Sorge um seine Eltern »heimisch fühlt«, verdient es, »kindesliebend« *(xiao)* genannt zu werden. (II,8) Denn sein Handeln kommt von Herzen und ist natürlich.

Hält also Konfuzius die Neigungen des Herzens oder die menschliche Natur für gut? Auch hier scheint er zu keinem festen Ergebnis zu kommen. Zumindest erwähnt er es nicht. In den *Gesprächen* heißt es: »Es ist möglich, etwas über Konfuzius' kulturelle Leistungen zu erfahren, aber nicht über seine Ansichten über die Natur des Menschen oder die Ordnung der Natur.« (V,13) Aus seinen Äußerungen kann man jedoch Schlüsse ziehen. Vermutlich nahm er an, daß Menschen dazu neigen, Gutes zu tun. Andernfalls hätte er nicht gesagt: »Sobald ich Güte verlange, ist sie da.« (V,30) Nicht die Kraft zu haben, dieser Neigung zu folgen, bedeutet, sie zu vergeuden. Aber Konfuzius sagt auch: »Ich bin noch nie jemandem begegnet, der nicht genug Kraft hätte [sich der Güte zu verschreiben]. Vielleicht gibt es solche Menschen, aber ich bin noch keinem begegnet.« (IV,6)

Diese Anhaltspunkte klingen hoffnungsvoll, aber sie sind nur der Anfang. Denn Konfuzius beschreibt, daß das menschliche Herz, auch wenn es grundsätzlich das Gute will und die Fähigkeit zum Guten besitzt, dieses Versprechen häufig nicht einlöst. Der Drang zum Vorwärts trifft oft auf einen seltsamen Widerstand in uns selbst, der uns zurückwirft – auch das entspricht der menschlichen Natur. Eigentlich ist genau diese Spannung eine besondere Eigenschaft des Menschen und der Grund für sein Streben und seinen Wunsch zu lernen. Ein guter Lehrer plant seinen Unterricht entsprechend, läßt sein Verständnis von der menschlichen Natur miteinfließen. Ein außergewöhnlicher Lehrer wie Konfuzius betrachtet auch das Hindernis als natürliches Element der Strömung, über das sie, wenn sie sich einmal ihren Weg gebahnt hat, leicht hinwegfließt. Wenn eine Lektion einmal gelernt und richtig angewendet ist, wird sie sich nicht mehr beschwerlich oder unnatürlich anfühlen.

Als Konfuzius sich darauf vorbereitete, die *Lieder*, Riten und Musik zu unterrichten, dachte er sicher über die menschliche Natur nach. »Die *Lieder* sollen wecken« – unseren Verstand, das Herz und den Geist; »die Riten sollen festigen« – uns zurückhalten, damit wir nicht übermütig oder voreingenommen werden; »und die Musik ist die Vollendung« (VIII,8) – die Vereinigung der einzelnen Stimmen und widerstreitenden Kräfte zu einer Symphonie und einer Metapher für die Fähigkeit der menschlichen Natur, sich zu vervollkommnen. Konfuzius berücksichtigte alle drei Komponenten, doch am meisten zu sagen hatte er zur Ausübung der Riten. Möglicherweise fiel es ihm besonders leicht, darüber zu sprechen. Oder er fühlte eine größere Notwendigkeit zu erklären, warum es nicht unnatürlich ist, etwas Regelhaftes, streng Strukturiertes zu lernen und genau nachzuvollziehen. Daher begann er mit den Riten, die bekannt und vertraut waren und denen man aus Gewohnheit oder Liebe folgte.

Dazu gehört die Fürsorge für die Eltern. Sie ist natürlich und entspricht unseren Bedürfnissen, denn unseren Eltern verdanken wir unsere ersten Erinnerungen an Wärme, Sicherheit und Nahrung. Doch ist es nicht immer leicht, diese Fürsorge und Liebe auf die gleiche Weise zurückzugeben. Die Beziehung hat sich verändert. Wir haben Meinungen entwickelt, die niemanden schonen, nicht einmal unsere Eltern. Auch unsere Eltern lieben uns nicht mehr auf die gleiche Weise wie früher, als wir klein und ganz von ihnen abhängig waren. Konfuzius kannte die Probleme der Kinder, dennoch bestand er darauf, daß sie nicht vergessen durften, wie es war, bedingungslos geliebt zu werden. Dabei stellte er keine unmöglichen Forderungen. Er bat die Kinder nur, die Gefühle ihrer Eltern nicht zu verletzen, ganz gleich, wie die Umstände waren. Wenn ihnen dies gelang, so glaubte er, handelten sie wahrhaft menschlich.

Konfuzius wollte, daß die Kinder Erfolg hatten, denn er setzte seine Hoffnungen für die übrigen Menschen in sie. Er begann mit einfachen Regeln: »Solange die Eltern noch leben, soll man nicht in ferne Länder ziehen, und wenn man reist, muß man ihnen sagen, wo man sich aufhält.« (IV,19) Und: »Man soll den Eltern keinen Kummer bereiten außer durch Krankheit.« (II,6) Ungeachtet ihres Befehlstons sind diese Vorschriften nicht sehr anspruchsvoll. Einem Sohn, der seine Eltern wirklich liebt, wird es ein Bedürfnis sein, ihnen keine Sorgen zu bereiten. Man muß es ihm eigentlich nicht sagen. Dennoch formulierte Konfuzius diese Familien- oder Anstandsregeln *(li)*. Die Söhne sollten genaue Anweisungen haben, auf die sie sich stützen konnten, da Konfuzius nicht riskieren wollte, daß sie die Beziehung zu ihren Eltern allein gestalteten. Nach dem »Wesen der Kindesliebe« gefragt, antwortete Konfuzius: »[Die Riten] nicht außer acht lassen ⟨...⟩ Sind die Eltern noch am Leben diene man ihnen, wie es die Riten vorschreiben; sterben sie, bestatte man sie und bringe ihnen Opfer dar, wie die Riten es vorschreiben.« (II,5)

Ein Sohn ist bereit, die Riten zu achten, weil er seine Eltern liebt. »Was helfen einem Menschen die Riten« (III,3) ohne

Liebe und Zuneigung oder einen moralischen Anstoß, sagte Konfuzius. Doch ohne das Maß und die Zurückhaltung, die nur die Riten gewähren können, kann es geschehen, daß auch ein liebender Sohn mit lauteren Absichten in seiner »Kindesliebe« scheitert. Konfuzius sprach davon, wie es war, wenn die Eltern fehlten, und zeigte, wie ein Sohn seine Eltern durch die Richtlinien des Anstands zügeln und zugleich auf seinem Standpunkt bestehen kann, ohne das Verhältnis zu belasten. »Wenn man den Eltern dient«, sagt er, »darf man sie in zartester Weise von Fehlern abhalten. Wenn man aber sieht, daß sie nicht gewillt sind, den Rat anzunehmen, so soll man ehrerbietig bleiben. Man fordere sie nicht heraus. Auch wenn sie einen zermürben und unglücklich machen, soll man es ohne Groll ertragen.« (IV,18)

Konfuzius fordert uns nicht dazu auf, daß wir unseren Eltern erlauben, sich schuldig zu machen. Aber zugleich rät er von jeder Konfrontation ab, sei sie groß oder klein. »Bleib ehrerbietig«, riet er. Das ist keine Strategie, keine Methode, eine höhere moralische Ebene zu erreichen, denn Konfuzius ist voll Sorge, daß die Eltern unsere Achtung verlieren könnten und damit auch unsere Zuneigung. »Zeigt keine Verachtung«, ermahnt er uns. Auch wenn die Eltern die Geduld ihrer Kinder auf eine harte Probe stellen, dürfen diese keinen Groll hegen.

Die Beziehung zwischen Eltern und Kindern ist ein Balanceakt. Dem trägt Konfuzius Rechnung. Die Riten versetzen die Kinder in die Lage, ein Gleichgewicht zu finden, aber Beschwichtigung ist nicht das Ziel. Wer seine Eltern wahrhaft liebt, wird sein eigenes Rechts- und Unrechtsbewußtsein nicht verraten, auch wenn er versucht, Konflikte zu vermeiden. Er weiß, daß die Riten dazu gedacht sind, ihn dabei »zu unterstützen«, seinen Standpunkt zu halten, ohne gewisse Grenzen zu überschreiten. Konfuzius sagte: »Wenn ein Mann nicht im Geist der Riten handelt, wird seine Ehrerbietung ihn ermüden; seine Vorsicht verwandelt sich in Furcht, sein Mut wird zu Auflehnung und seine Aufrichtigkeit zu Grobheit.« (VIII,2)[23]

23 Nach Lau, S. 92.

Ein Sohn, der seine Eltern liebt, ist daher weder müde noch furchtsam, weder aufbegehrend noch grob.

Doch was geschieht, wenn ein treuer Sohn sich außerhalb der Familie bewegt? Ist er als »ein Mann des Staates« anders? Kann er sich die Kraft bewahren, die ihn zu Hause im Gleichgewicht hielt? Ist er imstande, sich erfolgreich mit den Problemen der Welt auseinanderzusetzen? Konfuzius hält viel von der Kraft, die ein Sohn sich durch seine Kindesliebe erwirbt. Dieser Sohn muß noch immer viel lernen – Poesie, Musik, Geschichte, Staatsrituale –, wenn er beschließt, in die Welt hinauszuziehen, dennoch besitzt er bereits eine innere Stärke und die Tugend maßvollen Handelns und gemäßigter Schritte.

»Gemäßigte Schritte« weist nicht auf ein abgezirkeltes, streng regelhaftes Verhalten hin. Ein guter Mann, sagt Konfuzius, »wandelt nicht sklavisch in den Spuren anderer«. (XI,20) Ein solcher Mann folgt nicht einmal sklavisch seinen eigenen Pfaden, denn die Erfahrung hat ihn gelehrt, daß jeder Anlaß verschieden ist: Bedingungen ändern sich, manchmal sogar mitten in einem Prozeß. Daher muß man eine Situation ständig neu beurteilen, ehe man den nächsten Schritt beschließen kann. Er ist entscheidend für den weiteren Weg.

Als Konfuzius einst den Tempel des Herzogs von Zhou aufsuchte, »stellte er zu allem Fragen«. Konfuzius besaß gründliche Kenntnisse des Opferrituals, das man für den ersten und größten Ahnherrn von Lu bestimmt hatte, und dennoch näherte er sich dem Ritus, als würde er ihn zum ersten Mal vollziehen, denn »Fragen zu stellen gehört bereits zum richtigen Ritus«. (III,15) Seine Vorgänger, Berater wie Du Xie und Zijiazi, nutzten ihre Kenntnis der Riten und Regeln, um ihren Herrschern beizubringen, was in der Politik angemessen war und was nicht. Konfuzius hingegen richtete seine Aufmerksamkeit auf das Wesen ritueller Erfahrung, da diese nach seiner Ansicht »die Tugend erhöhen« konnte (XII,10), wenn das daraus Erlernte das Bewußtsein belebt und erweitert habe. In seinen Gesprächen mit Zizhang, der stets begierig war, in der Welt voranzukommen, wies er auf die praktischen Vorteile einer geschärften Wahrnehmung hin: Sie trägt dazu bei,

»Gefährliches beiseite zu lassen«, und »man wird weniger Fehler machen« und »weniger zu bereuen haben«. Doch wenn ein Mensch ein edles Ziel – und nicht nur sein Eigeninteresse – im Sinn hat, gestattet ihm dieses Bewußtsein vielleicht, aufmerksamer zuzuhören und zu beobachten, »ob er in Diensten des Staates oder einer Erbfamilie ist«. (II,18)

Doch kann das Streben nach dem, was richtig und gerecht ist, von menschlichen Gefühlen abgetrennt werden und ein Eigenleben entwickeln?[24] Einige von Konfuzius' Bemerkungen legen nahe, daß er dieses Risiko einging. Zum Beispiel beschrieb er die »geistige Klarheit« als die Fähigkeit, allzu heftige Reaktionen auf »bis auf die Haut durchsickernde Verleumdungen und Klagen« zu vermeiden. (XII,6) Und als man ihn fragte, was er von der Redensart »eine Kränkung mit einer guten Tat vergelten« halte, erwiderte er: »Womit will man dann eine gute Tat vergelten? Ein Unrecht vergelte man entsprechend. Eine gute Tat vergelte man durch eine gute Tat.« (XIV,34) Konfuzius sagte außerdem: »Der Edle hat für nichts auf der Welt eine Voreingenommenheit oder eine unbedingte Abneigung. Er steht allein auf der Seite des Rechten *(yi)*.« (IV,10) Diese Äußerungen vermitteln den Eindruck, daß Konfuzius in seinem Streben nach dem Rechten etwas vom Ich Abgehobenes sucht. Ein Gespräch, das er mit Yan Hui über das Wesen der Güte führte, scheint dies zu bestätigen.

Yan Huis Frage »Was heißt Güte?« hätte ein breites Spektrum von Antworten hervorrufen können. Konfuzius hätte auch über das Ausüben von Güte oder ihre Quelle sprechen oder Beispiele für Güte nennen können. Doch Konfuzius entschied sich zu erklären, was von einem Menschen verlangt wurde, der die Absicht hatte, Gutes zu tun:

> Sich selbst überwinden und sich den Riten zuwenden. Das bedeutet Güte. Wenn es dir gelingt, dies auch nur einen Tag lang zu verwirklichen, dann wird die ganze Welt sich den Gesetzen der Güte zuwenden. Der Akt der Güte liegt bei uns selbst. Wie kann sie von der Kraft anderer Menschen abhängig sein?

---

24 Vgl. *Lunyu*, XII,6; IVX,34; IV,10.

Und als Yan Hui um eine etwas konkretere Antwort bat, erwiderte Konfuzius:

> Schaue nicht, wenn du nicht von den Riten geleitet wirst.
> Höre nicht, wenn du nicht von den Riten geleitet wirst.
> Sprich nicht, wenn du nicht von den Riten geleitet wirst.
> Handle nicht, wenn du nicht von den Riten geleitet wirst.
> (XII,1)

Konfuzius' Erklärung der Beziehung zwischen Güte und Riten ist häufig falsch verstanden worden. Die meisten Leser glaubten, Konfuzius dränge darauf, das Selbst und seine Neigungen den Regeln einer größeren Ordnung unterzuordnen. Wer Gutes zu tun gedenke, müsse Opfer bringen. Konfuzius' Versuch, seine Vorstellung von Güte zu präzisieren, konnte verwirrend sein, wenn man nur unzureichende Kenntnisse seiner Lehren über die Riten besaß. Um genauer zu verstehen, was er mit »Selbstüberwindung und Besinnung auf die Riten« meinte, müssen wir also an anderer Stelle suchen.[25]

Auch sein Schüler Zhonggong erkundigte sich einmal nach dem Wesen der Güte. Konfuzius erklärte: »Wenn du auswärts bist, verhalte dich, als würdest du einen geehrten Gast empfangen. Wenn du die Dienste des Volkes in deinem Staat in Anspruch nimmst, verhalte dich, als würdest du ein großes Opfer veranstalten. Mute anderen nicht zu, was du für dich selbst nicht wünschst. Auf diese Weise wirst du keinen Groll erregen, ob du nun für den Staat oder eine Erbfamilie tätig bist.« (XII,2)

In seiner Antwort erwähnt Konfuzius das Wort »Güte« nicht. Statt dessen veranschaulicht er seine Vorstellung davon: »Mute anderen nicht zu, was du für dich selbst nicht wünschst«, und nennt immer wieder Beispiele für rituelles Verhalten, durch das sich diese Idee in die Praxis umsetzen läßt. An anderer Stelle nennt er »unsere Fähigkeit, einen Schluß aus etwas zu ziehen, das nahe bei der Hand liegt«

25 Siehe z. B. Cheng Yi und Zhu Xi, in: Zhu Xi, *Shishu zhangjiu jizhu*, 12,1, S. 131 f. Siehe auch Liu Baonans Kritik an der Cheng-Zhu-Lesung in *Lunyu zhengyi*, S. 262.

(VI,30). Selbsterkenntnis eröffnet uns »den Weg, Gutes zu tun«, und erschließt uns das Prinzip der Güte. Als Zigong ihn bat, ihm in einem Wort ein Leitprinzip für seinen Lebensweg zu geben, nannte Konfuzius den Begriff *shu* (Gegenseitigkeit), der ebenfalls die Forderung beinhaltet, anderen nichts zuzumuten, das man sich nicht selbst zumuten würde. Konfuzius zufolge sollte ein Mensch sich stets, ob zu Hause oder im Ausland, so verhalten, als wäre er mit einer Mission oder der Regierung eines Staates betraut. Ob im Umgang mit Beamten oder dem Volk, er sollte alle mit Achtung behandeln. Achtung *(jing)* ist bei Konfuzius keine abstrakte Größe, sondern spürbar. Achtung erfüllt einen Menschen und zeigt sich in seiner Haltung, läßt ihn aussehen, als würde er »einen geehrten Gast empfangen« oder an einem »großen Opfer« teilnehmen.

Als Konfuzius Yan Hui erklärt, daß Güte Selbstüberwindung und Besinnung auf die Riten bedeutet, stellt er sich einen erleuchteten und verfeinerten Menschen vor. Ein gütiger Mensch weiß, was er für andere tun kann, und stützt sich in diesem Bewußtsein auf seine Kenntnis der Riten, um das richtige Maß einzuhalten. Er wird nicht ohne Weitblick schauen, er wird nicht ohne Aufmerksamkeit hören, nicht ohne eine klare Stimme sprechen und nicht ohne Sachverstand handeln. Er verhält sich auf eine Weise, die nur durch die Beachtung der Riten kultiviert werden kann. Er ist nicht übermütig, wenn er sich freut, oder gebrochen, wenn er Kummer hat. Er gibt nicht zuviel, wenn er glücklich ist, und nimmt nicht zuviel, wenn er beleidigt ist. Das Üben von Güte beginnt und endet also beim Selbst. Eine Person, die herausfinden will, was menschlich ist, kann nie von ihren eigenen Gefühlen absehen, auch wenn sie sich gewissenhaft an das hält, was gut und gerecht ist.

Moralisch einsichtiges Verhalten ist für Konfuzius die schwerste und einsamste Bemühung des Menschen. Sie ist nichts für Schwächlinge, Feiglinge oder Faulpelze. Er sagt: »Manche können mit uns gemeinsam lernen, aber sie sind nicht gut genug, um auch mit uns nach Moral zu streben. Manche können mit uns nach Moral streben, sind aber nicht gut genug, um sich mit uns mit Hilfe der Riten zu festigen und ein Gleichgewicht zu finden. Manche können sich gemeinsam mit uns und mit Hilfe der Riten festigen, sind aber nicht gut genug, um mit uns moralische Lauterkeit zu üben.« (IX,30)

Um nach dieser Lauterkeit – nach einem gerechten und moralischen Ziel – zu streben, muß ein Mensch die Anteilnahme und das Interesse, die in einer Familie herrschen, in sein Urteil einfließen lassen, jedoch ohne daß sie es trüben. Ein pflichtbewußter Sohn hat bessere Erfolgschancen, weil er auf seine Erfahrungen in der Familie zurückgreifen kann. Wenn ihm dies gelingt, wird man ihn vielleicht als gütigen Mann bezeichnen. Konfuzius sagt: »Ein gütiger Mensch findet in der Güte sein Zuhause.« (IV,2) Doch der Weg zu diesem Ziel ist lang – voller Hindernisse und Steigungen, die die Willenskraft auf eine ernste Probe stellen. Und wer müde wird, findet immer einen Grund, aufzugeben. Zengzi, einer der jüngeren Schüler des Konfuzius, beschreibt die Schwierigkeit dieses Weges: »Ein Edler muß groß und stark [an Mut und Verstand] sein. Seine Last ist schwer und sein Weg weit. Die Güte ist seine Last. Ist sie nicht schwer? Im Tode erst ist sein Weg zu Ende. Ist er nicht weit?« (VIII,7)[26]

Über die Güte äußerte Konfuzius sich gern in Paradoxa. Nur so konnte er die Doppelnatur, die dem Guten innewohnt, in Worte fassen. Es ist etwas, das wir mehr als alles andere wünschen, das zugleich aber größte Unbequemlichkeiten mit sich bringen kann. Konfuzius veranschaulicht diese Problematik mit einer Frage: »Eine Nachbarschaft, in der Güte herrscht, ist das Schönste. Wie kann man einen Mann weise nennen, wenn er die Wahl hat und sich nicht unter guten Menschen niederläßt?« (IV,1) Demnach wissen die meisten Menschen, daß eine gütige Nachbarschaft moralisch schön ist, und entschließen sich dennoch, nicht in einer solchen zu leben. Warum sollten sie darauf verzichten, wenn nicht wegen der Last, die damit verbunden ist?

Doch Konfuzius beendete seine Lehrgespräche nie in dü-

26 Bearbeitet nach Lau, S. 93.

sterem Ton. Er besaß mehr Leichtigkeit als sein Schüler Zengzi und war mehr auf die ästhetischen Möglichkeiten seiner Reise eingestimmt. Er wußte, daß richtiges Handeln sich bisweilen so mühelos und rechtzeitig einstellt wie ein Fasan, der sich auf einem Gebirgskamm niederläßt. (X,27) Um diesen Punkt zu verdeutlichen, beschrieb Konfuzius seine spirituelle Entwicklung: »Mit fünfzehn richtete ich meinen Willen auf das Lernen. Mit dreißig stand ich fest im Gleichgewicht mit den Riten. Mit vierzig war ich frei von Zweifeln [über mich selbst]. Mit fünfzig tat sich mir der Wille des Himmels kund, mit sechzig hatte ich offene Ohren. Mit siebzig folgte ich den Wünschen meines Herzens, ohne das Maß zu überschreiten.« (II,4)

Alles, was Konfuzius von sich berichtet, steht in Beziehung zu seiner Lehre. Sie entwickelt sich jedoch ohne Zwang. Seine Lehre ergänzt sein Leben, sie spiegelt eine Entfaltung wieder, die sich ganz natürlich vollzog.

7
LEBEN UND TOD ALS RITUAL

Wenn die Umstände es gestatteten, führte Konfuzius ein geregeltes Leben, das jedoch nicht von bestimmten Prinzipien gesteuert wurde. Er unterwarf seinen Alltag der Gewohnheit. Auf der Suche nach dem, was richtig war, verließ Konfuzius sich auf seinen gesunden Menschenverstand und seinen ausgeprägten Sinn für Ästhetik. Doch das Richtige war nicht immer offenbar, vor allem, wenn Konfuzius im Blickfeld der Öffentlichkeit stand und sich nach dem Diktat beugen mußte, das die Politik beherrschte. Konfuzius, so sagen die Annalen, »beugte sich«, »wenn er durch das Palasttor trat«, und »hielt den Atem an, wenn er zur Audienzhalle aufstieg« (X,4). In dieser Schilderung wirkt Konfuzius unnatürlich gezwungen. Vielleicht verbarg er sich hinter einer ergebenen und übertrieben ehrfürchtigen Haltung, oder die Beschreibung ist zu plump und gibt sein Bild nur unzulänglich wieder.

Die Berichte über Konfuzius' Verhalten zu Hause oder unter Freunden sind nachvollziehbarer. Beim Essen, so beobachtete jemand, »verschmähte Konfuzius es nicht, wenn der Reis poliert war oder das Fleisch fein gehackt. Er aß keinen Reis, der schlecht war, keinen Fisch und kein Fleisch, die verdorben waren. Was eine schlechte Farbe oder einen üblen Geruch hatte, was zu lange gekocht oder nicht gar war, aß er nicht. Er aß nur zu den Mahlzeiten und keine Nahrungsmittel, deren Saison es nicht war. Fleisch, das nicht richtig geschnitten war oder nicht die richtige Soße hatte, aß er nicht« (X,8).

Auch wenn er Anspruch auf gutes Essen hatte, war Konfuzius kein Feinschmecker. Polierter Reis und gehacktes Fleisch waren Lebensmittel, an die er sich spät in seinem Leben gewöhnt hatte. Im *Buch der Riten* heißt es: »Wer über fünfzig Jahre ist, sollte in der Lage sein, polierten Reis zu essen. Wer über sechzig ist, sollte regelmäßig Fleisch bekommen. Wer über siebzig ist, sollte zwei schmackhafte Gerichte [am Tag] bekommen.« Denn: »Ohne Fleisch verspüren die über Sechzigjährigen [nach dem Essen] noch Hunger. Ohne wattierte Seide frieren die über Siebzigjährigen in ihren Jacken.«[1] Die Familie, die örtliche Gemeinschaft und der Staat, so sagen die Texte, sind für »die Versorgung der Alten« gemeinsam verantwortlich.

Doch warum lehnte Konfuzius nicht richtig geschnittenes Fleisch oder Fleisch mit der falschen Soße ab, wenn er kein Feinschmecker war? Spätere Apologeten behaupten, diese Vorlieben seien auf rituelle Ursachen zurückzuführen. Fleisch, »das richtig geschnitten ist«, beziehe sich auf die korrekte Zerlegung von Opfertieren. Sie wollten Konfuzius nicht auf einer Stufe mit Köchen und Feinschmeckern sehen, deren Streben nach Vollkommenheit sich vor allem in der Küche abspielte. Dennoch kann man aus den zahlreichen Passagen über Speisen, Wein und Zubereitungstechniken in den rituellen Texten interessante Details erfahren: Wie man die richtigen Hunde, Schweine oder Pferde für die Tafel auswählt, oder welche Teile von Wolf, Fuchs oder Hase nicht genießbar sind. Der Schluß, daß Priester und Köche zusammenarbeiteten, liegt nahe. Auch wenn in diesen Erläuterungen die Stimme des Moralisten oder Spiritualisten für gewöhnlich fehlt, ist diese Beziehung nicht unwahrscheinlich. Ein Beispiel: »Es gibt folgende Theorie: Man sollte Milus [Davidshirsche, Anm. d. Übs.] und Fische in große Stücke schneiden und Flußhirsch in feine Streifen. Wildschwein sollte man ebenfalls in große Stücke schneiden, Hasen dagegen in feine Streifen.« Der Autor der Schrift »Regeln im Haushalt« erklärt den Köchen nicht nur, ob sie Hase oder Hirsch, Wildschwein oder Fisch hacken, in Streifen, in Würfel oder in Stifte schneiden sollen, sondern welche Kombination von Gewürzen und Zutaten nötig ist, um einen bestimmten Geschmack zu hervorzurufen:

Beim Schmoren von Huhn gebe man Fleischsoße ohne

1 Siehe *Liji shijie*, Kap. 12, »Neize« (»Regeln im Heim«), S. 381 f.

> Knochen hinzu und fülle den Hohlraum mit Wasserpfeffer. Beim Schmoren von Fisch füge man Fischrogensoße hinzu und stopfe den Hohlraum ebenfalls mit Wasserpfeffer aus. Beim Schmoren von Schildkröte füge man [wieder] Fleischsoße ohne Knochen hinzu und fülle den Hohlraum mit Wasserpfeffer. Zu Dörrfleisch reicht man am besten Froschpaste. Zu geschmortem Fleisch hingegen reiche man eine Hasenfleischsoße. Zu gekochtem Milu Fischpaste. Zu Fischscheibchen Senfsoße; zu rohem Milu Fleischsoße ohne Knochen; und zu getrockneten Pfirsichen und Pflaumen nur Salz.[2]

Warum sollte der Autor eines ritualistischen Werkes sich für die Arbeit eines Kochs interessieren, wenn er (und die Gesellschaft, in der er lebte) die Kochkunst nicht als Ritual betrachtete? Vielleicht lehnte Konfuzius Fleisch, das in Streifen geschnitten sein sollte und nicht in Würfel, oder Fleisch, das statt mit Fisch- mit Froschpaste gereicht werden sollte, aus rituellen Gründen ab. Wir würden so etwas vielleicht als Geschmacksache bezeichnen, doch für Konfuzius unterlag auch der Geschmack den Riten.

Beim Einnehmen seiner Mahlzeiten konzentrierte Konfuzius sich nicht nur auf die Maserung und den Geschmack des Fleisches. Er machte sich nichts aus »gekauftem Dörrfleisch« (X,8). Und »er aß das Fleisch nicht« (X,9), wenn es über drei Tage, nachdem das Tier geschlachtet wurde, gelegen hatte, was sogar das Opferfleisch einschloß, das sein Fürst ihm zuteilte. Hätte man ihm nichts davon angeboten, hätte Konfuzius um sein Verhältnis zum Herrscher oder zum Obersten Staatsrat gebangt, doch sobald er das Fleisch einmal erhalten hatte, fühlte er sich nicht verpflichtet, es auch zu essen, wenn er glaubte, es könnte ihm schaden.

Fleisch war ein Luxusartikel von ritueller Bedeutung. Es war den Wohlhabenden, den Alten und den Toten vorbehalten. Im Alter hätte Konfuzius jeden Tag Fleisch essen können, doch verzichtete er auf Fleisch und Reis, wenn er in Trauer

2 Ebenda, S. 375.

war. (VII,21) Als er erfuhr, daß sein Schüler Zilu, nachdem man ihn in Wei getötet hatte, von seinem Feind zu Fleischsoße *(hai)* verarbeitet worden war, befahl er seinen Bediensteten, jegliche Fleischsoße in seinem Haus fortzuwerfen,[3] solche Übelkeit erregte diese Vorstellung in ihm.

Konfuzius zog einfache Speisen vor, aber er hatte auch nicht immer die Wahl. Doch sogar wenn er sich nur grobes Getreide und Gemüsebrühe leisten konnte, »brachte er stets ehrfurchtsvoll ein Speiseopfer dar«. Unter besseren Bedingungen bemühte Konfuzius sich, »nicht mehr Fleisch als Reis zu essen«. Aus Gewohnheit »aß er nicht viel«. Beim Wein allerdings »legte er sich keine Beschränkung auf, doch ließ er sich nicht von ihm verwirren«. (X,11)[4]

Hin und wieder wundert man sich über Konfuzius' alltägliche Gewohnheiten. So wird nie ganz klar, warum er »beim Essen nicht diskutierte« oder warum er »im Bett nicht redete«. (X,11) Fand er es unpassend, sich bei diesen Gelegenheiten zu unterhalten? Eigentlich gibt es doch keine entspanntere Zeit, um Gedanken und Ansichten auszutauschen? Und wie sahen die Feste aus? Waren sie stumme Zusammenkünfte, bei denen nur Glocken und Trommeln ertönten? Einige Gelehrte vermuten, daß es bei solchen Feierlichkeiten eine Zeit gab, »in der man sich dem allgemeinen Gespräch anschließen und Rat bei den Älteren suchen konnte«, und eine Zeit, in der gegessen und getrunken wurde, die jedoch von einander getrennt waren.[5] Essen und Schlafen galten vermutlich als ernste Dinge, denen man ruhig und feierlich nachging, ohne sich ablenken zu lassen.

Sehr viel Wert legten die Chinesen der späten Zhou-Zeit auch auf Kleidung, vor allem, wenn jemand über Status und Mittel verfügte. Die Auswahl der täglichen Garderobe erforderte große Sorgfalt, und das nicht nur, weil man sich vor einem modischen Fehlgriff fürchtete. Ein Verstoß gegen das

3 Ebenda, Kap. 3, S. 61.
4 Bearbeitet nach der Übersetzung von Lau, S. 103.
5 Siehe den Kommentar zu *Lunyu*, X,10 in: *Lunyu zhengyi*, S. 224.

Zeremoniell war gravierend, doch funktionale und ästhetische Erwägungen waren durchaus auch von Bedeutung. Die *Gespräche* gewähren uns einen kurzen Einblick in die Überlegungen eines Edelmanns in der späten Zhou-Zeit, wenn er sich des Morgens ankleidete. Bei dem Herrn handelt es sich zweifellos um Konfuzius.

> Ein Edler benutzte kein rötliches Indigo und Eisengrau, um sein Gewand zu verzieren. Zinnober und rote Farben nahm er nicht für seine Hauskleider. In der Hitze des Sommers trug er ein ungefüttertes Gewand aus feinem oder grobem Leinen, zog jedoch immer eine Jacke darüber, wenn er ausging. Er trug ein schwarzes Überkleid über Lammfell, ein weißes über Rehpelz und ein gelbes über Fuchspelz. Sein häusliches Pelzgewand war länger als das offizielle, nur sein rechter Ärmel war kürzer. Zum Schlafen verwendete er stets eine Decke von der anderthalbfachen Länge seines Körpers. Als Sitzkissen verwendete er dicken Dachs- oder Fuchspelz. (X,6)

Die Garderobe für zeremonielle Anlässe erforderte noch mehr Aufmerksamkeit. So wurden zu Beileidsbesuchen keine Jacken aus schwarzem Ziegenleder und keine schwarzen Mützen getragen. Schwarz galt als elegante, glückverheißende und erhabene Farbe, die dem Gefühl der Trauer nicht angemessen war. Beamte trugen schwarze Jacken und blaßrote Zeltröcke, wenn sie an höfischen und staatlichen Opferveranstaltungen teilnahmen.[6] Die Röcke für diese Anlässe bestanden aus einer einzigen langen, gefältelten Stoffbahn. Andere Arten von Röcken waren nicht so üppig; übriger Stoff wurde aufgehoben und nicht in Falten gelegt. (X,6)

Zeremonielle Ausgewogenheit hing von vielen Variablen ab. Mitunter war es angemessen, prächtig statt schlicht aufzutreten, mehr Dinge zu haben statt weniger, weitere und längere Gewänder statt engere und kürzere zu tragen.[7] Bei anderen Gelegenheiten war es wieder umkehrt. Es ist nicht schwer

6 Siehe *Lunyu*, X,6 und *Liji shijie*, Kap. 3, S. 99, sowie Kap. 10, S. 316.
7 Siehe *Liji shijie*, S. 316.

zu verstehen, weshalb die Beamten bei höfischen Zeremonien besonders extravagante Röcke trugen, während andere Anlässe eine einfachere Garderobe geboten, aber die Berechnungen, die hinter solchen Entscheidungen standen, sind häufig undurchsichtig. Die Zeremonialgegenstände eines Herrschers zeigen die Unergründlichkeit einiger Seiten der rituellen Etikette. Ein Herrscher sollte ein mit Drachen besticktes Gewand tragen, heißt es in alten Texten, und einen Kopfputz mit zwölf auf rote und grüne Seide aufgefädelten Ketten aus Jadeperlen. Sein Jadezepter sollte unverziert und seine Kutsche schlicht mit nur einer Binsenmatte auf dem Sitz sein.

»Welch große Frage!« rief Konfuzius aus, als jemand sich bei ihm nach den allgemeinen Richtlinien für die rituelle Praxis erkundigte. Antworten wollte er nur soviel: »Bei den Formen des Rituals ist es besser, sich in Genügsamkeit und Knappheit zu irren als in Aufwand und Übermaß. Bei Trauerfällen ist es besser, von übermäßigem Kummer verzehrt zu werden, als übergenau auf die Form zu achten.« (III,4)

Da Konfuzius annahm, daß bei den meisten rituellen Anlässen Fehltritte unvermeidlich waren, beschrieb er die Möglichkeiten, die es gab, um das Schlimmste zu verhüten. Feste Richtlinien nennt er nicht. Glücklicherweise liefern die *Gespräche* zahlreiche Hinweise auf sein Verhalten:

> In seinem Heimatort war Konfuzius angenehm und bescheiden und machte den Eindruck, er sei zu ungeschickt, um zu sprechen. Im Ahnentempel und bei Hofe sprach er, wenngleich fließend, nicht mehr als notwendig. (X,1)
>
> Bei Hofe sprach er mit den Beratern niedrigeren Ranges liebenswürdig und ungezwungen. Mit Beratern von hohem Rang sprach er frei, aber höflich. War der Herrscher anwesend, war er zwar von Verehrung und Ehrfurcht erfüllt, verhielt sich jedoch gefaßt. (X,2)
>
> Wenn ihn der Herrscher zum Empfang eines Staatsgastes befahl, wurde seine Miene ernst, und seine Schritte waren geschwind. Wenn er sich vor den um ihn herum stehenden Beamten verbeugte, wandte er die erhobenen Hände nach

links und nach rechts, sein Gewand bewegte sich, ohne je in Unordnung zu geraten. Wenn er mit raschem Schritte vorwärts eilte, glich er einem Vogel, der seine Schwingen ausbreitet. Wenn die Gäste aufgebrochen waren, meldete er seinem Herrscher: »Die Gäste blicken nicht mehr zurück.« (X,3)

Wenn der Herrscher ihm gekochte Speise als Geschenk übersandte, kostete er davon, sobald er seine Matte geradegerückt hatte. Wenn sein Herrscher ihm rohes Fleisch als Geschenk übersandte, so kochte er es immer und brachte es zuerst [seinen Ahnen] dar. Wenn der Herrscher ihm ein lebendiges Tier als Geschenk übersandte, zog er es zu Hause auf. Wenn er dem Herrscher bei einem Mahle aufwartete, nachdem dieser ein Opfer dargebracht hatte, kostete er die Speise zuerst [da dies seine Pflicht als Berater war] und begann mit dem Reis. (X,18)[8]

Stattete der Herrscher ihm, wenn er krank war, einen Besuch ab, so legte er sich mit dem Kopf nach Osten, breitete sein Gewand über sich und legte seine große Schärpe über seinen Bauch, daß sie [vom Bett] herunterhing. (X,19)[9]

Wenn Jikangzi [der Oberste Staatsrat] ihm eine Arznei als Geschenk übersandte, verneigte Konfuzius sich bis zum Boden und nahm sie an. Doch er fügte hinzu: »Da ich ihre Eigenschaften nicht kenne, wage ich nicht, davon zu kosten.« (X,16)[10]

Wenn er sich nach jemandem in einem anderen Staat erkundigte, verbeugte er sich einmal bis zum Boden und dann noch einmal [als wäre die Person anwesend], eher er den Boten verabschiedete. (X,15)

Falls das Geschenk eines Freundes nicht in Opferfleisch be-

8 *Lunyu*, X,18. Meine Übersetzung folgt dem Kommentar in *Lunyu zhengyi*, S. 229f.

9 *Lunyu*, X,19 (leicht bearbeitet nach der Übersetzung von Lau, S. 104). Siehe die Diskussion in *Lunyu zhengyi*, S. 230f., über korrektes Verhalten beim Besuch eines Herrschers.

10 *Lunyu*, X,16 (leicht bearbeitet nach Lau, S. 104).

stand, verbeugte er sich nicht bis zum Boden, wenn er es entgegennahm, auch wenn es große Geschenke wie eine Kutsche und Pferde waren. (X,23)

Wenn er mit Menschen aus seinem Heimatort ein Trinkfest feierte, verließ er es, sobald diejenigen, die am Stock gingen, fort waren. (X,13)

Einst brannten seine Ställe. [Als er] nach seiner Rückkehr vom Hofe [davon erfuhr], fragte Konfuzius: »Wurde jemand verletzt?« Er fragte nicht nach den Pferden. (X,17)

Wenn ein Freund gestorben war, der keine Verwandten hatte, die seine Leiche abholen [und bestatten] konnten, sagte Konfuzius: »Ich werde seine Beisetzung in meinem Haus abhalten.« (X,22)

Wenn ein Gast [von weither] keine Unterkunft fand, pflegte Konfuzius zu ihm zu sagen: »Ich habe Platz für Euch in meinem Haus. [Ihr seid willkommen,] wenn Ihr am Leben seid, und solltet Ihr sterben, während Ihr bei mir weilt, kann ich auch Eure Bestattung in meinem Haus abhalten.«[11]

Konfuzius schlief nicht [steif] wie ein Leichnam. Im alltäglichen Leben saß er nicht förmlich wie ein Gast oder ein Gastgeber. (X,18)

Er nahm nicht Platz, ehe seine Matte gerade lag. (X,12)

Wenn er einen Wagen bestieg, hielt er sich stets gerade und hielt das Handseil. Im Wagen sah er sich nicht dauernd um; er sprach nicht laut oder hastig und deutete nicht mit dem Finger auf dieses und jenes. (X,26)[12]

In Zeiten der Reinheit [vor einem Opfer] trug er stets saubere Untergewänder aus Stoff.

In Zeiten der Reinheit änderte er stets seine Mahlzeiten und aß nur Speisen aus frischen Zutaten und von reinem Geschmack. [In solchen Zeiten] änderte er auch seinen Wohnplatz [zog aus seinem persönlichen Schlafzimmer in

11 *Liji shijie*, Kap. 3, S. 102.

12 *Lunyu*, X,26. Die Übersetzung stützt sich auf meine Lesart der Kommentare in *Lunyu zhengyi*, S. 204f.

> einen vorderen Raum im Haus, um die Begegnung mit Frauen zu vermeiden]. (X,7)[13]
>
> Wenn Konfuzius Männern in Trauerkleidung oder in förmlichen Mützen oder Gewändern begegnete, stand er rasch auf, auch wenn sie jünger waren. Mußte er an ihnen vorbei, so beschleunigte er [aus Höflichkeit] seine Schritte. (IX,10)[14]
>
> Sooft Konfuzius jemandem in Trauerkleidung begegnete, so änderte er seine Miene [zu einem ernsten Ausdruck], auch wenn es ein guter Bekannter war. Sooft er jemanden mit förmlicher Kopfbedeckung oder einen Blinden sah, so grüßte er ihn mit äußerster Höflichkeit, auch wenn er ihm häufig begegnete. Wenn er jemanden im Trauergewand sah, verbeugte er sich stets, die Hände auf die Querstütze seines Wagens gelegt. Das gleiche konnte man beobachten, wenn sein Wagen einen Mann passierte, der offizielle Urkunden trug.
>
> Bei einem heftigen Donnerschlag oder einem starken Sturm änderte er stets seine Miene. (X,25)

Konfuzius achtete aufmerksam auf die Menschen in seiner Umgebung, um einen festen Platz in der Gemeinschaft oder bei Hofe, im Tempel oder auf der Straße einzunehmen. Es ging ihm jedoch nicht um gesellschaftliche Anerkennung oder politische Vorteile. Er verfolgte kein eindeutiges Ziel. Konfuzius bewegte sich in der Gesellschaft als Nachbar, Freund und Untertan, vielleicht auch, weil er verstehen wollte, was in zwischenmenschlichen Beziehungen angemessen und richtig war. Daher schien er vielleicht »zu ungeschickt, um zu sprechen«, wenn er unter Verwandten oder Männern aus seinem eigenen Dorf war, vermochte sich aber in Gegenwart des Herrschers »gefaßt« zu verhalten. Die Flexibilität seines Verhaltens – er wußte, wann er schweigen und wann er fließend

13 *Lunyu*, X,7. Die Übersetzung stützt sich auf meine Lesart der Kommentare in *Lunyu zhengyi*, S. 219f.

14 *Lunyu*, IX,10. Die Kommentare in *Lunyu zhengyi*, S. 232f. haben viel zu meinem Verständnis dieses Abschnitts beigetragen.

sprechen mußte, wie tief er sich bei der Entgegennahme eines Geschenks zu verbeugen und wie weit er einem Freund in Not zu helfen hatte – ist ein Beweis für seine Beherrschung der Riten. Andererseits offenbaren seine taktvollen Gesten und seine Gewandtheit auch ein mitfühlendes Herz und seine Kenntnis der menschlichen Psyche.

Was andere Phänome betraf – heftige Donnerschläge oder starke Stürme, Chaos, Wunder oder extreme Gewalt –, so pflegte Konfuzius »niemals davon zu sprechen« (VII,21). Er redete nicht über Dinge, von denen er nichts verstand, und so sprach er auch nicht über den Tod. Weder fürchtete er sich davor, noch bedrückte ihn die Aussicht darauf. Seinen Schülern erklärte er, daß »ein Edler nie erstaunt sein sollte, wenn er in schreckliche Not« geriete. (XV,2) Und als er sich einem unnatürlichen Tod gegenüber sah – zuerst in der Stadt Kuang und dann in der Wildnis von Chen –, schien er gefaßt und bereit, sein Schicksal anzunehmen.

War sein Leben nicht bedroht, neigte Konfuzius um so weniger dazu, über seine eigene Sterblichkeit oder die der anderen nachzudenken. »Alles fließt dahin wie der Fluß«, verkündete er, »ohne anzuhalten, Tag und Nacht.« (IX,17) Das Wissen um die Vergänglichkeit des Daseins beunruhigte ihn nicht, noch wurde es ihm zur fixen Idee wie bei so vielen Moralphilosophen und sogar einigen seiner Anhänger. Zu Zigong sagte er: »Der Tod ist immer bei uns gewesen, seit Anbeginn aller Zeiten.« (XII,7) Mehr Zuspruch und Trost konnte er den weniger Erleuchteten nicht spenden.

Obwohl der Tod an sich Konfuzius nicht beschäftigte, dachte er viel über die verschiedenen Aspekte der Trauer nach: die Rituale, die Gefühle und das, was sie über den Trauernden aussagten. Eine Quelle aus der Han-Zeit berichtet:

> Als Konfuzius im Staate Wei weilte, wurde er zufällig Zeuge, wie ein Sohn den Beerdigungszug eines Elternteils [durchführte]. Konfuzius sagte zu seinen Schülern: »Wie bewundernswürdig hat dieser Mann die Trauerriten durchgeführt! Er soll unser aller Maßstab sein. Haltet also fest, was ihr gesehen habt.« Zigong fragte: »Was ist das Gute, das Ihr

in seinem Verhalten seht?« Konfuzius erwiderte: »Als er [dem Sarg] zum Grab folgte, schien er so voller Sehnsucht [nicht fähig, loszulassen]. Als er vom Begräbnis zurückkehrte, wirkte er voller Zweifel [weil er nicht wußte, ob der Geist seines Elternteils Frieden gefunden hatte].« Zigong fügte hinzu: »Wäre es dann nicht besser für ihn gewesen, nach Hause zu eilen und ›das Opfer der Ruhe‹ zu vollziehen?« [Ohne auf Zigongs Einwand zu achten,] betonte Konfuzius noch einmal: »Merkt euch alle, was ihr gesehen habt. Es ist nichts, das ich hätte ebenso tun können.«[15]

Nur ein wahrhaft kindesliebender Sohn sorgt sich um seine Eltern, nachdem er sie beerdigt hat. Konnten sie sich daran gewöhnen, tot zu sein? Fühlten sie sich ruhelos unter der Erde? Irrten ihre Geister noch in der irdischen Welt umher? Der Sohn denkt nicht an die Schwierigkeiten, die sie den Lebenden bereiten könnten, er sorgt sich nur, daß die Verstorbenen sich in ihren neuen Umständen womöglich nicht wohlfühlen. Der Sohn weiß, daß kein Ritual alle seine Ängste beschwichtigen kann und noch viel weniger die der Toten. Weshalb also sollte er nach Hause eilen, um das »Ruheopfer« abzuhalten? Was diesen Trauernden von anderen unterscheidet, ist die Tiefe seiner Gefühle, die nicht leicht zu erkennen oder zu verstehen war. Konfuzius hingegen erkannte sie an der Sehnsucht des Mannes und seiner Unruhe, und er mahnte seine Schüler, dieses Ereignis nie zu vergessen.

Konfuzius konnte solche Gefühle nicht beim Tod seines Vaters persönlich erfahren haben. Er war erst drei Jahre alt, als dieser starb, und seine Mutter hatte ihm aus bislang ungeklärten Gründen nie verraten, wo sein Vater begraben lag. Ein früher Gelehrter äußerte die Vermutung, daß die Mutter selbst nicht wußte, wo ihr Mann bestattet war. Als er »in hohem Alter« starb, so dieser Gelehrte, war sie noch ein junges Mädchen, »und nahm, um Gerede zu vermeiden, nicht an seinem Begräbniszug teil. Demzufolge wußte sie nicht, wo sich sein

15 *Liji shijie*, Kap. 3, S. 78.

Grab befand«. Nach dem Tod der Mutter ließ Konfuzius »sie in der Gegend der Wufu-Straße in den Sarg legen«, und »die Leute, die davon hörten, glaubten, sie sei dort begraben«. Später erkundigte sich Konfuzius bei einer alten Frau aus seinem Heimatbezirk nach dem Grab seines Vaters. Die Frau deutete auf eine Stelle auf dem Berg Feng, daraufhin »brachte Konfuzius die Überreste seiner Eltern zusammen an den gleichen Ort«.[16]

Eine Quelle aus der Han-Zeit berichtet, daß Konfuzius nach der Beerdigung einen Hügel aufwerfen wollte, um den Platz zu kennzeichnen, was jedoch den althergebrachten Sitten widersprach. Er sagte zu anderen: »Ich weiß, daß die alten Gräber keine Hügel haben. Aber da ich ein ungeordnetes Leben führe, muß ich mir merken, wo meine Eltern begraben sind.«[17] Sein Verhalten könnte andere veranlaßt haben, das gleiche zu tun: Erde aufzuschütten und Bäume zu pflanzen; den Ort zu markieren, an dem die Überreste der Eltern lagen.

Konfuzius trauerte drei Jahre um seine Mutter. Als die Riten vollendet waren, wartete er fünf Tage, ehe er wieder die Zither ergriff, doch die Töne, die er hervorbrachte, hatten keine Melodie.[18] Vielleicht war er aus der Übung, wahrscheinlicher ist jedoch, daß er sich der Toten noch sehr verbunden fühlte und seine Musik deshalb für menschliche Ohren fremd klang. Konfuzius wartete weitere fünf Tage, ehe er zur *sheng* – einer Mundorgel – griff. Erst jetzt war er fähig, eine Melodie zu spielen.

Selten ließ Konfuzius seinen Gefühlen freien Lauf und verlieh seinem Kummer oder seiner Freude übermäßigen Ausdruck. Sein Verhalten bei Yan Huis Bestattung war eine Aus-

---

16 Siehe Sima Qian, *Shiji*, zitiert nach den Anmerkungen der Ausgabe von 1959, S. 1907. Siehe auch *Liji shijie*, S. 62.

17 Siehe *Liji Shijie*, S. 60. In seinem Buch über das Leben des Konfuzius erklärt Qian Mu, daß Konfuzius' Mutter nicht wußte, wo ihr Mann begraben war, weil die Alten ihre Gräber nicht kennzeichneten. Siehe *Kongzi zhuan*, S. 6.

18 Siehe *Liji shijie*, Kap. 3, S. 69.

nahme. Allerdings berichtet der Text aus der Han-Zeit von einem weiteren Vorfall:

> Als Konfuzius nach Wei reiste, kam er zufällig zur Beerdigung eines Gastwirts, der ihm einst Unterkunft geboten hatte. Konfuzius ging in das Haus und weinte vor Kummer. Als er wieder hinaustrat, wies er Zigong an, ein Pferd von seinem Wagen abzuspannen und es [den Hinterbliebenen] zu schenken. Zigong sagte: »So etwas habt Ihr noch nicht einmal bei der Bestattung eines Eurer Schüler getan. Doch nun wollt Ihr der Familie des Gastwirts ein Pferd schenken, weil er Euch in der Vergangenheit einen Platz gegeben hat. Ist das nicht ein wenig zuviel?« Konfuzius erwiderte: »Eben war ich in seinem Haus und weinte um ihn. Der Anlaß hat Traurigkeit in mir hervorgerufen, und meine Tränen flossen. Es wäre mir abscheulich, wenn diese Tränen geflossen wären, ohne daß etwas [Dauerhaftes] folgte [, um meine Aufrichtigkeit zu bezeugen]. Tue also, was ich gesagt habe!«[19]

Konfuzius sagte nicht, was es war, das seine »Traurigkeit hervorgerufen« hatte. Der Tod des Gastwirts oder der Kummer und die Not, die die Lebenden durch seinen Tod zu erdulden hatten? In Gegenwart von Trauernden »stand er rasch auf« und »änderte seine Miene«, ganz gleich, ob sie älter oder jünger waren, ob er sie gut kannte oder nicht. Waren seine Tränen durch seine Achtung vor dem Toten oder sein Mitgefühl für die Hinterbliebenen hervorgerufen? Sein Schüler Zengzi erinnerte sich, daß er gesagt hatte, die Trauer um die Eltern sei der einzige Anlaß, bei dem man höchste Hingabe zeigen dürfe. (XIX,17) Die Trauer um einen Freund oder Verwandten ist nicht die gleiche wie die Trauer um die Eltern, dennoch sollte man tun, was man kann. Da Konfuzius zufällig zur Beerdigung seines Wirtes eintraf, konnte er dessen Familie nur sein Pferd anbieten. Es war ein großzügiges Zeichen seiner Anteilnahme, aber es kam auch von Herzen.

Selbst als sein Hund starb, bestand Konfuzius auf einer an-

---

19 Ebenda, S. 77f.

gemessenen Beerdigung, mit deren Durchführung er Zigong beauftragte: »Ich habe gehört, es sei besser, alte und zerschlissene Bettvorhänge nicht fortzuwerfen, weil man sie benutzen kann, um Pferde zu beerdigen, und auch alte und zerschlissene Kutschenbaldachine soll man nicht fortwerfen, weil man sie zur Bestattung von Hunden verwenden kann. Ich bin arm und habe keinen Kutschenbaldachin. Also nimm meine Matte, wenn du den Hund zu Grabe legst. Sorge dafür, daß sein Kopf nicht im Lehm steckenbleibt.«[20]

Bei all seinen Gedanken zu Tod und Bestattungen war es doch das Leben, das Konfuzius fesselte. Es erstaunte ihn, daß jedes Lebewesen trotz der Widrigkeiten, die ihm ständig begegneten, soviel Lebenswillen besaß. Über Pinien und Zypressen sagte er: »Erst wenn die kalte Jahreszeit kommt, merken wir, daß sie ihr Grün nicht verlieren.« (IX,28) Konfuzius' Stunde kam im Jahre 479 v. Chr., am achtzehnten Tag des vierten Monats im sechzehnten Jahr der Herrschaft von Herzog Ai. Der letzte, der ihn sah, war Zigong:

> Auf einen Stock gestützt, ging Konfuzius vor dem Tor auf und ab. [Als Zigong schließlich eintraf,] sagte er: »Si, wo warst du so lange?« Dann seufzte er und sang dieses Lied: »Der Berg Tai stürzt zusammen. Die Säulen werden zerstört. Die Philosophen sind im Niedergang.« Tränen strömten ihm [beim Singen] aus den Augen. Dann wandte er sich Zigong zu und sprach: »Die Welt ist seit langem ohne Ordnung. Daher ist niemand imstande, mich zu würdigen. In der Xia-Dynastie legte man die Toten auf der obersten Stufe der östlichen Treppe in den Sarg. In der Zhou-Zeit hielt man die gleiche Zeremonie oben auf der westlichen Treppe ab. Die Shang führten die Zeremonie zwischen den beiden Säulen durch. Letzte Nacht habe ich geträumt, ich säße zwischen den beiden Säulen. Da ich ein Mann der Shang bin, werde ich bald sterben.« Sieben Tage darauf starb Konfuzius.[21]

---

20 *Liji shijie*, Kap. 4, S. 152.
21 *Shiji*, Kap. 41, S. 1944.

Mit seiner Beisetzung wurde Gongxi Chi[22] beauftragt. Sein Schüler verfügte über eindrucksvolle Kenntnisse der Rituale, ihrer Geschichte, der verschiedenen Gerätschaften und komplizierten Vorschriften, ja, selbst über die symbolische Bedeutung der Fächer, Banner, Vorhänge und Baldachine, die dabei zur Schau gestellt wurden, wußte er Bescheid. Er konnte erklären, warum zu bestimmten feierlichen Anlässen dies oder jenes Material und kein anderes verwendet wurde und warum ein Gegenstand eine besondere Länge oder Form haben mußte. Dennoch war Gongxi Chi ein zurückhaltender Mann. Er dachte nie daran, sich auf eine Stufe mit Männern wie Yan Hui und Zigong zu stellen. Er mochte Rituale, ließ aber nur geringen Ehrgeiz erkennen. Er war es, der seinem Lehrer einst erklärt hatte, daß er nicht mehr anstrebe, als einem untergeordneten Beamten beim Protokoll zur Hand zu gehen. Konfuzius traute ihm mehr zu. Er sah in ihm einen liebenswürdigen Gastgeber und einen fähigen Vermittler in Staatsangelegenheiten sowie eine verläßliche Autorität, was Rituale anging. Über die Bestattung seines Lehrers erfahren wir folgendes: »Gongxi Chi schmückte die Vorhänge, die den Sarg von oben und allen vier Seiten umschlossen; er stellte viereckige Fächer auf, um dem Sarg mehr Schatten zu bieten; er brachte zu beiden Seiten des Podests seidene Schnüre an [damit der Sarg nicht herunterrutschte]. In diesen Dingen folgte er der Sitte der Zhou. Er entwarf Banner mit gezackten Rändern. Darin folgte er der Sitte der Shang. Er verhängte die mit einfarbiger Seide umhüllten Pfosten mit langen Bändern. Hierin folgte er der Sitte der Xia.«[23]

Welche Gegenstände Konfuzius nach seinem Tod begleite-

---

22 Gongxi ist auch Gongxi Hua. Siehe *Lunyu*, XI,26 und V,8.

23 *Liji shijie*, Kap. 3, S. 81. Siehe auch Patricia Ebreys Beschreibung eines Paradebetts, in: Chu Hsi, *Chu His's Family Rituals*, S. 110ff. Dies war ein späterer (und schlichterer) Typ als der im *Liji (Buch der Riten)* beschriebene. In Ebreys Buch auf S. 118f. befinden sich Illustrationen eines Begräbniszuges aus einem Ritualtext des 18. Jahrhunderts.

ten, können wir nur vermuten. Wahrscheinlich waren es Dinge, die ihm nahestanden, und Gegenstände, die er täglich benutzte und an die er gewöhnt war: Schriften, Pinsel, Glocken, Trommeln, Zithern, Mundorgeln und Klangsteine; Vorhänge, Kissen und Armstützen; Bambuskörbe, hölzerne Schalen und irdene Töpfe.

Grabbeigaben wurden von besonderen Handwerkern angefertigt, Männern, die sich der feinen Grenze zwischen Leben und Tod bewußt waren. Konfuzius hatte gesagt:

> Einen Toten in dem Gedanken, daß er nun zweifellos tot ist, zu seinem Grab zu geleiten, ist unmenschlich und etwas, das man nicht tun sollte. Einen Toten in dem Gedanken, daß er noch am Leben ist, zu seinem Grab zu geleiten, ist unweise und auch etwas, das man nicht tun sollte. Aus diesem Grunde sollten Grabgegenstände Bambusgefäße sein, die [keine geflochtene Ränder haben und daher] nicht von Nutzen sein können; irdene Töpfe [die nicht gebrannt wurden und daher] keine Suppe aufnehmen können; Holzbehälter, die sich nicht zu geschnitzten Verzierungen eignen; Zithern, die nur mit ungleichen Saiten versehen sind; Mundorgeln, die vollständig, aber nicht gestimmt sind; und Klangsteine ohne Ständer. Diese Dinge nennt man *mingqi* – Gerätschaften, die den Geistern *(shenming)* dienen.[24]

Nach Konfuzius' Ansicht »verstanden die Hersteller von Grabbeigaben das Prinzip der Bestattungsriten«. Es wäre »eine Tragödie« sagte er, die Toten mit den »tatsächlichen Gerätschaften von Lebenden« zu begraben und mit »hölzernen Figuren von menschlicher Gestalt«, denn so laufe man Gefahr, »die Lebenden mit den Toten zu beerdigen«. Konfuzius bevorzugte tönerne Wagen und Strohpuppen, da sie den echten Vorbildern nur im Geiste glichen.[25]

Während der Trauerzeit für Konfuzius trugen die Schüler, wenn sie sich außerhalb ihrer Häuser aufhielten, Stirn- und Bauchbinden aus Hanf. Sie konnten sich nicht einigen, welche

---

24 *Liji shijie*; Kap. 3, S. 92.

25 Siehe ebenda, Kap. 4, S. 124 und *Menzius*, Buch 1A, Abschnitt 4.

Trauerkleidung sie tragen sollten, denn sie waren sich ihrer Beziehung zu Konfuzius nicht sicher. Zigong bestand darauf, daß er ihr Vater und sie seine Söhne gewesen seien. Konfuzius habe schließlich wie ein Vater um Yan Hui und Zilu getrauert. Aber nicht alle waren mit dieser Argumentation einverstanden. Die Schüler gerieten auch in anderen Punkten aneinander, unter anderem sogar in der Frage, ob Konfuzius' Sarg massiv sein sollte oder nicht.[26] Möglicherweise wurden diese Auseinandersetzungen im nachhinein übertrieben. Wer auch immer diese Szenen geschaffen hat, wollte damit vielleicht die Rivalität und die Konflikte der Anhänger nach Konfuzius' Tod hervorheben. Menzius, der Schüler von Konfuzius' Enkel war und damit eine verläßlichere Quelle ist, erzählt folgende Geschichte: »Eines Tages beschlossen Zixia, Zizhang und Ziyou, dem You Ruo wegen seiner Ähnlichkeit mit Konfuzius so zu dienen, wie sie dem Weisen gedient hatten. Sie wollten Zengzi zwingen, sich ihnen anzuschließen, aber Zengzi sagte: ›Das geht nicht. Vom Gelben Fluß und vom Hanfluß gewaschen, von der Herbstsonne gebleicht, war er so rein, daß seine Weiße nicht zu unterdrücken war.‹«[27]

Auch Zigong hielt sich von den Schülern fern, die sich um You Ruo scharten. Menzius schreibt: »Als Konfuzius starb und die dreijährige Trauerzeit verstrichen war, packten seine Schüler ihre Taschen und machten sich bereit, zu ihren Familien zurückzukehren. Sie gingen hinein und verbeugten sich vor Zigong [weil er der Ältere war]. Einer im Angesicht des anderen weinten sie, bis sie ihre Stimmen verloren, ehe sie sich auf die Heimreise machten. [Nachdem Zigong ihnen das Geleit gegeben hatte,] kam er zurück und baute eine Hütte an der Grabstätte. Dort verbrachte er allein drei weitere Jahre, ehe er in seine Heimat zurückkehrte.«[28]

Nach Yan Huis und Zilus Tod war Zigong derjenige, der Konfuzius am längsten gekannt und ihm am längsten bei-

---

26 Siehe *Liji shijie*, Kap. 3, S. 82, 80f., 93.
27 *Menzius*, Buch 3A, Abschnitt 4 (bearbeitet nach Lau, S. 103).
28 Ebenda.

gestanden hatte. Wenn jemand schlecht von seinem Lehrer sprach, sagte Zigong: »Er vergeudet nur seine Zeit. Nach den Maßstäben anderer sind große Männer wie Hügel – man kann sie immer noch besteigen. Konfuzius ist wie die Sonne und der Mond, er ist unüberwindlich. Selbst wenn jemand sich von der Sonne oder dem Mond entfernen will, was schadet es den beiden? Es zeigt nur, daß diese Leute sich überschätzen.« (XIX,24)

Einige forderten Zigongs Eitelkeit heraus, um Konfuzius herabzusetzen. »Du bist doch einfach nur bescheiden, nicht wahr? Wie kann Konfuzius dir überlegen sein?« Doch Zigong blieb unerschütterlich und hob Konfuzius wieder in den Himmel. »Meinem Lehrer kommt niemand gleich, ebenso wie man den Himmel nicht wiegen kann«, erwiderte er. »Wäre der Meister Oberhaupt eines Landes oder einer Erbfamilie geworden, wäre er wie der Mann in dem Ausspruch: ›Er muß ihnen nur helfen, auf eigenen Füßen zu stehen, und sie werden es tun; er muß sie nur [in die richtige Richtung] lenken, und sie werden voranstürmen; er muß sie nur befrieden, und sie werden sich um ihn scharen; er muß sie nur anstoßen, und sie werden im Einklang wirken. Er wurde geehrt, als er am Leben war, und betrauert, als er starb. Wie könnte jemand ihm gleichkommen?‹« (XIX,25)

An dieser Stelle ist es Zigong, der prahlt. Konfuzius mag groß wie der Himmel gewesen sein, aber die Wunder, die Zigong ihm zuschreibt, hatte er in einem irdischen Königreich wie Lu gewiß nicht gewirkt. Seine politische Laufbahn bestätigt Zigongs Behauptung nicht, und selbst wenn Konfuzius einen gewissen Einfluß erlangt hatte, wäre Lu in der letzten Phase der Frühlings- und Herbstzeit auch durch kein Wunder mehr zu retten gewesen.

Als Konfuzius gestorben war, hielt der Herrscher von Lu eine Trauerrede: »Gnädiger Himmel, du bist nicht gütig! Du hast mir nicht einen weisen Älteren gelassen, der mich unterstützt. Du hast mich im Stich gelassen, im Dunkeln und allein auf meinem Thron. So allein, daß ich meine, an einer Krankheit zu leiden. Ach, Vater Konfuzius, [seit Ihr gegangen seid] habe ich niemanden, den ich zum Maßstab nehmen kann.«[29]

Die fürstliche Anerkennung beeindruckte Zigong nicht: »Als Konfuzius am Leben war, war [unser Herrscher] nicht willens, sich seine Gaben zunutze zu machen. Jetzt, wo Konfuzius tot ist, singt er sein Loblied.« Zigong verurteilte die Gesten und die Trauerrede als einen »Verstoß gegen die Riten«.[30]

Was hätte der Fürst also sagen sollen, um Konfuzius aufrichtig zu betrauern? Und was war der Erinnerung wert? Später, nachdem ein Berater bei Hof verkündet hatte, Zigong sei tüchtiger und vollkommener als Konfuzius, versuchte sich dieser an einer stilleren Hommage: »Laßt uns ein Gebäude und seine Mauer als Beispiel nehmen. Meine Mauer hat Schulterhöhe. Man kann leicht darüberschauen und die Schönheit des Hauses sehen. Aber des Meisters Mauer ist viele Meter hoch, so daß man, wenn man nicht durch das Tor gelassen wird, die Großartigkeit des Ahnentempels oder den Glanz der Beamtengebäude dahinter nicht sehen kann. Da aber nur wenige das Tor durchschritten haben, ist es da ein Wunder, daß der Berater so redet, wie er es getan hat?« (XIX,23)[31]

Wie sah Konfuzius sich selbst? Welches war seine Wahrheit, und wie wäre er den Menschen gerne im Gedächtnis geblieben?

> Ich war arm und von niederem Stand. Deshalb erwarb ich mir mancherlei untergeordnete Fähigkeiten. (IX,6)
> Ich konnte mich in keinem Amt bewähren. Deshalb konnte ich mir viele Künste aneignen. (IX,7)
> Besitze ich Wissen? Nein. Ein Mann vom Land stellte mir eine Frage, und mein Geist war völlig leer. Ich bearbeitete die Frage von einem Ende bis zum anderen, bis ich alles herausbekommen hatte. (IX,8)[32]

---

29 *Chunqiu Zuozhuan zhu*, Herzog Ai, 16. Jahr, S. 1697. Zitiert auch im *Shiji*, Kap. 47, S. 1945.

30 *Chunqiu Zuozhuan zhu*, Herzog Ai, 16. Jahr, S. 1698.

31 Leicht bearbeitet nach Lau, S. 156.

32 Leicht bearbeitet nach Lau, S. 97.

In Anstrengung kann ich es anderen gleichtun, doch mich wie ein Edler zu verhalten habe ich noch nicht erreicht. (VII,33)
Nach außen hohen Beamten dienen und zu Hause den Älteren; beim Abhalten von Bestattungen keinerlei Mühe scheuen; mich vom Wein nicht überkommen lassen – das sind Kleinigkeiten, die mir keine Schwierigkeiten bereiten. (IX,16)[33]
Freude findet man, wenn man groben Reis ißt, Wasser trinkt und den Arm aufs Kissen stützt. Auf falschem Wege erworbene Ehren und Reichtümer sind nicht mehr für mich als flüchtige Wolken. (VII,16)
Wenn es sich gehörte, Reichtum zu erwerben, wäre ich bereit, dafür als Wache mit einer Peitsche auf dem Marktplatz zu stehen. Wenn nicht, so folge ich meinen Neigungen. (VII,12)
[Ich bin] ein Mann, der zu essen vergißt, wenn er eine Frage zu lösen hat, die ihn umtreibt, der in seiner Freude [an der Lösung] seine Sorgen vergißt und nicht merkt, wie das Alter herankommt. (VII,19)[34]
Wie könnte ich behaupten, ein weiser oder gütiger Mann zu sein? Vielleicht könnte man von mir sagen, daß ich ohne Überdruß lerne und lehre, ohne müde zu werden. (VII,34)[35]
Von denen, die ein Päckchen Dörrfleisch [als Geschenk] brachten, habe ich noch nie einen von meiner Belehrung *(hui)* ausgeschlossen. (VII,7)
Ich gebe keinem Schüler Nachhilfe oder einen Anstoß, wenn er die Verzweiflung beim Versuch, eine schwierige Frage zu lösen, oder das Ringen um den richtigen Ausdruck einer Idee nicht kennt. (VII,8)
Wenn ich einem Schüler eine Ecke zeige, und er kann es nicht auf die drei anderen übertragen, werde ich nicht wiederholen, was ich getan habe. (VII,8)

33 Leicht bearbeitet nach Lau, S. 98.
34 Übersetzung von Lau, S. 88.
35 Ebenda, S. 90.

> Ich bin ein glücklicher Mann. Wenn ich einen Fehler mache, bemerken ihn die anderen sofort. (VII,31)[36]
>
> Laßt es mir vergönnt sein, das Alter von fünfzig zu erreichen, denn dann möchte ich wohl die Prinzipien des Wandels zu verstehen und wenigstens ernsthafte Irrtümer zu vermeiden imstande sein. (VII,17)
>
> Ist es nicht eine Freude, etwas gelernt zu haben und es zur rechten Zeit anzuwenden? Ist es nicht eine Freude, wenn Freunde aus fernen Gegenden kommen? Ist es nicht edel, sich nicht zu ärgern, auch wenn niemand etwas [von deiner Gelehrsamkeit und deinen Leistungen] bemerkt? (I,1)
>
> Überdies würde ich doch viel lieber in den Armen einiger weniger guter Freunde sterben als in den Armen von Gefolgsleuten. Und selbst wenn ich kein Ministerbegräbnis bekommen würde, wäre es doch nicht, als wäre ich am Straßenrand gestorben. (IX,12)

Seit Anbeginn ihrer Geschichte bemühen sich die klügsten Chinesen darum, die Kunst des Rückzugs im Leben und im Sterben zu vervollkommnen – des Rückzugs vom Hohen zum Niedrigen, vom Prunkvollen zum Bescheidenen, vom Erhabenen zum Vertrauten, vom Sichtbaren zum Unsichtbaren. Das ist formvollendete Kultur. Auch Konfuzius beherrschte diese Kunst auf geniale Weise, wie aus einer Geschichte in einer frühen Quelle hervorgeht. Einmal auf seiner Reise

> wurde Konfuzius von seinen Schülern getrennt und stand daher allein am Osttor der Stadtmauer. Ein Mann aus Zheng, der ihn dort gesehen hatte, bemerkte später zu Zigong: »Da steht ein Mann am Osttor. Er hat die Stirn des Herrschers Yao, den Nacken des höchsten Gebieters Gao Yao, die Schultern des Premierministers Zichan, und von der Hüfte abwärts ist er nur drei Zoll kleiner als der große Kaiser Yu. Dennoch blickt er bestürzt und unglücklich drein, wie ein Hund, der nicht mehr nach Hause findet.« Als Zigong Konfuzius endlich fand, wiederholte er ihm genau, was der Mann ihm erzählt hatte. Konfuzius lächelte

---

36 Ebenda.

und sagte: »Dem, was dieser Mann über meine Figur und Statur gesagt hat, kann ich eigentlich nicht zustimmen. Aber daß ich wie ein verirrter Hund aussah, ist wahr. Dagegen kann ich nichts sagen.«[37]

Auch wenn er müde war und sich mutlos fühlte, zog Konfuzius sich zurück und fand in seiner Bescheidenheit »einen geeigneten Maßstab für [seine] Bedeutung«.[38] Er setzte sich nicht herab oder wurde niedergeschlagen. Im Gegenteil, seine Bescheidenheit gestattete ihm, sich über seine Nöte zu erheben. Darin liegt die Eleganz der Kunst des Rückzugs. Wer diese Kunst ausübt, muß im innersten Herzen den geheimen Wunsch hegen, an der Spitze zu bleiben und nach oben zu streben. Als Konfuzius Zigong erklärte, daß niemand ihn verstehe (XIV,35) und er daran denke, »das Reden aufzugeben«, widersprach ihm Zigong: »Was bleibt für uns weiterzugeben, wenn Ihr nicht redet?« Doch Konfuzius antwortete: »Redet etwa der Himmel? Die vier Jahreszeiten gehen ihren Gang, und Hunderte von Dingen entstehen. Redet etwa der Himmel?« (XVII,19) An dieser Stelle geht sein Rückzug über die Kultivierung einer Lebenskunst hinaus. Hier schreibt sich Konfuzius eine Macht zu, die den Kräften der Natur gleicht, zugleich bedrückt ihn in Momenten wie diesem auch die Last seines Scheiterns, und er ist niedergeschlagen. Das war der Widerspruch, in dem Konfuzius lebte.

37 *Shiji*, Kap. 47, S. 1921 f.

38 A. R. Ammons, *Still*, in: *Selected Poems*, S. 129.

8
KONFUZIUS' ERBEN

Durch ihre fast religiöse Verehrung brachten seine Schüler ihren Meister und seine Lehre in Gefahr. Wer besaß genügend Größe, um Konfuzius' geistiger Nachfolger zu sein? fragten sie sich. Wer war dazu geeignet? Eine Zeitlang übernahm You Ruo diese Rolle.[1] Er war ein jüngerer Schüler und hatte sich in der Politik von Lu engagiert. Nachdem Konfuzius beerdigt war, folgten einige wenige You Ruo und nannten ihn Meister, aber weder verdiente er diesen Titel noch das Recht, sich Konfuzius' Erbe zu nennen. Er besaß lediglich eine gewisse äußere Ähnlichkeit mit seinem Lehrer. Als Zixia, Zizhang und Ziyou beschlossen, You Ruo zu folgen, klammerten sie sich wohl eher an einen Schatten von Konfuzius.

Es gibt Berichte, daß außer You Ruo auch andere Anhänger Schulen gründeten, aber über deren Entwicklung ist nichts Genaues bekannt.[2] Der Philosoph Menzius, der ein Jahrhundert nach Konfuzius' Tod lebte, setzte sich mit den Problemen der Überlieferung auseinander. Wie leicht war es den Großen der Vergangenheit gefallen, ihr Wissen weiterzugeben, und wie schwer war es für die Männer seiner Zeit.

Seit [den weisen Kaisern] Yao und Shun bis zu König Tang

---

1 You Ruo tritt gleich am Anfang der *Gespräche* auf, ein Anhaltspunkt, daß er einer der Herausgeber war und eine maßgebliche Rolle in der Übermittlung von Konfuzius' Lehren spielte. Siehe *Lunyu*, I,2; I,12; I,13. Siehe auch Menzius' Äußerungen über You Ruo in *Menzius*, Buch 3A, 4. (*Mengzi zhengyi*, S. 231 f.) und Qian Mus Erörterung in *Kongzi zhuan*, S. 85-91.

2 Siehe *Xunzi jijie*, Kap. 6, S. 59-66; *Hanfezi jijie*, Kap. 50, S. 351. Auch die in jüngster Zeit ausgegrabenen Texte werfen Licht auf diese Frage. Siehe Liang Tao, *Zisi Ziyi Biaoji Fangji sixiang shitan*.

> [dem Gründer der Shang-Dynastie] sind über fünfhundert Jahre vergangen. Männer wie Yu und Gao Yao kannten Shun persönlich, aber andere wie König Tang kannten ihn nur durch die Überlieferung. Von der Zeit König Tangs bis König Wens vergingen weitere fünfhundert Jahre. Männer wie Yi Yin und Lai Zhu kannten König Tang persönlich, aber andere wie König Wen kannten ihn nur durch Überlieferung. Von König Wen bis Konfuzius vergingen wieder fünfhundert Jahre. Männer wie Tai Gong Wang und Sanyi Sheng kannten König Wen persönlich, doch andere wie Konfuzius kannten ihn nur aus der Überlieferung. Von Konfuzius bis zur Gegenwart sind erst hundert Jahre vergangen. Zeitlich sind wir dem großen Weisen nicht gar so fern, und räumlich leben wir nahe dem Ort, an dem er lebte. Doch wenn es keinen Nachfolger für ihn gibt, gibt es keinen Nachfolger.[3]

War Menzius wirklich der Ansicht, es gebe keinen Nachfolger für Konfuzius? Diese Feststellung beschließt das Werk, das seinen Namen trägt: die *Bücher des Menzius.* Hatte er sich selbst als Kandidaten für diese geheiligte Stellung im Sinn? Oder waren es die Redaktoren seines Werkes? Immerhin lebte Menzius »nahe dem Ort, an dem er [Konfuzius] lebte« – nur dreißig Kilometer entfernt, in Zou, einem Bezirk, der einst zu einem Nachbarstaat gehört hatte, aber zu Menzius' Zeit unter die Gerichtsbarkeit von Lu gefallen war. Es war ebenfalls Menzius, der sagte: »Der Einfluß des Edlen und der des kleinen Mannes vergehen nach fünf Geschlechtern. Mir war nicht das Glück vergönnt, ein Schüler von Konfuzius zu sein, aber durch eigenes Bemühen mit verschiedenen Menschen bin ich zu seinen Wohltaten gelangt.«[4] Menzius betont, daß er, obwohl er kein direkter Schüler von Konfuzius war, doch eine besondere Beziehung zu ihm hatte. Er hatte durch eigenes Lernen Zugang zur Lehre des Meisters erhalten, noch ehe die Spanne von fünf Generationen abgelaufen war, die

3 *Menzius*, Buch 7B, Abschnitt 38.
4 Ebenda, 4B, 22.

nach chinesischer Berechnung etwa einhundertundfünfzig Jahre umfaßt.

Doch wer waren die »verschiedenen Menschen«, denen Menzius seine intime Kenntnis von Konfuzius zu verdanken hatte? Eine Gruppe von Historikern meinte, es habe sich um Schüler von Konfuzius' Enkel Zisi gehandelt.[5] Andere behaupteten, daß Zisi, der seinerseits bei Konfuzius' Schüler Zengzi gelernt hatte, Menzius' Lehrer gewesen sei. Dies würde Menzius noch näher an Konfuzius heranrücken. Einige Gelehrte haben jedoch zu Recht darauf hingewiesen, daß Zisi, selbst wenn er 482 – in dem Jahr, als sein Vater starb – geboren worden und zweiundachtzig Jahre alt geworden wäre, Menzius, der, wie wir wissen, im 4. Jahrhundert v. Chr. lebte, auf keinen Fall hätte unterrichten können. Dennoch bringen viele Quellen Menzius mit Zisi in Verbindung: Der eine »singt«, der andere »harmonisiert«, sagt ein Autor. Allerdings können Menzius und Zisi nicht gleichzeitig musiziert haben.

Vorausgesetzt, es gab diese Beziehung zwischen Menzius und Konfuzius' Enkel Zisi, mußte dies nicht unbedingt bedeuten, daß Menzius wirklich in geheimes Wissen über Konfuzius eingeweiht war. Dennoch gibt es im Werk des Menzius gewisse Anhaltspunkte dafür. So sagt er: »Als Konfuzius in Lu amtierte, herrschte unter dem Volk in Lu die Gewohnheit, sich um die Jagdbeute zu streiten [um Fleisch für Opferzwecke zu erhalten]. Konfuzius beteiligte sich an dem Streit.«[6] Das ist fast eine Sensation. Warum gab Menzius eine solche Information über einen Mann preis, den er sonst leidenschaftlich gegen jeden Hauch von Kritik verteidigte? Fürchtete er nicht, daß die Gegner nun ein leichtes Spiel hätten und sich über Konfuzius lustig machen würden? Menzius war weder

---

5 Siehe *Mengzi zhengyi*, S. 4f.; *Mengzi shizhu*, S. 1f. In den letzten hundertfünfzig Jahren haben einige Gelehrte behauptet, nicht Zengzi, sonder Ziyou sei Zisis Lehrer gewesen. Siehe Liang Tao, *Zhanguo shiqide shanrang sichao yu datong xiaokangshuo.*

6 *Menzius*, Buch 5B, Abschnitt 4.

ein Narr noch ein gedankenloser Mensch, und das macht diese Erwähnung besonders interessant.

Menzius war, auch wenn er es nie zugeben wollte, recht streitbar und debattierte gern. Er ermutigte seine Schüler, mit ihm zu diskutieren und ihn wie einen Gegner zu behandeln. Insgesamt genoß er die dialektische Spannung dieser Runden nicht, aber diese Gespräche halfen ihm, klarer zu denken – nicht über ewige Prinzipien, an deren Existenz er ohnehin nicht glaubte, sondern darüber, was richtig, zeitgemäß und konstant war und die Welt im Fluß hielt. Gleichnisse aus Konfuzius' Leben, so fand er, klärten häufig etwas auf, also machte er sich alle Fakten und Berichte zunutze, die er bei Zisi und anderen entdecken konnte. Einige Einzelheiten bestürzten ihn vielleicht, dennoch fand Menzius im Grunde alles nützlich und überzeugend. Als sein Schüler Wan Zhang behauptete, die regionalen Fürsten seien »nicht anders als Räuber«, weil sie ihren Untertanen Dingen fortnahmen, auf die sie kein Recht hatten, erzählte er ihm von Konfuzius' Verhalten, als dieser Beamter in Lu war. Konfuzius habe sich an dem Streit um die Jagdbeute beteiligt, weil es eben damals so Sitte war und das Volk von Lu dieses Handgemenge vor einem Opfer für angemessenes Verhalten hielt. »Alles Raub zu nennen, was einer nimmt, obwohl es nicht sein Eigentum ist, hieße die Frage nach Rechtmäßigkeit zum Äußersten zu treiben«,[7] erklärte Menzius.

Das bedeutet nicht, daß Rechtmäßigkeit für Menzius eine von Zeit, Ort, Geschichte und Sitten abhängige Größe war. Als Moralphilosoph konnte er sich nicht mit einem nur relativen Begriff von Wahrheit zufriedengeben. Wahrheit mußte für ihn beständig und zuverlässig sein, durfte aber auch nicht einengen und zu Erstarrung führen. Diese Ansicht untermauerte er ebenfalls mit einem passenden Beispiel aus Konfuzius' Leben:

> Man sollte ein Amt nicht übernehmen, nur weil man arm ist; aber es gibt Umstände, wo ein Mann es [übernehmen]

7 Ebenda. Siehe den Kommentar in *Mengzi zhengyi*, S. 413 f.

> muß, weil er arm ist. Ebenso sollte man nicht heiraten, um jemanden zu haben, der sich um die Eltern kümmert, aber bisweilen nimmt ein Mann sich eine Frau, damit seine Eltern versorgt sind. Wer aus Armut ein Amt übernimmt, sollte sich mit einem niederen statt einem hohen zufriedengeben, mit einer kleinen statt einer großen Besoldung.[8]

Und was wäre ein in dieser Hinsicht geeignetes Amt? »Nun, etwa der Posten eines Torwächters oder Nachtwächters«, schlägt Menzius vor.

> Konfuzius war einst ein untergeordneter Beamter, zuständig für die Getreidespeicher. Er sagte: »Alles, was ich tun muß, ist, korrekt die Bücher zu führen.« Ein anderes Mal war er ein niederer Beamter und zuständig für die Herden auf der Weide. Er sagte: »Alles, was ich zu tun habe, ist, danach zu sehen, daß meine Schafe und Rinder fett und stark sind und wachsen.«[9]

Es ist demnach nicht richtig, ein Amt nur zu übernehmen, um seinen Lebensunterhalt zu sichern, aber aus Not kann man durchaus dazu gezwungen sein. Sollte dies der Fall sein, so Menzius, entscheide man sich für einen Posten mit geringer Verantwortung und folge dem Beispiel des Konfuzius: »Rede nicht über hohe Dinge«, und kümmere dich nur um deine Arbeit.

Menzius wußte sehr gut, daß seine Lehren an Boden und Glaubwürdigkeit verlieren würden, falls er hinsichtlich dessen, was Recht und Unrecht war, Ausnahmen gelten ließe. Doch auf diesem Wege versuchte er herauszufinden, was gerecht und mitfühlend war. Es war ein schwieriger Weg, auf dem er sich häufig an Konfuzius orientierte. Konfuzius, so verkündete er, »gab sich niemals Extremen hin; er war ein Weiser, der stets angemessen handelte.« Es gab andere Arten von Weisen, erklärte er: solche, deren Charakter so »makellos« war, daß sie nur dem »rechten Fürsten dienten und das rechte Volk regierten«; dann jene, die politisch so verantwortungsbe-

8 *Menzius*, Buch 5B, 5.

9 Ebenda.

wußt waren, daß sie »jedem Fürsten dienten« und »jedes Volk regierten«, und jene, die so »zuvorkommend und aufgeschlossen« waren, daß sie sich »nicht schämten, einem Fürsten mit angeschlagenem Ruf« zu dienen und auch »einen bescheidenen Posten nicht verschmähten«. Konfuzius war anders als sie. Er wußte, wann man zu handeln und wann man sich zurückzuziehen hatte. Er wußte sogar, wie langsam oder wie schnell man sich zurückziehen mußte. Menzius erzählt: »Als Konfuzius den Staat Qi verließ, hatte er es so eilig, daß er den Reis aus dem Dämpfer nahm, aber als er Lu verließ, sagte er: ›Ich will so langsam wie möglich gehen.‹ Das war die Art, wie er Vater und Mutter verließ.«[10]

Rechtzeitiges Handeln muß nicht unbedingt einer moralischen Triebkraft unterliegen. Die meisten Menschen, die rechtzeitig und angemessen handeln, sind einfach aufmerksame und gute Beobachter. Konfuzius handelte nach den Erfordernissen der jeweiligen Umstände und der Moral. Qi verließ er im rechten Moment, weil sein Scharfsinn es ihm gebot, doch es war die unterschiedliche Geschwindigkeit, mit der er verschiedene Orte verließ, die ihn als »den Weisen, der zur rechten Zeit handelte«, auszeichnete. In diesen Details offenbarte sich für Menzius die Moral. Indem er sich bemühte, sein ganzes Wissen über Konfuzius zu einem ethischen Konzept zusammenzufügen, trug er zu einem lebendigen Bild seines geistigen Lehrers bei.

Menzius betrachtete Konfuzius als allen anderen Philosophen überlegen, dennoch schloß er sich ihm nicht an, sondern bediente sich vielmehr seiner Lehren, um daraus eigene Ideen zu entwickeln. Der kühnste seiner Gedanken betrifft die Natur des Menschen: »Jeder Mensch hat ein Herz, das für die Leiden anderer empfänglich ist.« Diese Theorie stützte Menzius auf ein kleines Beispiel.

> Der Grund, aus dem ich sage, jeder Mensch besitzt ein solches Herz, ist folgender: Nehmen wir an, ein Mensch – irgendein Mensch – erblickt plötzlich ein Kind, das im Be-

---

10 *Menzius*, Buch 5B, 1.

> griff ist, in einen Brunnen zu fallen. Er wird ganz sicher erschrecken, in seinem Herzen regt sich Mitleid. [Dies] rührt nicht daher, weil er mit den Eltern des Kindes in enge Beziehung treten möchte; nicht, weil er Lob von Nachbarn und Freunden in seinem Dorf ernten will, und [gewiß] nicht, weil ihn das Weinen des Kindes stört. Daran erkennen wir, wer ohne Mitleid im Herzen ist, ist kein Mensch.[11]

Menzius glaubte, daß alle Menschen über einen angeborenen moralischen Sinn verfügen. Daher entsetzt und schmerzt uns der Anblick eines kleinen Kindes, das in den Tod zu stürzen droht. Dieses Erschrecken ist nicht überlegt, es ist eine spontane Reaktion: ein Impuls des Herzens. Diejenigen, die dies nicht empfinden, sind nicht menschlich, erklärt Menzius, und es liegt nicht an ihrer angeborenen Natur, wenn diese Menschen sich wie Tiere benehmen, denn jeder Mensch wird mit der Fähigkeit zur Anteilnahme geboren. Derjenige, dem diese Fähigkeit fehlt, ist selbst dafür verantwortlich: Er muß sie verspielt oder verloren haben. Menzius zufolge bezog Konfuzius sich auf das Herz, als er sagte: »Halte es fest, und du behältst es. Laß es los, und du verlierst es. Man weiß nicht, wann es kommt oder geht, woher es kommt und wohin es geht.«[12]

Wir können nicht nachprüfen, ob Konfuzius dies wirklich gesagt hat. Und ob er, wenn er es gesagt hat, dabei wirklich an das moralische Potential des Herzens dachte. Glaubte Konfuzius, wie Menzius behauptet, der Mensch sei von Natur aus mitfühlend? Zigong sagt, Konfuzius habe kein Interesse gezeigt, über die menschliche Natur oder die Natur der Dinge zu sprechen. Dennoch war er, wie wir wissen, der Ansicht, daß Menschen gut sein wollen und gut werden können, wenn sie sich nur bemühen. Andernfalls ergäben seine Lehren zu Musik und Riten keinen Sinn. »Was helfen einem Menschen die Musik oder die Riten«, fragte er, »wenn er keine Menschlichkeit besitzt?« (III,3) Konfuzius neigte nicht zur Spekula-

---

11 *Menzius*, Buch 2A, 6.
12 *Menzius*, Buch 6A, 8.

tion, dennoch war er hinsichtlich der menschlichen Natur optimistisch.

Auch Menzius war zuversichtlich, doch im Gegensatz zu Konfuzius ließ er sich bisweilen von seinem Optimismus hinreißen, so daß einige seiner Ausführungen schwärmerisch oder weithergeholt wirken. So sagt er über Kaiser Shun: »Als Shun in den tiefen Bergen weilte, lebte er unter Bäumen und Felsen, Hirsche und Wildschweine waren seine Gefährten. Der Unterschied zwischen ihm und den ungehobelten Menschen in den Bergen war gering, doch wenn er ein einziges gutes Wort hörte, eine einzige gute Tat sah, stürzte er sich darauf wie Wasser, das die Dämme des Yangtse oder des Gelben Flusses durchbricht, [dann] anschwillt und [alles] überschwemmt, und das durch nichts aufzuhalten ist.«[13]

Menzius war ein Erzähler und übertrieb gern. Shuns Geschichte wird dramatischer, erschütternder und bewegender, je älter der Held wird. Wir erfahren, daß er trotz seiner leidenschaftlichen Sehnsucht nach dem Guten in seiner Familie nur Schlechtem begegnete. Seine Eltern und sein Bruder waren Bestien. Sie verabscheuten ihn, obwohl er sie liebte, und wünschten sich nichts mehr als seinen Tod. Und als Shun »unter herbstlichem Himmel« auf dem Feld arbeitete, »flehte er den Himmel weinend und schluchzend um Gnade an«, aber der Himmel blieb fern und stumm. Menzius' Schüler Wan Zhang fragte: »Warum weinte und schluchzte Shun?« Die unerfüllte Sehnsucht nach der Liebe seiner Eltern habe ihn gepeinigt, erwiderte Menzius. Wan Zhang fuhr fort: »›Wenn deine Eltern dich lieben, mußt du fröhlich sein, aber du darfst nicht vergessen [dich um sie zu kümmern]. Wenn deine Eltern dich verachten, darfst du ihnen nicht grollen, selbst wenn sie dich unglücklich machen und ermüden.‹ Heißt das etwa, daß Shun seinen Eltern grollte?«

Wan Zhang dachte wahrscheinlich an Konfuzius' Worte: »Wenn man den Eltern dient, darf man sie in zartester Weise von Fehlern abhalten. Wenn man aber sieht, daß sie nicht ge-

13 *Menzius*, Buch 7A, 16 (bearbeitet nach Lau, S. 184).

willt sind, den Rat anzunehmen, so soll man ehrerbietig bleiben. Man fordere sie nicht heraus. Auch wenn sie einen zermürben und unglücklich machen, soll man es ohne Groll ertragen.« (IV,18) In seiner Antwort weist Menzius den Gedanken, daß Shun seinen Eltern gegrollt haben könnte, spöttisch zurück. Ein gewöhnlicher Mann hätte gesagt: »Ich gebe mir alle Mühe, das Feld zu bestellen und meine Pflicht als Sohn zu erfüllen. Wenn meine Eltern mich nicht lieben, was kann ich tun?« Doch Shun fragte: »Was mache ich falsch?« Andere Männer hätten sich mit »schönen Frauen«, »Reichtum« oder »hohen Ämtern« zufriedengegeben, sagt Menzius, doch »nichts vermochte seinen Kummer zu stillen, den nur die Zuneigung seiner Eltern ihm nehmen konnte 〈...〉 Selbst mit fünfzig Jahren sehnte Shun sich noch nach seinen Eltern«.[14]

Die Geschichte von Shun fand sich schon in den frühen Klassikern. Sie war aber nicht nur sehr alt, sondern auch rätselhaft und voller Lücken. Hätte Konfuzius sie auf gleiche Weise interpretiert? Hätte er Shun zum Musterbeispiel eines guten Sohnes erklärt? Wäre er das Risiko eingegangen, daß man ihn – wie Menzius – fragte, ob Shun als Kaiser die Behörden davon abgehalten hätte, seinen Vater festzunehmen, wenn dieser einen Menschen getötet hätte? Hätte der gute Sohn Shun den Vater vor dem Gesetz beschützt? Menzius gab folgende Antwort: »Wie hätte Shun das tun können?« Wie hätte er einen Richter davon abhalten können, »die ihm übertragene Autorität auszuüben«? »Aber«, fuhr Menzius fort, »in Shuns Augen war es nicht schwerer, das Reich fortzuwerfen, als einen alten Schuh fortzuwerfen. Er hätte den alten Mann heimlich auf den Rücken genommen und wäre mit ihm ans Meer geflohen und hätte glücklich dort gelebt, ohne einen Gedanken an das Reich zu verschwenden.«[15]

Konfuzius wäre nicht so weit gegangen wie Menzius. Er hütete sich davor, eine Gestalt aus der Mythologie oder der Ge-

14 *Menzius*, Buch 5A, 1 (nach Lau, S. 138f.).
15 *Menzius*, Buch 7A, 35 (bearbeitet nach Lau, S. 190).

schichte als Beispiel für vollkommene Tugendhaftigkeit zu preisen. Er hätte gezögert, die Kindesliebe über alle menschlichen Pflichten zu stellen und als absolut gelten zu lassen. Für Konfuzius sollte die Verantwortung für die Familie Vorrang vor anderen Verpflichtungen haben, und deshalb sollten Vater und Sohn einander nicht mitteilen, wenn einer von ihnen mit dem Gesetz in Schwierigkeiten geraten war. Diese moralische Bedingung stellte Konfuzius an Vater und Sohn. Der Konflikt mit dem Gesetz ist jedoch ein anderes Problem, dessen richtige Lösung jedem einzelnen obliegt. Hatte also ein Vater ein Verbrechen begangen und jemand ließ ihn durch die Behörden festnehmen, hätte Konfuzius es nicht für richtig befunden, daß der Sohn mit seinem Vater auf dem Rücken ans Ende der Welt floh. Denn was hätte der Sohn gelernt, wenn er davonlief? In Menzius' Vorstellung hätte Shun dies sicher getan und sich, indem er seinen Vater über sein Reich stellte, als Musterbeispiel »höchster Kindesliebe«[16] bewiesen. Doch wäre sein Handeln moralisch gewesen?

Menzius' Schüler stellten ihrem Lehrer ähnliche Fragen. Auch wenn seine Antworten weder sie noch ihn selbst völlig zufriedenstellten, durfte Shun für Menzius seine Eltern nie aufgeben, ganz gleich, welche Plage sie für die Gesellschaft und ihren Sohn darstellten. Dennoch war Menzius nicht unflexibel. »Erzwungene Argumente« waren ihm zuwider, und zu sturem Beharren auf Prinzipien neigte er auch nicht. Shuns Geschichte war eine Ausnahme, denn dessen Leben lieferte Menzius das richtige Material (niedrige Herkunft, düstere familiäre Umstände, gesteigerte Sensibilität) für die Darstellung seiner Ansichten:

> Shun arbeitete auf dem Feld [am Fuß des Berges Li], bevor er [in ein Amt] aufstieg; Fu Yue ward von seinen Brettern und Balken fort berufen; Jiao Ge von den Fischen und der Salzgewinnung; Guan Zhong aus den Händen der Gefängniswärter; Sun Shuao [aus seiner Hütte] vom Meeresstrand; und Boli Xi vom Marktplatz weg. Also, wem der

---

16 *Menzius*, Buch 5A, 1.

Himmel ein hohes Amt anvertrauen will, dessen Entschlossenheit prüft er, schafft Mühsal seinen Knochen, läßt durch Hunger seinen Leib leiden und läßt seine Anstrengungen ins Leere laufen, um ihn aus seiner geistigen Trägheit zu rütteln, sein Wesen zu stärken und seine Mängel zu berichtigen.[17]

Doch Shun hatte eine schwerere Bürde zu tragen als die meisten Menschen. Abgesehen von seinem gefühllosen Vater, der grausamen Stiefmutter und dem intriganten Halbbruder besaß er die Veranlagung, negative Kräfte auf sich zu ziehen und jeden Anlaß zu ergreifen, sich selbst zu hinterfragen und zu tadeln. Auf diese Weise, so erzählt Menzius, wurde Shun zu einem Mann von großer Stärke und zu einem Sohn mit höchster Kindesliebe. Allerdings war Shun ungeachtet seiner menschlichen Eigenschaften und seiner allzu menschlichen Umstände ein Ideal. Nie suchte Menzius in der Geschichte der Menschen oder in seiner eigenen Zeit nach ähnlichen Gestalten wie Shun. Für ihn war Shun ein Heiliger, an den selbst Konfuzius nicht heranreichte.

Menzius konnte sehr duldsam sein, was den menschlichen Charakter anging, vor allem, wenn er jemanden persönlich kannte. Seine Zeitgenossen waren entsetzt, als sie erfuhren, daß er mit Kuang Zhang »Umgang pflegte« und ihn »mit Höflichkeit behandelte«, wo ihn doch alle anderen als »schlechten Sohn« verurteilten. Kuang Zhang konnte sich seinem Vater nicht mehr nähern, geschweige denn sich um ihn kümmern, weil Vater und Sohn »einander wegen einer Sache getadelt und gerichtet« hatten. Menzius verrät uns nicht, was einen so dauerhaften Bruch herbeigeführt hatte. Er deutet nur an, daß der Vater einen Fehler gemacht und der Sohn ihn wohl zu direkt dafür getadelt hatte. Menzius sagte: »Tadeln und richten ist zwischen Freunden am Platz. Bei Vater und Sohn beeinträchtigt es aufs schlimmste ihre Zuneigung.«[18] War das die Ursache der Entfremdung zwischen Kuang Zhang und

17 *Menzius*, Buch 6B, 15 (bearbeitet nach Lau, S. 181).
18 *Menzius*, Buch 4B, 30 (nach Lau, S. 135).

seinem Vater? Und war es auch der Grund, aus dem Menzius so nachsichtig mit ihm war? Außerdem schickte Kuang Zhang auch »seine Frau und seine Kinder fort« und »versagte sich ihrer liebenden Fürsorge«. Menzius fragte: »Glaubt ihr, daß Kuang Zhang nicht lieber seiner Frau der Mann und seinen Kindern der Vater gewesen wäre?« Dieser Mann entschied sich für ein Leben in Einsamkeit und Entbehrung, um seinen Verstoß erträglicher zu machen. »So verhält es sich mit Meister Zhang!« erklärte Menzius und sprach damit zugleich sein Mitgefühl und seine Bewunderung für einen Freund aus.

Menzius war nachsichtig mit Menschen, die wie Kuang Zhang bereit waren, sich den härtesten und widrigsten Umständen zu stellen – Menschen, die ihr Bestes gaben, aber dennoch nicht das Richtige taten. Er fühlte sich zu ihnen hingezogen, auch zu ihren Mängeln. Darin folgte er Konfuzius. Und wie dieser verachtete er beredte, aalglatte Menschen, insbesondere die »Gerechten im Lande«, und sagte: »Will man sie tadeln, findet man keinen Beweis für ihr Unrecht, und will man sie angreifen, findet man kein klares Ziel. Sie sind im Einklang mit der herrschenden Sitte und passen gut in die elende Welt.«[19] Dies erklärt, warum Konfuzius solche Menschen als Feinde der Tugend ansah.

Pedanten bereiteten Menzius mehr Vergnügen. Wie Konfuzius zog er sie den allzu Gewandten vor, konnte aber auch nicht umhin, sich über sie lustig zu machen. Unter Menzius' Zeitgenossen gab es zum Beispiel jemanden, der aus puristischen Gründen nur Sandalen, die er selbst geflochten, und Hanf und Seide, die seine Frau selbst gezüchtet hatte, trug. Er stammte »aus einer alten Familie«, erklärt uns Menzius, und sein älterer Bruder bezog ein hohes Einkommen. Da er das Einkommen und das Haus seines Bruders jedoch als »unrechtes Gut« erachtete, lebte er fern von ihm und ihrer gemeinsamen Mutter. »Eines Tages besuchte er sie und sah, daß jemand seinem Bruder eine lebende Gans geschenkt hatte. Er runzelte die Stirn und sagte: ›Wozu soll dieses schnat-

19 *Menzius*, Buch 7B, 37; *Lunyu*, XVII,13.

ternde Geschöpf gut sein?‹ Am andern Tag schlachtete seine Mutter die Gans und kochte sie für ihn, und er aß sie. Sein Bruder kam gerade nach Hause und sagte: ›Aber das ist doch das Fleisch von dem schnatternden Geschöpf.‹ Er rannte ins Freie und übergab sich.«

»Dieser Mann aß, was seine Frau ihm kochte, aber was die Mutter kochte, aß er nicht«, bemerkte Menzius. »Und er lebte nicht im Haus seines Bruders.« Obwohl er, wie Menzius feststellt, doch nicht wissen konnte, ob ein Edler oder ein Räuber sein Haus gebaut hatte, oder ob ein Edler oder ein Räuber die Hirse gepflanzt hatte, die er aß. »Im äußersten Fall«, sagte Menzius, »kann man ein solches Leben nur führen, wenn man ein Regenwurm ist, der oben die getrocknete Erde ißt und unten das Wasser der Gelben Quelle trinkt.«[20]

Menzius mochte flexibles Verhalten, fließende Gedanken und natürliches Streben, und Wasser war eine seiner Lieblingsmetaphern. Nicht Wasser, »das sich im Rinnstein gesammelt hatte«, sondern »Wasser aus einer reichlichen Quelle«, Wasser, »das Tag und Nacht sprudelt, ohne aufzuhören, und erst weiterfließt, wenn es jede Vertiefung gefüllt hat«, sagte er. Das ist es, »was Konfuzius so sehr daran gelobt hat, als er ausrief: ›Das Wasser, oh, das Wasser!‹«[21] Auch ein unaufhaltsamer, unkontrollierter Regenguß, der eine Flut verursachen kann, kann als Metapher dienen: »In der Zeit des Yao floß das Wasser gegen seine natürliche Strömung und überschwemmte das gesamte mittlere Reich. Reptilien ließen sich dort nieder, und die Menschen hatten keine festen Wohnstätten. 〈...〉 Das *Buch der Urkunden* sagt: ›Die Flut war eine Warnung für uns.‹« Menzius sah darin eine Warnung vor den Folgen des Übermaßes. Ebenso wie Kaiser Shun den Yu beauftragte, die Wasserflut in Bahnen zu lenken, übernahm der Herzog von Zhou die Aufgabe, die Flut der Gewalt und des Todes einzudämmen, und auch Konfuzius suchte nach Wegen, das Aufwallen ruchloser Taten aufzuhalten. Yu »hob Kanäle aus und leitete die Wasser

20 *Menzius*, Buch 3B, 10.
21 Siehe *Menzius*, Buch 4B, 18, 7A, 24. Siehe auch *Lunyu*, IX,17.

ins Meer«.[22] Der Herzog von Zhou half König Wu, einen Straffeldzug gegen die Tyrannei durchzuführen und damit die Ordnung der Welt wiederherzustellen. Konfuzius verfügte über die Kenntnisse und Fähigkeiten eines Historikers, also machte er sich daran, eine Staatschronik zu verfassen. Das Urteil, das er über die Männer und Frauen der Vergangenheit fällte, reichte aus, um »Furcht in die Herzen aller Aufrührer und treulosen Kinder zu bringen«.

Menzius erklärte, er wünsche, das Werk jener drei Weisen fortzuführen. Da er nicht die technischen Fähigkeiten von Yu oder das politische Geschick des Herzogs von Zhou besaß, konnte er nur Konfuzius nacheifern. Aber war er wirklich dessen Erbe? Menzius war Moralphilosoph, kein Historiker. Dazu fehlte es ihm an Distanz und Einsicht, außerdem war er streitbarer als Konfuzius und sah überall Rivalen und Gegner. Ihre Theorien, so Menzius, »überwuchern alles und schaden dem Weg der Moral«. So nahm er es auf sich, seine Feinde zu bekämpfen. »Ich suche nicht den Streit«, behauptete Menzius, »aber ich kann nicht anders.«[23] Ziel seiner Angriffe waren vor allem die Anhänger von Yang Zhu und Mo Di. Über Yang und Mo sagte Menzius: »Yang lehrt, Dinge nur für sich selbst zu tun, was dazu führt, die Existenz von [allen anderen einschließlich] des Herrschers zu verneinen. Mo Di verkündet die unterschiedslose allgemeine Liebe, was dazu führt, [alle Unterschiede in den menschlichen Beziehungen und] den eigenen Vater zu verleugnen.«[24]

»Ohne das Prinzip eines Herrschers und des Vaters sind wir nichts weiter als Tiere«, erklärt Menzius. Dennoch seien alle Lehren und rhetorischen Formen seiner Zeit aus »der Yang- oder der Mo-Schule abgeleitet«. Ihre Worte »füllten jeden Winkel unter dem Himmel«, wie eine Flut, und daher war Menzius »besorgt«, fürchtete sich vor dem, was aus den Menschen werden würde, wenn ihr »die Lehren von Yang und Mo

22 *Menzius*, Buch 3B, 9.

23 Ebenda.

24 Ebenda.

nicht abwehrt und statt ihrer die des Konfuzius ans Licht bringt«.

Entgegen Menzius' Darstellung waren die Lehren von Yang Zhu und Mo Di keineswegs hohl und betrügerisch. Yang Zhu verkündete, daß er »sich nicht ein einziges Haar ausrupfen würde, auch wenn es der Welt zum Nutzen gereichen kann«. Was als extrem eigensüchtige Haltung erscheint, war in Wirklichkeit ein lautstarkes Bekenntnis zum Ich. Niemand sollte sich für Staat, Familie oder künftige Generationen aufopfern. Mo Di vertrat einen entgegengesetzten Standpunkt. Er propagierte die grenzenlose Liebe zu allen außer sich selbst. Um Bedrängten und Verzweifelten zur Hilfe zu eilen, hetzte er mitunter zehn Tage und Nächte durch die Gegend, ohne zu schlafen oder zu ruhen, bis »keine Flaum an seiner Wade und kein Haar mehr an seinem Schienbein war«.[25] Die Schwierigkeiten, die Menzius mit den Anhängern von Yang Zhu und Mo Di hatte, haben nicht ausschließlich geistige oder moralische Gründe. Die meisten seiner Gegner übten – wie Menzius selbst – den Beruf des Lehrers aus. Sie wetteiferten um politische Anerkennung, um Schüler und manchmal um Posten. Sie alle brauchten eine Stelle und ein Einkommen, aber wenige gaben zu, daß sie nur im eigenen Interesse arbeiteten. Menzius bezeichnete sich und die, die ein ähnliches Anliegen hatten, als »Bewahrer der Pfade der alten Könige«.[26] Er war der Ansicht, sie verdienten ihren Unterhalt auf ehrenhafte Weise, weil sie durch den Schutz der Moral der nächsten Gelehrtengeneration dienten.

Menzius' Plädoyer für seinen Berufsstand weist auf gewisse Probleme hin. Manch einer betrachtete die Männer, die die

---

25 Siehe das Kapitel »Yang Zhu« im *Liezi* (Lieh-tzu, *The Book of Lieh-tzu*, üb. v. Graham, S. 135 ff.). Siehe auch Zhuangzis scharfsinnige Kritik an Mo Di im Kapitel »Tianxia« des *Zhuangzi* (Zhuangzi, *The Complete Works of Chuang Tzu*, üb. v. Watson, S. 364-367; dt.: Dschuang Dsi, *Das wahre Buch vom Südlichen Blütenland*, üb. v. Richard Wilhelm, München 2007. [Anm. d. Übers.]).

26 *Menzius*, Buch 3B, 4.

»Treue zu den Eltern zu Hause und die Ehrfurcht vor den Alten außer Hause« als Beruf und Dienst an der Gesellschaft und der Menschheit ausübten, mit Skepsis. Einmal sagte jemand zu Menzius: »Es ist die Absicht des Tischlers und des Wagners, sich ihren Lebensunterhalt zu verdienen. Wenn aber der Edle für die Wahrheit eintritt, hat er dann auch die Absicht, damit seinen Lebensunterhalt zu verdienen?«[27] Bezahlung für das Streben, moralisch korrekt zu leben, zu verlangen, wie es die Anhänger des Konfuzius taten, machte sie anfällig für Spott und Tadel. Mo Di war von allen Kritikern der schärfste. In seiner Abhandlung »Gegen die Konfuzianer« erklärt er:

> Die Konfuzianer verderben die Menschen mit ihren umständlichen und protzigen Riten und Musikdarbietungen. Sie betrügen Eltern mit langatmigen Trauerfeiern und heuchlerischem Kummer. ⟨...⟩ Sie gieren nach Essen und Trinken und sind zu faul zum Arbeiten. ⟨...⟩ Sie benehmen sich wie Bettler, stopfen sich voll wie Ziegenböcke und stolzieren herum wie kastrierte Schweine. ⟨...⟩ Wenn sie sich genug zu essen und zu trinken beschaffen und ein paar Beerdigungen ausrichten können, sind sie zufrieden. Aller Wohlstand, den sie besitzen, kommt von anderen Familien, und alle Vergünstigungen, deren sie sich erfreuen, sind die Früchte der Felder anderer Männer. Wenn es in einer reichen Familie einen Todesfall gibt, sind sie ganz überwältigt vor Freude und sagen: »Das ist unsere Gelegenheit, zu essen und zu trinken.«[28]

Mo Dis Schmähungen entspringen eher seiner Selbstgerechtigkeit als beruflichem Neid. Dennoch kann man ihm seine Feindseligkeit kaum übelnehmen. Er selbst beanspruchte keinerlei Anerkennung oder Lohn für seine Bemühungen zur Rettung der Welt, während die Konfuzianer um ihn herum vom Kummer anderer Menschen profitierten. Manche waren vielleicht dankbar für ihre Dienste, aber für Mo Di waren die

27 Ebenda.

28 *Mozi*, Abteilung 39, »Fei Ru«, in: Watson, *Basic Writings of Mo Tzu, Hsün Tzu, and Han Fei Tzu*, S. 127.

Anhänger des Konfuzius nichts weiter als Ausbeuter und Schmarotzer.

Menzius war kein Zeitgenosse Mo Dis und daher auch nicht das Ziel seines Grolls, aber auch zu seiner Zeit fragte man sich, ob es recht sei, wie er »mit einem Gefolge von Hunderten von Anhängern in Dutzenden von Wagen zu reisen und auf Kosten immer neuer Lehnsherrn zu leben«.[29] Menzius aber nahm für sich in Anspruch, daß er seinen Lebensunterhalt rechtmäßig verdiene, da er »gute Arbeit« leiste, wenn sie sich auch von der eines Bauern oder eines Handwerkers unterschied. »Es gibt die, die ihren Verstand einsetzen, und die, die ihre Muskeln benutzen«, erklärte er. »Die einen lenken, die anderen werden gelenkt. Die, die lenken, werden von jenen, die gelenkt werden, unterstützt.«[30] Menzius nannte Yao, Shun und Yu als Beispiele für Herrscher, die mit ihrem Verstand gearbeitet und sich erfolgreich um die Belange ihres Volkes gekümmert hatten. Diese Herrscher hätten Großes geleistet, denn sie hätten sich um den Zustand ihres Reiches und die Zukunft der Menschen gesorgt und sich stets unruhig gefragt, was geschehen würde, falls sie ihre Verantwortung als Herrscher nicht zu erfüllen vermochten. Ihre Sorgen, so Menzius, waren ganz andere als die eines Bauern, der »sich sorgt, wenn hundert *mu* von seinem Land nicht bestellt sind«.

Menzius war nicht so vermessen, sich auf eine Stufe mit diesen großen Persönlichkeiten zu stellen, aber er machte deutlich, daß auch er sich zu jenen zählte, die mit einem Leben in der Sorge um Reissetzlinge nicht zufrieden waren. So verstand er sich als Verbündeter seiner Herrscher. Er arbeitete mit ihnen und lebte von ihnen, und er empfand die erheblichen Einkünfte, die sein Beruf ihm ermöglichte, als gerechtfertigt. »Der Umstand, daß Dinge ungleich sind, ist ein natürlicher Zustand. Einige sind zwei- oder fünfmal, zehn- oder hundertmal, sogar tausend- oder zehntausendmal wertvoller als andere. Auf der Gleichheit aller Dinge zu beharren heißt, die

29 *Menzius*, Buch 3B, 4.

30 *Menzius*, Buch 3A, 4 (bei Lau S. 101 ff.).

Welt ins Chaos zu stürzen.«[31] Doch sich in der Gesellschaft von Fürsten zu befinden und aus ihrer Protektion Nutzen zu ziehen hatte seinen Preis und konnte nach außen durchaus einen negativen Eindruck erwecken.

Nur wenige seiner Zeitgenossen hätten Menzius' Äußerungen über die Ungleichheit der Dinge oder seinem Argument, daß selbst Lehrer und Philosophen etwas zum Leben brauchten, widersprochen. Dennoch wurde er von vielen Seiten scharf kritisiert. Doch warum erweckte er so wenig Vertrauen? An welchen Tugenden mangelte es ihm? Ein Vergleich mit Konfuzius ist hilfreich. Beide Männer verließen sich, was ihr materielles Auskommen anging, auf die Reichen und Mächtigen. Konfuzius' Zeitgenossen störten sich offenbar nicht daran, wie dieser seinen Lebensunterhalt verdiente, doch Menzius wurde als »einer, der von einem Lehensfürsten nach dem anderen lebte«, angeprangert.[32] Aber Konfuzius reiste nur in Begleitung von drei oder vier Schülern und wäre beinahe in der Wildnis verhungert. Menzius hingegen reiste mit hundert Männern und Dutzenden von Wagen und schien daran gewöhnt, Seide zu tragen und Bärentatzen und das Fleisch von mit Getreide gemästeten Hammeln und Rindern zu essen.[33] Wieviel Honorar verlangte Menzius von einem Fürsten für eine bestimmte Zeitdauer? Und welchen Preis mußte er selbst zahlen, wenn er einen Auftrag einmal angenommen hatte? Wie willfährig mußte er sein, damit ein Fürst sich in seiner Gegenwart wohl fühlte? Wie entgegenkommend, wenn er seinen Aufenthalt zu verlängern wünschte? Und was hätte ihn veranlaßt, seine Sachen zu packen und zu gehen?

Aus den uns bekannten Gesprächen zwischen Menzius und seinen Arbeitgebern kann man schließen, daß er ebensoviel gab, wie er nahm. Er selbst berichtet, daß er in den sechs oder sieben Jahren, die er im Staat Qi verbrachte, einhunderttausend *zhong* oder einhundertdreißigtausend *dan* Getreide ver-

31 Ebenda (bearbeitet nach Lau, S. 104).

32 *Menzius*, Buch 3B, 4.

33 *Menzius*, Buch 6A, 7, 6A, 10.

diente, also umgerechnet etwa fünfhundert Tonnen oder sechzigtausend Scheffel Korn im Jahr.[34] Als er um 319 v. Chr. in Qi eintraf, weihte sein Herrscher, König Xuan, ihn sogleich in seine Pläne ein, einen anderen Staat zu überfallen. König Xuan bezeichnete dieses Unternehmen als Strafexpedition, da der verstorbene Herrscher des betreffenden Staates statt seines Sohnes einen Berater zum Nachfolger bestimmt hatte. Dies, so behauptete König Xuan, sei eine höchst irreguläre Praxis, die ernsthafte moralische Folgen haben könne. Menzius muß einer Meinung mit ihm gewesen sein. Anfangs stimmte er dem Überfall und einer militärischen Besetzung nach der Eroberung zu, da er natürlich hoffte, sein Herr würde dem Volk des besetzten Landes damit helfen. Erst als Menzius erfuhr, daß die Armee von Qi »Tyrannei« über die Unterworfenen »ausübte«, »die Alten getötet, die Jungen in Bande geschlagen, die Ahnentempel zerstört und sich die wertvollen Gefäße angeeignet« hatte, beschloß er zu gehen.

Menzius brauchte drei Nächte, um in die nächste Stadt zu gelangen, die nur drei Kilometer entfernt lag. »Dennoch«, so sagt er, »dauerte es nicht lange genug. Wider alle Aussichten hatte ich gehofft, der König würde seine Meinung ändern. Dann, so war ich mir sicher, würde er mich zurückrufen.« Der König machte natürlich keine Anstalten, seine Absichten zu ändern oder Menzius zurückzurufen. Auch als Menzius' Hoffnungen sich zerschlagen hatten, hörte er nie auf zu glauben, daß der König »zu guten Taten fähig« sei: »Wenn der König sich nur ändern würde. Darauf hoffe ich jeden Tag. Ich bin nicht wie diese kleinen Leute, die, wenn ihr Rat vom Fürsten abgelehnt wird, zornig werden und ein saures Gesicht ziehen, und wenn sie abreisen, den ganzen Tag fahren, bis sie all ihre Kräfte erschöpft haben, ehe sie irgendwo zur Nacht anhalten.«

---

34 *Menzius*, Buch 2B, 10. Bei der Umwandlung des alten Maßes *zhong* in moderne *dan* bin ich dem Kommentar von Jiao Xun gefolgt. (Siehe *Mengzi zhengyi*, S. 298f.) Dementsprechend habe ich die *dan* in Tonnen umgerechnet.

Das Rätselhafte ist, daß Menzius von Anfang an die Wahrheit über diesen Herrscher gekannt hatte. Dieser war ihm gegenüber völlig offen gewesen und hatte ihm geradeheraus gesagt, daß er Frauen, Wohlstand und Kriegsabenteuer liebe, daß er oberflächlich sei und nicht das Zeug zu einem wahren König habe. Entweder hörte Menzius ihm nicht zu, oder er handelte wider besseres Wissen. Er konzentrierte sich auf die guten Seiten, die er an seinem Herrn wahrnahm, und baute auf die Hoffnungen, die er sich machte. Ebenso wie Shun, der sich sein ganzes Leben lang nach seinen Eltern sehnte, sehnte Menzius sich nach seinem Fürsten, nicht nach seiner Zuneigung, sondern nach einem Zeichen – irgendeinem Zeichen –, daß er sich bessern wolle. Doch das Warten ermüdet ihn und schadet seinem Ruf. Die Duldsamkeit und Schmeichelei, die Menzius bei der moralischen Überzeugungsarbeit einsetzte, ließen ihn für einige schwach und eingebildet, wankelmütig und selbstgerecht erscheinen.[35]

Menzius hatte zu seinen Lebzeiten und in den beiden Jahrhunderten nach seinem Tod viele Kritiker. Am schärfsten griff ihn Xunzi an,[36] der ein Jahrhundert später lebte und sich ebenfalls zu den Lehren von Konfuzius bekannte. Er beschuldigte Menzius und seinen Lehrer Zisi, die Lehren des Meisters »zu verfälschen« und etwas »Irrgeleitetes«, »Dunkles«, »Esoterisches« zu verbreiten, so daß man »kein Vorbild« zum Nacheifern, »keine Abhandlung« zum Durchdenken und »keine Erklärung« habe, die Licht ins Dunkel zu bringen vermag. Allerdings unterstellte Xunzi entgegen anderen Kritikern Menzius keine böse Absicht. Sie behaupteten, Menzius

35 Siehe *Menzius*, Buch 2B, 8; 1B, 10; 1B, 11; 2B, 9; 2B, 12. In 5A, 6 erklärt Menzius, warum die erbliche Nachfolge der richtige Weg für die drei Dynastien sei. Siehe auch Liang Taos aufschlußreichen Aufsatz über die Idee des *shanrang* (»Weitergabe des Throns an jemanden außerhalb der Familie«) in der Zeit der Streitenden Reiche. Zum Verständnis der Beziehung zwischen Menzius und König Xuan siehe Chin, »Shigui houshi wanggui« (»Ist ein *shi* edler als ein König?«).

36 Siehe *Xunzi jijie*, Kap. 6., S. 59.

äußere sich vorsätzlich ungenau und vage, da dies seinem Charakter entspreche.[37] Er greife so weit auf die Vergangenheit zurück und präsentiere Männer wie Yao und Shun als vollkommene Vorbilder, weil sie von Rätseln und einem geheimnisvollen Nimbus umgeben seien und niemand ihnen nacheifern oder sie in Frage stellen könne.

Xunzi indessen zog Vorbilder vor, die seiner Zeit näher waren, und Lehren, die die Fürsten und ihre Ratgeber unmittelbar auf die Anforderungen einer Lage anwenden konnten. Außerdem dachte er lieber über die Fähigkeiten des Verstandes als über die des Herzens nach. Ein geübter Verstand, so sagte er, gestatte eine präzisere Einschätzung dessen, was recht und unrecht ist. Er war nach Xunzis Ansicht eine tiefere und verläßlichere Quelle als die Regungen des Herzens. Wegen der Unterschiede zwischen Xunzi und Menzius ergriffen spätere Konfuzianer in häufig polemischen Schriften für den einen oder den anderen Partei.

Xunzi hielt sich mit solchen Differenzen nicht auf. Er sah sich in erster Linie als Schüler von Konfuzius. Den größten Teil seines Lebens widmete er der Darlegung dessen, was Konfuzius gelehrt hatte, und dem Konzept einer konfuzianischen Idee, in die er den Herzog von Zhou miteinbezog und damit das Bild des »großen Konfuzianers« schuf. Der Herzog von Zhou, so Xunzi, wurde in eine Machtposition hineingeboren und wußte, wie man mit Macht umgeht, aber der König von Zhou und Herrscher von China war sein Halbbruder Wu. Doch der Herzog von Zhou wurde zum Souverän, als König Wu unerwartet verstarb und seinem kleinen Sohn die Nachfolge hinterließ.

> Der Herzog von Zhou [war an diesem Punkt zur Stelle und] trat als Schild für [den jungen] König Cheng auf. Da er einen allgemeinen Aufstand gegen die Zhou-Herrschaft fürchtete, trat der Herzog König Wus Nachfolge an [und handelte für den jungen König], um die politische

37 Siehe die gesammelten Kommentare zum Kapitel 6 des *Xunzi jijie*, S. 59.

> Beständigkeit der Welt zu sichern. Er übernahm die Rolle des Himmelssohnes und ließ Gerichtsfälle vor sich kommen. [Alles in allem] wirkte er so gelöst, als habe er das Amt völlig unter Kontrolle. Dennoch meinte das Volk nicht, er sei gierig [nach dem Thron]. Als er seinen Bruder Guanshu töten ließ [nachdem Guanshu einen Aufstand im Osten angezettelt hatte], betrachtete das Volk ihn nicht als grausam. Als er vollkommene Herrschaft über die Welt erlangt und einundsiebzig Lehen eingerichtet hatte, von denen dreiundfünfzig Mitgliedern seines Clans gehörten, betrachtete das Volk ihn nicht als voreingenommen.[38]

Xunzi schätzte den Herzog von Zhou als großen Mann, und das nicht, weil er die Herrschaft der Zhou gefestigt und für die künftigen Zhou-Könige einen größeren und mächtigeren geopolitischen Rahmen abgesteckt hatte, sondern – was noch wichtiger war – weil ihn in seiner Amtszeit als Regent des jungen Königs niemand für »gierig«, »grausam« oder »voreingenommen« hielt.

Konfuzius indessen war als einfacher Adliger auf die Welt gekommen. Was er an Einfluß besaß, hatte er durch eigene Verdienste erworben, und zu mehr als einem mittleren Regierungsamt gelangte er nie. Doch kaum hatte er seine Stellung als Oberster Rechtspfleger von Lu angetreten, so Xunzi, herrschte Ordnung: »Ein gewisser Shenyou wagte es nicht, seine Schafe mit Wasser vollzupumpen«, ehe er sie zum Verkauf auf den Markt brachte; »ein gewisser Gongshen verstieß seine Frau« wegen ihres liederlichen Benehmens; »ein gewisser Shenhui eilte zur Grenze und floh«, weil er ein ausschweifendes Leben geführt hatte; und »Pferde- und Rinderhändler« versuchten nicht länger, ihre Käufer »mit überhöhten Preisen« zu betrügen. Xunzi zufolge bestand Konfuzius' Größe auch darin, daß er aus einer untergeordneten Stellung heraus fähig war, »gesellschaftliche Sitten zu verändern«.[39]

---

38 *Xunzi jijie*, Kap. 8, »Ruxiao«, S. 73 f.
39 Ebenda, S. 75 ff.

Xunzi interessierte sich für die Idee der Macht – nicht die Macht brutaler Gewalt oder die Macht, die im Ansehen liegt oder durch Wohlstand beansprucht werden kann, sondern die sich in der Kraft der Natur und der Tugend des Himmels zeigt. Himmel und Erde »sprechen nicht«, dennoch »fühlen wir uns in dem Wissen sicher«, daß der eine »hoch« und die andere »fest« ist, sagt Xunzi. »Die vier Jahreszeiten sprechen nicht, dennoch kann jeder erwarten, daß sie in der richtigen Reihenfolge eintreffen. Der Grund für ihre Beständigkeit liegt darin, daß sie alles tun, was sie können.« Das gleiche kann man über »den Edlen sagen, der seine Tugend vervollkommnet hat. Obgleich er schweigt, verstehen die Menschen ihn. Obgleich er keine Gunst verteilt, fühlen sich die Menschen zu ihm hingezogen. Obgleich er keinen Zorn zeigt, erregt er die Ehrfurcht der Menschen.«[40]

Xunzi war der Ansicht, daß Konfuzius und der Herzog von Zhou diese Macht besaßen.[41] Die Jünglinge aus der Nachbarschaft des Konfuzius »teilten den Fang in ihren Netzen so, daß jene, die Eltern hatten, den größeren Teil erhielten«. Missetäter und Schurken in seinem Staat wußten sich zu läutern, als er im Amt war. Die Macht, die der Herzog von Zhou besaß, glich der der Natur sogar noch mehr. Sein Vorgehen wirkt mitunter unorthodox, dennoch vertraute sein Volk ihm auf die gleiche Weise, wie es auf die vier Jahreszeiten vertraute; sie wußten, daß »die Dinge stets in Ordnung« waren und er nie »die Grenze überschritten« hatte.

Auch Menzius interessierte sich für diese Art der Macht, bemühte sich aber nicht, ihre Geheimnisse sorgfältig und rational zu ergründen. Auch gelang es ihm nicht, zwischen dem moralischen Einfluß des Herrschers und der Gewalt einen Ausgleich zu finden. »Wenn der Herrscher eines Staates zur Güte neigte, wird er im Reich nicht seinesgleichen haben. Als er nach Süden marschierte, beklagten sich die Nordbarbaren; als er nach Osten marschierte, beklagten sich die West-

40 Ebenda, Kap. 3, »Bugou«, S. 28ff.

41 Ebenda, S. 73ff.

barbaren. Sie alle sagten: ›Warum kommt er nicht zuerst zu uns?‹«[42]

Menzius war jederzeit bereit, historische Berichte über moralisch begründete Eroberungen, bei denen es zu Widerstand und Blutvergießen kam, anzufechten, ganz gleich, wie geheiligt und unantastbar diese Quelle war. Über das Kapitel im *Buch der Urkunden*, in dem die letzte Schlacht beschrieben wird, die König Wu gegen das Volk der Shang führte, sagte Menzius, er könne nur »zwei oder drei Streifen des Bambustexts« akzeptieren: »Ein gütiger Mann [wie König Wu] hat nicht seinesgleichen im Reich. Wie könnte es sein, daß ›soviel Blut vergossen wurde, daß es die Reisstampfer mit sich schwemmte‹, wenn der gütigste Mann Krieg gegen den grausamsten führt?«[43]

Auch Xunzi übertrieb gern die Tugend von Männern wie König Wen und König Wu: »Die in seiner Nähe sind, lobpreisen ihn und erfreuen sich an ihm, wohingegen die Fernen in ihrer Eile, zu ihm zu gelangen, stolpern und übereinander fallen.« Er erklärt, warum so viele bereit sind, sich einem solchen König zu unterwerfen: »Wenn dieser Mann mit einer ungerechten Tat oder der Hinrichtung eines Unschuldigen ein Reich gewinnen könnte, würde er es ablehnen. Daß er im Umgang mit den Menschen solche Gerechtigkeit und Wahrhaftigkeit walten läßt, übermittelt sich der ganzen Welt, und sie zollt ihm mit einer Stimme Beifall.«[44]

Xunzi schrieb leidenschaftlich über das Thema Gerechtigkeit, denn er fürchtete nichts mehr, als daß es durch mangelnde Vernunft zu Ungerechtigkeit käme. In seiner Vorstellung würde das Ende der Welt nicht durch eine große Zahl gefährlicher Männer mit unsinnigen Theorien herbeigeführt werden, sondern durch Unklarheit und Verdunklung, aus denen unweigerlich das Chaos folgt. Xunzi hatte mehrmals für

---

42 *Menzius*, Buch 7B, 4 (nach Lau, S. 194f.).

43 *Menzius*, Buch 7B, 3 (leicht bearbeitet nach Lau, S. 194).

44 *Xunzi jijie*, S. 76f. Diese Vorstellung wird auch in dem in Guodian ausgegrabenen Text *Zundeyi* geäußert.

längere Zeit an der berühmten Akademie Jixia im Staat Qi unterrichtet. Er war an intellektuelle Widersacher gewöhnt und hielt einige dieser Männer für wahnsinnig und gefährlich, aber er behauptete nie, wie es Menzius getan hatte, ihre Theorien seien so mächtig, daß sie Menschen in Tiere verwandeln könnten. Xunzi setzte mehr Vertrauen in den menschlichen Geist. In seiner Moralphilosophie ging er sogar davon aus, daß der Mensch keine angeborene positive Seite habe; aber er war überzeugt, daß dieser durch Bildung und Vernunft, durch die Anleitung der Riten und gute Lehrer sowie durch ständiges, bewußtes Bemühen ein Verständnis erlangen kann, das ihn auch unter schwierigsten Umständen zu einem richtigen Urteil führt. Als Philosoph wandte er sogar Paradoxa an, um heikle moralische Fragen zu veranschaulichen. Zum Thema der Gleichheit sagt er beispielsweise: »Gleichheit ist nur möglich, wenn wir anerkennen, daß alle Dinge ungleich sind.« Allen die gleiche Macht und den gleichen Status zu verleihen, warnt er uns, sei der beste Weg zur Katastrophe. Denn in diesem Fall würde jeder sich seinem Nächsten für überlegen halten und mehr beanspruchen, als er bereits besitzt. Unzufriedenheit führt zu Streit, sagt er, und »Streit zu Unordnung und Unordnung zu Erschöpfung«.[45]

Bei seinem Versuch, menschliches Begehren zu verstehen, folgte Xunzi dem gleichen Ansatz. Ebenso wie Ungleichheit der natürliche Zustand der Dinge ist, sagt er, ist das Verlangen nach mehr, als uns zusteht, ein Merkmal unserer angeborenen Natur. Es wäre jedoch falsch anzunehmen, daß ein Mensch mit der Auslöschung seines Verlangens seine Probleme lösen könne, denn keine Begierden zu haben bedeute nichts anderes, als »tot zu sein«.[46] Xunzi fährt fort: »Die Natur des Menschen ist das, was ihm der Himmel gewährt. Gefühle sind das Wesen seiner Natur, und Begierden sind die Reaktion auf seine Gefühle. Und es sind seine Gefühle, die es ihm unmöglich

---

45 *Xunzi jijie*, Kap. 9, »Wangzhi«, S. 96 (bearbeitet nach Watsons Übersetzung in *Basic Writings*, S. 36).

46 *Xunzi jijie*, Kap. 22, »Zhengming«, S. 283.

machen, seine Begierden für unerfüllbar zu halten; [solange sie die Oberhand haben,] wird er sich daher nicht bemühen, sich der Befriedigung seiner Begierden zu enthalten. Wenn er also beschließt, daß seine Begierden erfüllbar sind, und er dieses Ziel in Angriff nimmt, muß dies wohl an seiner Wahrnehmung und seinem Bewußtsein liegen.«[47]

Wahrnehmung und Bewußtsein können einen Menschen vor sich selbst retten. Sie ermöglichten auch Xunzi eine gewisse Distanz zu seinen Lehren und gestatteten seinen Ideen ein Eigenleben. So entging er der Bedrängnis, in die Menzius mitunter geriet.

Menzius war ein Philosoph des Herzens. Er hatte nicht nur Sinn für die Leiden anderer, sondern reagierte selbst sehr sensibel auf Kritik und Kränkungen. Auch mit Niederlagen konnte er nur schwer umgehen. Gelang es ihm nicht, einen Herrscher zur Umkehr zu bewegen, glaubte er, dessen Reich sei dem Untergang geweiht. Xunzi war anders. Auch er hatte seine Auseinandersetzungen mit den Fürsten seiner Zeit, war aber politisch erfahrener als Menzius. Aus seinen Abhandlungen läßt sich jedoch nicht ersehen, was er gegenüber den Mächtigen empfand, mit denen er persönlich bekannt war, oder welche Enttäuschungen er als Berater an einem Fürstenhof erlebt haben mochte. Xunzi hielt seine Lehre und sein Innenleben getrennt. Das bedeutet jedoch nicht, daß seine Ideen kühl und abgehoben sind. Selbst aus abstrakten Idealen formte er mit der Zeit etwas Verbindliches. Er veranschaulichte sein Konzept von Gerechtigkeit oder »öffentlichem Recht«, indem er ausführlich die Gesinnung des Edlen beschrieb:

> Auch wenn er arm ist und sich in Bedrängnis befindet, strebt ein Edler nach Höherem. Auch wenn er reich und angesehen ist, bleibt sein Benehmen respektvoll. Auch wenn er gelassen ist, neigt er nicht zur Dreistigkeit. Wenn er erschöpft ist, sieht er nicht verkümmert aus. Im Zorn nimmt er nicht zuviel, und in der Freude gibt er nicht zuviel. 〈...〉

47 Ebenda, S. 284.

> Im Zorn nicht zuviel zu nehmen und in der Freude nicht zuviel zu geben heißt, dem königlichen Vorbild gemäß persönliche Gefühle [extremes Verhalten] zurückzuhalten. Das *Buch der Urkunden* lehrt: »Folge nicht dem, was dir gefällt. Folge dem Weg des Königs. Folge nicht dem, was dir nicht gefällt, folge dem Weg des Königs.« Das bedeutet, der Edle vermag durch sein Gefühl für Gerechtigkeit seine persönlichen Begierden im Zaum zu halten [damit sie nicht ausufern].[48]

Das königliche Vorbild – der königliche Weg – ist das, was richtig und gerecht ist. Er ist eine abstrakte Idee, die jedoch untrennbar an den Menschen gebunden ist, der »im Zorn nicht zuviel nimmt und in der Freude nicht zuviel gibt«. Diese Idee hatte sich wie die meisten seiner Ansichten aus Xunzis Erfahrungen herauskristallisiert, auch wenn er diese nicht preisgab, vor allem nicht in seinen offiziellen Schriften.

Xunzi wurde beinahe einhundert Jahre alt und erlebte die letzten Jahrzehnte der Zeit der Streitenden Reiche, als die Gewalt so außer Kontrolle geriet, daß die Täter schon gar keine Ausreden mehr vorbrachten. Er reiste viel und wurde Zeuge zahlreicher grauenhafter und abstoßender Ereignisse. Das grausigste Kapitel in der Geschichte der Streitenden Reiche spielte sich in seinem Heimatstaat Zhao ab. Nach Sima Qians Bericht begrub die Armee von Qin bei einem Feldzug gegen Zhao im Jahre 260 v. Chr. Tausende von gefangenen Zhao-Soldaten bei lebendigem Leibe. Man weiß auch, daß Xunzi sich zur Zeit dieses Ereignisses in seiner Heimat aufhielt.[49]

Gewalt ist ein bestimmendes Thema in Xunzis Schriften. Gleichnisse über Gewalt sollten seine Zeitgenossen aus ihrer geistigen Trägheit rütteln. Noch heute versetzt es uns einen Stich,

---

48 Ebenda, Kap. 2, »Xiushen«, S. 21.

49 Siehe *Shiji*, Kap. 73, S. 2334ff.; Kap. 5, S. 213. Sima Qian behauptet, es seien über 400 000 Soldaten aus dem Staat Zhao im Krieg gegen Qin umgekommen. Er setzt die Zahl übertrieben hoch an, um das Grauenhafte dieses Ereignisses hervorzuheben.

wenn wir lesen, was er über die körperliche Erfahrung von äußerster Not und Gefahr sagt: »Wem die nackte Klinge die Brust zu durchbohren droht, der wird die fliegenden Pfeile nicht bemerken. Wen die Lanze in den Kopf zu treffen droht, der wird nicht bemerken, wenn man ihm alle zehn Finger abhackt.« »Nichts davon ist der Unaufmerksamkeit zuzuschreiben«, erklärt Xunzi, denn alles ist eine »Sache der Priorität«. Wenn eine Klinge in die Brust eines Menschen fährt und eine Lanze seinen Kopf trifft, spürt er nichts anderes als den »Schmerz und die Qual« und die »Not und die Schwere seiner Lage«.[50]

Was Xunzi hier beschreibt, ist eine rettungslose Notlage. Mit diesem Text drängt er seine Zeitgenossen, ihre Art der Herrschaft zu ändern und sich selbst zu bessern, ehe es zu spät ist. Xunzi verwendete in seinen Gleichnissen häufig drastische Vergleiche, die vor allem an die Mächtigen seiner Zeit gerichtet waren. Zu einem Premierminister von Qi, der danach trachtete, in den Spuren der großen Könige der Vergangenheit zu wandeln, dessen Verhalten aber in keiner Weise diesem Ansinnen entsprach, sagte Xunzi: »In Eurem Fall ist ein [solches Streben] das gleiche, als würdet Ihr Euch flach auf den Boden legen und versuchen, am Himmel zu lecken, oder einen Mann, der sich erhängt hat, zu retten, indem Ihr ihn an den Füßen zieht.«[51]

Xunzi schockiert, Menzius beschwichtigt, doch beide widmeten ihre Überredungskünste der Durchsetzung von Moral. Xunzi verbrachte die erste Hälfte seines Berufslebens hauptsächlich als Lehrer. Doch 255 v. Chr., als er Mitte fünfzig war, bot ihm der Premierminister von Chu, ein gewisser Herr Chunshen, den Posten des Richters von Lanling an. Zehn Jahre später wurde Xunzi wieder entlassen und begab sich in seine Heimat Zhao. Einige Jahre darauf änderte Herr Chunshen seine Meinung wieder und schickte einen Gesandten zu Xunzi, der ihn bitten sollte, auf seinen früheren Posten

50 *Xunzi jijie*, Kap. 16, »Qiangguo«, S. 204 (nach Knoblocks Übersetzung, *Xunzi*, Bd. 2, S. 249).

51 Ebenda (bearbeitet nach Knoblock, Bd. 2, S. 244).

zurückzukehren. Xunzi lehnte in aller Form ab, aber sein Brief begann nicht mit den Worten: »Ich habe gegen alle Aussicht gehofft, daß Ihr Euer Verhalten ändern würdet«, sondern: »Selbst ein Leprakranker hat Mitleid mit einem König.« Und er fährt fort: »Diese Worte mögen respektlos klingen, dennoch sollten wir sie gründlich bedenken.« Die Redensart, erklärt er weiter, beziehe sich auf diejenigen Herrscher, die eines unnatürlichen Todes starben, »verprügelt und ermordet« wurden:

> Obwohl ein Leprakranker Geschwüre und Krankheit erduldet, ist dies noch besser, als mit einer Zierkordel erdrosselt zu werden [wie König Kang von Chu] oder von einem Pfeil durchbohrt zu werden [wie Herzog Zhuang von Qi], wie es in alter Zeit geschah, oder die Sehnen herausgezogen zu bekommen [wie König Min von Qi] oder verhungern zu müssen [wie König Wuling von Zhao] in jüngerer Zeit. Gewiß erleidet ein Herrscher, der stirbt, weil man ihn verprügelt und ermordet, größere geistige Qualen und mehr körperlichen Schmerz als ein Leprakranker. Daraus sehen wir, warum »selbst ein Leprakranker Mitleid mit einem König hat«.

Xunzi beendet seinen Brief mit einem Gedicht:

> Die Blinden hielt er für scharfsichtig,
> den Tauben gab er ein scharfes Ohr.
> Er hält für richtig, was falsch ist,
> für glückverheißend, was Unglück bringt.
> Himmel über mir, was habe ich mit ihm gemein?[52]

Herr Chunshen erkannte, daß das Gedicht auf ihn gemünzt war, aber er war nicht nachtragend. Als er ein zweites Mal nach Xunzi schickte, ließ der Philosoph sich erweichen. Zwei Jahre nachdem Xunzi sein Amt in Lanling wiederaufgenommen hatte, wurde Herr Chunshen hinterrücks ermordet, weil er in einen Nachfolgestreit verwickelt war. So war sein Tod dem eines Königs, den selbst ein Leprakranker bemitleiden würde,

---

52 *Zhanguo ce*, 17 *juan*, »Chuce« (bearbeitet nach Knoblock, *Xunzi*, Bd. 1, S. 27).

nicht unähnlich. Nach der Ermordung des Herrn Chunshen wurde Xunzi wieder einmal seiner Pflichten enthoben. Er lebte noch mindestens zwanzig Jahre.

Es gab keine Parallelen zwischen Konfuzius' und Xunzis Leben, doch ihre berufliche Karriere verlief ähnlich. Beide fanden ein Regierungsamt, als sie um die fünfzig waren, wurden aber nach wenigen Jahren wieder entlassen. Beide rief man zurück, doch Xunzi lebte nach seiner Rückkehr in sein Amt noch über zwanzig Jahre, Konfuzius nur noch fünf. Aus dem, was wir über den Charakter der beiden Männer wissen, kann man nicht schließen, daß sie, wären sie sich begegnet, sich gut verstanden hätten. Dennoch ist der eine der geistige Vater des anderen. Beide betrachteten die Welt mit klarem Blick, und keiner neigte zu Vagheit oder Unentschlossenheit. Außerdem hielten sie stets emotionalen Abstand zu Angelegenheiten, die eines richterlichen Urteils, der Schlichtung oder auch nur eines vernünftigen Wortes bedurften. So belehrte Konfuzius seinen Schüler Zigong, daß ein Mann von »geistiger Klarheit« sich weder von Ärger noch Schmerz zum Handeln drängen lasse. Ran Qiu sagte er, daß er sich nie auf die Ebene des Herzogs von Ai und seines Beraters herablassen und ihrer Kriegs- und Steuerpolitik beipflichten würde. Nie würde er sich selbst vormachen, daß ein Kompromiß am Ende für alle das beste sei.

Menzius war diplomatischer. Dies erklärt zumindest teilweise seine Beliebtheit bei den meisten Herrschern der chinesischen Geschichte. Er äußerte sich milder und strapazierte ihr Gewissen nicht so sehr. Zudem konnten die Fürsten seine Ideen leichter ihren Bedürfnissen anpassen. Menzius hatte natürlich nicht erwartet, daß seine Philosophie zur Verbündeten der Macht wurde. Schon ihrer geistigen Ursprünge wegen, zu denen die Lehren von Konfuzius und Zisi gehörten, war es eigentlich unmöglich, daß sie mit den Interessen der Mächtigen zusammentraf. Schließlich hatte Zisi seinen Vorgesetzten gefragt: »Wie könnt Ihr annehmen, mein Freund zu sein«, wenn »Ihr, wenn es nach der Tugend ginge, mir dienen solltet«?[53]

53 *Menzius*, Buch 5B, 7.

Gegen Ende seines Lebens, als Menzius der ganzen Hoffnungslosigkeit menschlicher Angelegenheiten müde war, suchte auch er Zuflucht bei seiner Familie, seiner Lehre und in persönlicher Vervollkommnung.[54] Aber er brach nicht vollständig mit der Politik und den Mächtigen, da er weder imstande war, seinen Herren zu sagen, was Zisi gesagt hatte, noch einem Fürsten oder Premierminister zu erklären, daß selbst ein Leprakranker Mitleid mit einem König habe. Es lag nicht daran, daß Menzius unfähig gewesen wäre, ein Urteil zu fällen, nur kam ihm sein Herz ständig in die Quere. Deshalb erreichte er nie die Höhen des Konfuzius und verkündete nie wie dieser mit kühner Arroganz, das Sprechen aufgeben zu wollen, weil auch der Himmel nie rede (vgl. XVII,19).

Obwohl seine Zeit in den Diensten von Königen Menzius beunruhigt hatte, fand seine Philosophie nach seinem Tod starken Anklang bei den Mächtigen und sicherte ihm so einen festen Platz gleich hinter Konfuzius im staatlichen Konfuzius-Tempel. Wichtiger war noch der bevorzugte Rang, den ihm die meisten Kaiser in der Staatsdoktrin und ihrem Herzen gewährten, gleich, ob sie nun Han-Chinesen, Mongolen oder Mandschus waren. Doch nicht nur die Herzen der Kaiser gewann Menzius mit seinen Ideen. Konservative und Reformer, Loyalisten und Dissidenten, Gelehrte und Kaufleute beanspruchten Menzius als einen der Ihren. Seine Theorie von der menschlichen Natur gefiel allen. Sie ermutigte und gab Grund zum Optimismus. Ein bedeutender Gelehrter des letzten Jahrhunderts bezeichnete sie als »die korrekte und positive Umsetzung des konfuzianischen Denkens«.[55]

Dieser und andere Aspekte von Menzius' Lehren erhielten Auftrieb in der konfuzianischen Renaissance der Song-Dynastie, vor allem im 11. und 12. Jahrhundert. Besonders an-

---

54 *Menzius*, Buch 7A, 20.

55 Siehe Qian Mu, *Zhongguo xueshu sixiang luncong*, 2, S. 241, zitiert nach Huang Chin-shing, *Xunzi: Kongmiao congcide quexizhe* (»Xunzi: Der Abwesende im Konfuzius-Tempel«), S. 16.

getan waren die Vertreter der Bewegung von der Selbsterforschung als Weg zur Kultivierung der eigenen moralischen Möglichkeiten. Aus diesen Ideen und dem aus den *Gesprächen* und den alten Klassikern Gelernten schufen die Konfuzianer der Song-Zeit eine dynamische Philosophie, die mächtig genug war, dem Buddhismus entgegenzutreten, und so stark, daß sie alle Änderungen und Schwankungen im menschlichen Denken und in der politischen Ethik nicht nur verkraften, sondern nachvollziehen konnte. Sie hätten diese neue Philosophie durchaus als ihre eigene bezeichnen können, aber wie Konfuzius bestanden sie darauf, nicht Schöpfer, sondern Vermittler zu sein und in der kulturellen Tradition von Yao, Shun, Yu, der Könige Wen und Wu, des Herzogs von Zhou, von Konfuzius und Menzius zu stehen. Da Menzius ihre philosophischen Vorlieben stützte, waren es seine Lesart von Konfuzius und den Klassikern, seine Bücher und seine Gedanken, die ihm die intellektuelle Vorherrschaft an der Akademie und eine besondere Aufmerksamkeit im Lehrplan sicherten.

Die Nachfolger der Song-Denker verankerten Menzius noch mehr in den staatlichen Beamtenprüfungen und festigten damit weiter seine Bindung an den Staat. Seltsam ist jedoch, daß die Reformer der Verfassung im späten 19. Jahrhundert die absolute Monarchie kritisierten und ihnen die Lehren des Menzius gleichzeitig als Quelle tiefster Inspiration dienten. Wegen seines Mitgefühls für die Notleidenden sah man Menzius als Verfechter der »Rechte des Volkes« und seine Ideen als Wegbereiter des demokratischen Geistes. Dabei vergaßen sie, daß Menzuis niemals die Legitimität kaiserlicher Herrschaft angezweifelt hatte. Ohne einen autokratischen Herrscher hätten die Edlen seiner Welt ihre Tugenden nicht erwerben können. Was wäre ohne seinen herzlosen Vater aus Shun geworden, was aus den Tausenden von Beratern ohne ihre Despoten? Die modernen Reformer waren nicht geneigt, diesen Fragen nachzugehen. Statt dessen zogen sie es vor, sich vor allem auf das zu konzentrieren, was Menzius über das Los der Armen sagte, und das, was die Herrscher tun konnten, um es ihnen zu erleichtern. Sie fragten nie danach, warum Menzius zweitausend Jahre lang der Liebling der Kaiser gewesen war, warum kein Herrscher ihn der politischen Subversivität verdächtigt und kein Aufständischer in der gesamten Geschichte des chinesischen Kaiserreiches ihn zu seinem Propheten gemacht hatten. Selbst auf dem Höhepunkt einer grimmigen Auseinandersetzung zwischen der Kaiserinwitwe Cixi und den Befürwortern der neuen Verfassung im Jahre 1898 beanspruchten beide Seiten Menzius für sich.

Xunzi war der erste, der einen festen Platz im konfuzianischen Pantheon erhielt, aber die Wiederbelebung des Konfuzianismus in der Song-Zeit ging an ihm vorüber. Die Song-Konfuzianer vermochten »nicht die Spur eines Weisen oder Würdigen« an ihm zu entdecken, da Xunzi »die menschliche Natur ungehörig und abstoßend« fand. Seine Kritiker urteilten daher folgendermaßen: Warum sollte man Xunzis Lehre erörtern, wenn er kein Verständnis für die menschliche Natur besaß? Diese Denker erkannten, daß sie, wenn sie dem folgten, was Xunzi über die Natur des Menschen sagte, ihre eigene Moralphilosophie untergraben würden.[56]

Im 13. Jahrhundert, gegen Ende der Song-Zeit, erwog man sogar, Xunzi aus dem Konfuzius-Tempel zu verbannen, um »ihn nicht in den Genuß der Opfergaben zu bringen«.[57] Das hätte bedeutet, ihn postum zu töten und aus der spirituellen Ahnenreihe der Konfuzianer zu tilgen. Diese Bestrebungen wurden erst zwei Dynastien später in die Tat umgesetzt, als zu Beginn des 16. Jahrhunderts ein Ming-Kaiser eine Umgestaltung des Konfuzius-Tempels anordnete. Im 18. Jahrhundert, unter den Qing, wurde Xunzi kurzzeitig rehabilitiert.[58] Die damaligen Gelehrten strebten nach Wissen und Erkenntnis. Sie interessierten sich für alle Philosophen aus der Zeit der Streitenden Reiche, nicht nur für Menzius. In Xunzi entdeckten sie einen Gleichgesinnten, der seine ganze Aufmerksamkeit auf das Lernen richtete, auf die Vernunft vertraute

56 Huang, S. 6f.
57 Ebenda, S. 9.
58 Ebenda, S. 10f.

und die sechs Künste, besonders die Riten liebte. Auch die Strenge, mit der er argumentierte, gefiel ihnen. Gegen Ende des 19. Jahrhunderts indessen diktierten wieder politische Ziele die Sicht auf Xunzi. Einige der klügsten und fortschrittlichsten Köpfe der Zeit beschuldigten ihn, ein Verfechter absoluter Herrschaft zu sein. Wieder fand man, seiner Theorie über die Natur des Menschen mangele es an moralischer Ausrichtung, und man benutzte ihn nur als Kontrastfigur zu Menzius, dem damals beliebtesten Konfuzianer.

Gegen Ende meiner Arbeit an diesem Buch besuchte ich auf einer Reise nach China den Menzius-Tempel in Shandong, den ein chinesischer Kaiser im 12. Jahrhundert in Menzius' Heimatort in Zou bauen ließ. Neben dem Tempel stehen die Gebäude für die Familien von Menzius' Nachkommen. Alles war kleiner, als man es in der Song-Zeit errichtet hatte, doch fünfhundert Jahre später ließ ein Mandschukaiser es vergrößern und zu seiner gegenwärtigen Pracht mit den erlesenen Gärten, eleganten Höfen, Empfangshallen, einer gut bestückten Bibliothek und über achtzig Wohnräumen auf einem zehn Hektar großen Gelände ausbauen. Selbst Menzius' Erben hatten es gut.

Auch Xunzi hat einen Schrein in Shandong, etwa einhundertdreißig Kilometer südöstlich von Menzius' Heimat Zou. Eine Freundin zeigte mir Fotos, die sie kürzlich davon gemacht hatte. Der Tempel, ein vernachlässigtes und ungepflegtes Gebäude, steht einsam und verlassen da. Keine Souvenirhändler oder selbsternannten Fremdenführer in Sicht. Doch sogar auf dem Papier strahlt es eine unbeugsame Strenge aus, die meiner Ansicht nach sehr gut zu Xunzi paßt.

Konfuzius, würde er noch leben, hätte sicher nichts am gegenwärtigen Zustand des Menzius-Tempels auszusetzen, und auch an Xunzis Schicksal würde er sich nicht stören. Er würde sogar Spuren von sich selbst im Nachleben der beiden wiederfinden. Aber er würde auch darauf hinweisen, welcher von beiden die Anforderungen authentischer Moral verstanden hatte. Wie Xunzi nahm Konfuzius die Welt als beunruhigend wahr, stets von Tyrannen bedroht, die mit dem Leben und der Würde eines Menschen tun und lassen konnten, was immer ihnen gefiel. Daher genügt es nicht, die Tyrannen zur Läuterung bewegen zu wollen. Ein Philosoph muß mehr tun, würde Konfuzius sagen. Er muß strenger mit diesen Männern umgehen. Wie weit er dabei zu gehen hat, würde Konfuzius dem Philosophen überlassen, aber er würde von ihm verlangen, festen Schrittes voranzuschreiten, und ihm raten: »Vergiß nicht den ersten Hauch des Lebens und das Wissen in deinem Herzen.«

EPILOG

Der Konfuzius-Tempel in Qufu ist eine ganz eigene Geschichte.

Der Winter fing gerade an, und ich hatte mein Buch fast zu Ende geschrieben: der ideale Zeitpunkt für eine Reise in die alte Hauptstadt von Lu. Nur wenige Besucher hatten sich eingefunden, ein Bus mit Kanadiern, eine Handvoll Chinesen, ein Freund und ich. Dichter Nebel hüllte uns ein wie Wolken. Die Einheimischen wirkten niedergeschlagen. In der Nebensaison gibt es in dieser kleinen Touristenstadt wenig zu tun, außer sich um den Lauch, die Frühlingszwiebeln, den Winterweizen und die Süßkartoffelpflanzen auf den umliegenden Feldern zu kümmern. Doch für mich waren der Nebel und die Kühle ideal. Das Wetter regte mich an, den Nebel meiner eigenen Vorstellungen von Konfuzius zu durchdringen. Als ich den steinernen Pfad zu seinem Tempel entlangging, stellte ich mir unablässig Fragen: Was sehe ich? Was sagt er? Wie sieht er aus?

An diesem Tag begegnete ich Konfuzius in verschiedener Gestalt. Er war der Reisende, wie er uns aus den *Gesprächen* entgegentritt, er war Konfuzius, wie Zhuangzi ihn sah, und er war der Konfuzius aus dem letzten Kapitel von Sima Qians Chronik. Doch noch ein anderes Bild kam mir in den Sinn. Sein Schöpfer ist ein geistiger Verwandter von Zhuangzi, und in seiner Geschichte begegnet uns Konfuzius wieder zusammen mit seinem sanften Schüler Yan Hui. Yan Hui rühmt in dieser Szene ein »sorgloses«, »wissendes und himmelhoch jauchzendes Schicksal«. Er erreicht es durch »innere Bildung«, durch »die Erkenntnis, daß ein Mensch keine Herrschaft über die Wechselfälle des Lebens besitzt« und diese ihm daher »keine Angst oder Sorge bereiten sollten«. Konfuzius jedoch spricht seinem Schüler von einem anderen Schicksal – »voller Sorge« und doch »wissend und himmelhoch jauchzend«:

Vor nicht langer Zeit, als ich die *Lieder* und *Urkunden* herausgab und Riten und Musik berichtigte, war es mein Ziel, die Ordnung in der Welt wiederherzustellen und diese Ordnung den kommenden Generationen weiterzugeben. Dies geschah nicht nur, um mich selbst zu bilden oder Ordnung in meine Heimat Lu zu bringen. Doch die Mächtigen von Lu maßten sich Tag für Tag die Autorität ihrer Oberen an; und unablässig verlieren wir unsere Menschlichkeit und unseren Maßstab für das, was richtig ist. Unser aufrechtes Wesen und unsere Gefühle werden immer schwächer. Wenn mein Weg nicht einmal einem Staat und einem einzigen Zeitalter nützt, welche Hoffnung besteht dann für die Welt und für die kommenden Generationen? In diesem Moment erkannte ich, daß die *Lieder* und die *Urkunden*, die Riten und die Musik nicht dazu taugen, die Welt vor dem Chaos zu bewahren. Dennoch weiß ich nicht, wie ich verbessern kann, was ich zu tun versucht habe. Aus diesem Grund ist ein Mensch, der sich am Himmel erfreut und das Schicksal kennt, voll Sorge. Aber diese Erkenntnis nenne ich mein eigen.[1]

Und Konfuzius Erkenntnis lautet: »Über alles jauchzen, alles wissen, sich um alles sorgen und alles tun.«

Kaum zwei Kilometer vom Konfuzius-Tempel entfernt liegt seine Grabstätte. In dem Wald aus alten Zypressen und silbrigem Wacholder findet man, was man sucht. Auf dem Hügel wachsen dichte Grasbüschel – »das schöne unverschnittene Haar von Gräbern«[2] – und unter der Erde lebt der Geist, der die Eifrigen, die Hoffnungsfrohen und die Müden nährt, die noch die Fähigkeit besitzen, sich am Schicksal und an der Gestalt des Menschen zu erfreuen.

---

1 Liezi zhu, *in:* Xinbian zhuzi jicheng, *Bd. 4, S. 39f.*

2 Walt Whitman, »Gesang von mir Selbst«, in: *Grashalme*, Nr. 6, üb. v. Hans Reisinger, Zürich 1985, S. 45.

ZU DEN QUELLEN

Beim Verfassen dieses Buches habe ich stark von der chinesischen Gelehrtentradition der Textkritik (*kaozheng*) profitiert, die sich in den letzten drei Jahrhunderten entwickelt hat. Dieser wissenschaftliche Ansatz spürt jedem Anhaltspunkt nach und macht ihn zum Ziel ihrer Forschung. In ihrem Umgang mit den frühen Quellen untersuchten die Kaozheng-Gelehrten nicht nur die zentralen Begriffe in Konfuzius' moralischem Konzept – Tugend, Mut, Gerechtigkeit, Recht, Güte –, sondern auch Realien wie Maße und Gewichte, Waffen und Kriegstrommeln, Ritualgerätschaften und Trauerkleidung, Musikinstrumente und Tempelpfeiler, Dienstleistungssteuer und Grundsteuer, die Logistik des kommunalen Lebens sowie jede historische Persönlichkeit, jeden Ort und jedes Ereignis. Solche Einzelheiten werfen stets neue Fragen auf. So erfahren wir aus den *Gesprächen*, daß ein Grenzwart nach einer kurzen Begegnung mit Konfuzius dessen zufällig anwesenden Schülern erklärte: »Nun will der Himmel euren Meister als die hölzerne Zunge einer Bronzeglocke verwenden.« (III,24) Die Wissenschaftler, die sich mit dieser Passage beschäftigten, stellten eine Vielzahl von Fragen: Wer könnte dieser Grenzwart gewesen sein? Welche Grenze bewachte er? Wie bedeutend war seine Position? Weshalb kam Konfuzius an diese Grenze? Wollte er sie überqueren? Was wollte der Grenzwart mit seinen Worten sagen? Warum würde der Himmel Konfuzius als »die hölzerne Zunge einer Bronzeglocke verwenden«? Wozu wurde eine Glocke mit hölzerner Zunge zu Zeiten Konfuzius' gewöhnlich verwendet? Wozu eine mit einer Bronzezunge? Dienten sie dem gleichen Zweck?

Ein großer Teil der von mir verwendeten Sekundärliteratur bestand in diesen umfangreichen Erörterungen von Details. Ohne diese Tradition der Exegese wäre ich mit meiner Lektüre der *Gespräche* und der *Überlieferung des Zuo*, den beiden für meine Arbeit entscheidenden Werken, nicht weit gekommen.

DIE CHINESISCHEN DYNASTIEN

Shang-Dynastie (1570-1045 v. Chr.)

Zhou-Dynastie (1045-221 v. Chr.)
Westliche Zhou (1045-771 v. Chr.)
Östliche Zhou (771-221 v. Chr.)
Frühlings- und Herbstzeit (771-481 v. Chr.)
Zeit der Streitenden Reiche (481-221 v. Chr.)

Qin-Dynastie (221-207 v. Chr.)

Han-Dynastie (202 v. Chr. - 220 n. Chr.)
Westliche Han (202 v. Chr. - 9 n. Chr.)
Östliche Han (25-220)

Die Sechs Dynastien (220-589)

Sui-Dynastie (589-618)

Tang-Dynastie (618-906)

Die Fünf Dynastien (907-960)

Song-Dynastie (960-1279)
Nördliche Song (960-1126)
Südliche Song (1126-1279)

Yuan-Dynastie (1279-1368)

Ming-Dynastie (1368-1644)

Qing-Dynastie (Mandschu) (1644-1912)

DIE WICHTIGSTEN STAATEN ZUR ZEIT DES KONFUZIUS

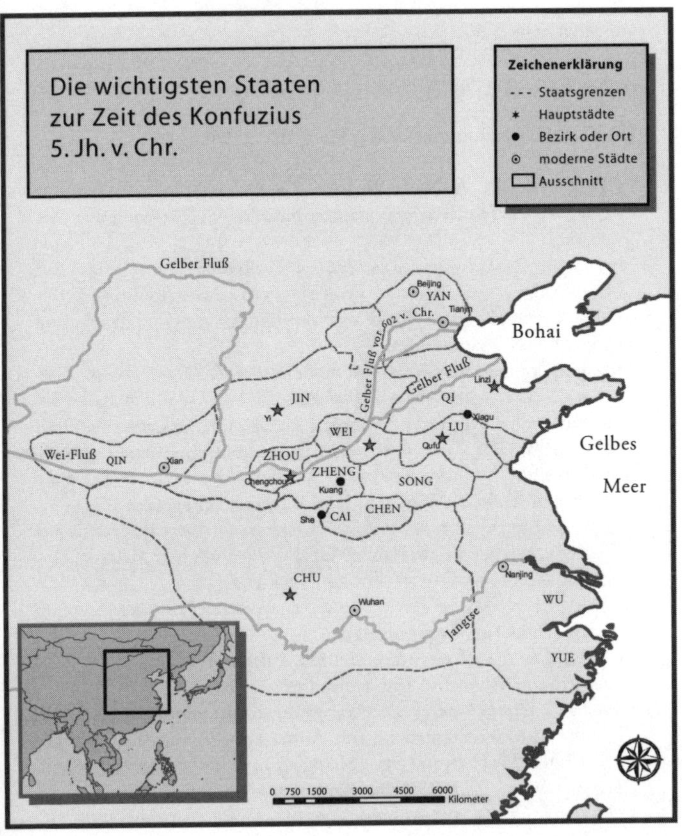

LITERATURVERZEICHNIS

Das Zitat auf S. 11 stammt aus Michel de Montaigne, *Essays*, Frankfurt am Main 1998, S. 560.

Archie Randolph Ammons, *Selected Poems*, Ithaca 1968: University Cornell Press.

Ban Gu, *Hanshu* (Geschichte der Han), Bd. 6, Beijing 1962: Zhonghua shuju.

E. Bruce Brooks, A. Taeko Brooks, *The Original Analects: Sayings of Confucius and His Successors, 0479-0429*, New York 1998: Columbia University.

Hao Chang, *Liang Ch'i-ch'ao and Intellectual Transition in China, 1890-1907*, Cambridge/Massachusetts 1971: Harvard University Press.

Cheng Yaotian, *Tongyi lu* (Die Kunst der Dinge verstehen), Yangzhou 1991: Jiansu guangling guji.

Annping Chin, *»Chengzhi wenzhi« in the light of the »Shangshu«*, in: *Guodian Chujian guoji xueshu taolunhui lunwenji* (Veröffentlichung der Internationalen Konferenz über die Bambusmanuskripte aus dem alten Staat Chu), Wuhan 2000: Hubei renmin chubanshe.

Annping Chin, *Die Schwestern von Hofei. Eine chinesische Familie von der Kaiserzeit bis heute*, München: Karl Blessing Verlag 2003.

Annping Chin, *Shigui houshi wanggui: Mengzi yu Qi Xuan Wang de duihua* (Ist ein *shi* edler als ein König? Gespräche zwischen Menzius und König Xuan von Qi), in: Zhonguo ruxue 2 (2006).

Annping Chin, *Teaching Three Disciples: Confucius in His Later Years*, in: Early China (in Vorbereitung).

Chu Hsi, *Chu Hsi's Family Rituals*, üb. v. Patricia Buckley Ebrey, Princeton 1991: Princeton University Press.

Chunqiu Gongyangzhuan zhushu (Gongyang-Kommentar zu den Frühlings- und Herbstannalen), mit Anmerkungen versehen von He Xiu, hg. v. Sibu beiyao (SPPY), Shanghai 1933: Zhonghua paiyin ben.

Chunqiu Guliangzhuan (Guliang-Kommentar zu den Frühlings- und Herbstannalen), mit Anmerkungen versehen von Fan Ning, hg. v. Sibu beiyao (SPPY), Shanghai 1930: Zhonghua shuju.

Chunqiu Zuozhuan zhu (Die Frühlings- und Herbstannalen mit der Überlieferung des Zuo), hg. v. Bojun Yang, 4 Bde., Beijing 1990: Zhonghua shuju.

Herrlee Glessner Creel, *Confucius and the Chinese Way*, New York 1960: Harper & Row.

Dong Zhongshu, *Chunqiu fanlu yizheng* (Kostbarkeiten aus den Frühlings- und Herbstannalen mit Anmerkungen), hg. v. Su Yu, Beijing 2002: Zhonghua shuju.

Robert Eno, *The Background of the Kong Family of Lu and the Origins of Ruism*, in: Early China 28 (2003), S. 1-41.

Lothar von Falkenhausen, *Chinese Society in the Age of Confucius (1000-250 BC): The Archaeological Evidence*, Los Angeles 2006: Cotsen Institute of Archaeology, UCLA.

Xuanchen Fang, *Zuozhuan renwu minghao yanjiu* (Studie zu den Namen in der *Überlieferung des Zuo*), Dissertation, Taipei 1983: Nationale Zhengzi-Universität.

Herbert Fingarette, *Confucius – the Secular as Sacred*, New York 1972: Harper & Row, Torchbook.

Howard French, *Another Chinese Export Is All the Rage: China's Language*, in: New York Times, 11. Januar 2006.

Gao Shiqi, *Zuozhuan jishi benmo* (Das Hinein und Hinaus der in der Überlieferung des Zuo aufgezeichneten Ereignisse), 3 Bde., Beijing 1979: Zhonghua shuju.

Gong Zizhen, *Gong Zizhen quanji* (Gong Zizhen, Gesammelte Werke), Shanghai 1975: Renmin chubanshe.

Angus Charles Graham, *Disputers of the Tao*, La Salle/Illinois 1989: Open Court.

Gu Derong, Zhu Shunlong, *Chunqiu shi* (Geschichte der Frühlings- und Herbstzeit), Shanghai 2001: Renmin chubanshe.

Guo Keyu, *Luguo shi* (Geschichte von Lu), Beijing 1994: Remin chubanshe.

Guodian chumu zhujian (Die Guodian-Chu-Bambus-Manuskripte), hg. v. Jingmen Shi Bowuguan, Beijing 1998: Wenwu chubanshe.

Guoyu (Landessprache), 2 Bde. Shanghai 1978: Guji chubanshe.

Hanfeizi jijie (Gesammelte Kommentare zu *Hanfeizi*), hg. v. Wang Xianshen, in: *Xinbian zhuzi jicheng* (Neuausgabe der Werke der frühen Philosophen), Bd. 5, Taipei 1974: Shijie shuju.

Hanshi waizhuan (Die äußeren Kapitel des Kommentars von Han Ying zum *Buch der Lieder*), in: Jifu congshu 94 S. 6ff., Taipei 1966: Yiwen yinshuguan.

David Dahpon Ho, »To Protect and Preserve: Resisting the ›Destroy the Four Olds' Campaign‹, 1966-1967«, in: *The Chinese Cultural Revolution as History*, hg. v. Joseph Esherick, Paul G. Pickowiscz und Andrew G. Walder, Stanford: Stanford University Press 2006.

Hsu Cho-yun, *Ancient China in Transition: An Analysis of Social Mobility, 722-222 B. C.*, Stanford 1965: Stanford University Press.

Huang Chichung (Übers.), *The Analects of Confucius*, New York 1997: Oxford University Press.

Huang Chin-shing, *Xunzi: Kongmiao congcide quexizhe* (Xunzi: Der Abwesende im Konfuzius-Tempel), in: *Sifenxilun xueji*, hg. v. Liu Cuirong, Bd. 1, Taipei 2006: Yunchen wenhua gongsi.

Kongzi jiayu (Aus der Privatsammlung der Familie Kong aufgenommene Gespräche), Kommentar von Wang Su, in: *Xinbian zhuzi jicheng* (Neue Werkausgabe der frühen Philosophen), Bd. 2, Taipei 1974: Shijie shuju.

Dim Cheuk Lau (Übers.), *Confucius: The Analects (Lun yü)*, Harmondsworth 1979: Penguin Books.

Dim Cheuk Lau, *Mencius*, Harmondsworth 1970: Penguin Books.

James Legge (Übers.), *The Chinese Classics*, Bd. 1: *Confucian Analects; The Great Learning; The Doctrine of the Mean*; Bd 2: *The Works of Mencius*; Bd. 3: *The Shu King* (*Shujing*); Bd. 4: *The She King* (*Shijing*), Oxford 1893-95: Clarendon; Nachdruck, Hongkong 1960: Hong Kong University Press.

Simon Leys (Übers.), *The Analects of Confucius*, New York 1997: W. W. Norton.

Li Feng, *›Feudalism‹ and Western Zhou China: A Critcism*, in: Harvard Journal of Asiatic Studies, Bd. 63, Nr. 1 (Juni 2003).

Li Feng, *Landscape and Power in Early China*, Cambridge 2006: Cambridge University Press.

Li Feng, *Succession and Promotion: Elite Mobility During the Western Zhou*, Monumenta Serica 52 (2004), S. 1-35.

Liang Tao, *Zhanguo shiqide shanrang sichao yu datong xiaokangshuo*, in: Zhonguo ruxi 1 (2005).

Liang Tao, *Zisi Ziyi Biaoji Fangji sixiang shitan*, in: *Mengzi sixiang de dangdai jiazhi guoji xueshu yantaohui* (Berichte der Internationalen Konferenz über menzianisches Denken und zeitgenössische Werte) in Zoucheng/Shandong im April 2006.

Lieh-tzu, *The Book of Lieh-tzu*, üb. v. Angus Charles Graham, New York 1990: Columbia University Press.

Liezi zhu (Kommentar zum *Liezi*), hg. und komm. v. Zhan Zhang, in: *Xinbian zhuzi jicheng* (Neue Werkausgabe der frühen Philosophen), 4 Bde., Taipei 1974: Shijie shuju.

Liji shijie (Buch der Riten mit Erläuterungen in modernem Chinesisch), hg. v. Wang Wenjin, 2 Bde., Beijing 2001: Zhonghua shuju.

Liji Zheng zhu (Buch der Riten mit Kommentar von Zheng Xuan), hg.

und mit einem Kommentar versehen v. Zheng Xuan, hg. von Sibu beiyao (SPPY), Shanghai 1936: Zhonghua shuju.

Liu Xiang, *Shuo Yuan jiaozheng* (Garten der Abhandlungen mit Anmerkungen), zusammengestellt von Xian Zonglu, Beijing 2000: Zhonghua shuju.

Liu Yu, *Xi Zhou jinwen zhong de sheli* (Rituale des Bogenschießens, beschrieben in den Bronzeinschriften der Westlichen Zhou), in: Kaogu 12 (1986), S. 231.

Liu Zehua, *Xianqin shiren yu shehui* (Die *shi* und ihre Gesellschaft vor der Qin-Dynastie), Tianjin 2004: Tianjin remin chubanshe.

Lü Simian, *Xianqin shi* (Geschichte vor der Qin-Dynastie), Hongkong 1962: Taiping shuju.

Lunyu jishi (Gesammelte Bemerkungen zu den *Gesprächen*), hg. v. Cheng Shude, 4. Bde., Beijing 1990: Zhonghua shuju.

Lunyu zhengyi (Gesammelte Kommentare zu den *Gesprächen*), hg. und komm. v. Liu Baonan, in: *Xinbian zhuzi jicheng* (Neue Werkausgabe der frühen Philosophen), Bd. 1, Taipei 1974: Shijie shuju.

Lüshi chunqiu xinjiaozheng (Neuausgabe des Kommentars zu Herrn Lüs Frühlings- und Herbstannalen), zusammengestellt v. Bi Yuan, komm. von Gao You, in: *Xinbian zhuzi jicheng* (Neue Werkausgabe der frühen Philosophen), Bd. 7, Taipei 1974: Shijie shuju.

Mengzi shizhu (Mit Anmerkungen versehene Übersetzung des *Menzius* ins moderne Chinesisch), hg. und komm. v. Yang Bojun, 2 Bde., Beijing 1960: Zhonghua shuju.

Mengzi zhengyi (Gesammelte Kommentare zu Menzius), hg. und komm. v. Jiao Xun, in: *Xinbian zhuzi jicheng* (Neue Werkausgabe der frühen Philosophen), Bd. 1, Taipei 1974: Shijie shuju.

Tetsuji Morohashi, *Nyoze gamon Kōshi den* (Das habe ich über das Leben des Konfuzius gehört), Tokio 1969: Daihōrinkaku.

David S. Nivison, *The Life and Thought of Chang Hsüeh-ch'eng (Zhang Xuecheng)*, Stanford 1966: Stanford University Press.

Stephen Owen (Hg. und Übers.), *An Anthology of Chinese Literature: Beginnings to 1911*, New York 1996: W. W. Norton.

Yuri Pines, *Foundations of Confucian Thought: Intellectual Life in the Chunqiu Period, 722-453 B. C. E.*, Honolulu 2002: University of Hawaii Press.

Platon, *Gorgias*, üb. v. F. Schleiermacher, in: Platon, *Sämtliche Werke*, Bd. 2, Frankfurt am Main 1991: Insel Verlag.

Qian Mu, *Kongzi zhuan* (Leben des Konfuzius), Beijing 2002: Sanlian shudian.

Qian Mu, *Xianqin zhuzi xinian* (Studie zu den biographischen Daten und Ereignissen von Philosophen vor der Qin-Zeit), Beijing 2001: Shangwu Yinshuguan.

Qian Mu, *Zhuangzi zuanjian* (Kommentar zum *Zhuangzi*), Taipei 1985: Dongda tushu.

Qiu Xigui, *Gudai wenshi yanjiu xintan* (Neue Untersuchung zum Studium früher chinesischer Literatur und Geschichte), Nanjing 1992: Jiangsu guji chubanshe.

Benjamin Robertson, Melinda Liu, *Can the Sage Save China?*, in: Newsweek, 20. März 2006.

David Schaberg, *A Patterned Past: Form and Thought in Early Chinese Historiography*, Cambridge/Massachusetts 2001: Harvard University Asia Center, Harvard University Press.

Benjamin I. Schwartz, *The World of Thought in Ancient China*, Cambridge/Massachusetts 1985: Belknap Press of Harvard University Press.

Shanghai bowuguan cang Zhanguo Chu zhushu (Bambusmanuskripte aus der Zeit der Streitenden Reiche, Sammlung Museum Shanghai), hg. v. Ma Chenyuan, 5 Bde., Shanghai 2001-2005: Guji chubanshe.

Shangshu jinguwen zhushu (Das Buch der Urkunden), hg. v. Sun Xingyan, Beijing 1986: Zhonghua.

Shizuka Shirakawa, *Kōshi den* (Leben des Konfuzius), Tokio: Chūō Kōronsha 1991.

Sima Qian, *Shiji* (Historische Aufzeichnungen), 10 Bde., Beijing 1959: Zhonghua shuju.

Jonathan Spence, *Chinas Weg in die Moderne*, München 2001: dtv.

The Cambridge History of Ancient China, hg. v. Michael Loewe und Edward L. Shangnessy, Cambridge 1999: Cambridge University Press.

Arthur Waley (Übers.), *The Analects of Confucius*, London 1938: Allen & Unwin.

Wang Chong, *Lunheng* (Ausgewogenes erörtern), in: *Xinbian zhuzi jicheng* (Neue Werkausgabe der frühen Philosophen), Bd. 7, Taipei 1974: Shijie shuju.

Wang Yangming, *Wang Yangming quanshu* (Gesammelte Werke), Bd. 1, Taipei o. J.: Zhengzhong shuju.

Burton Watson (Übers.), *Basic Writings of Mo Tzu* (Mozi), *Hsün Tzu* (Xunzi), *and Han Fei Tzu* (Hanfeizi), New York 1989: Columbia University Press.

Burton Watson, *Tso Chuan: Selections from China's Oldest Narrative History*, New York 1989: Columbia University Press.

Walt Whitman, »Gesang von mir Selbst«, in: *Grashalme*, Nr. 6, üb. v. Hans Reisinger, Zürich 1985, S. 45.

Xu Shen, *Shuowen jiezi* (Etymologisches Wörterbuch), mit Anmerkungen versehen von Duan Yucai, Taipei 1990: Shuming chuban gongsi.

Xunxi, *Xunzi: A Translation and Study of the Complete Works*, üb. v. John Knoblock, 3 Bde., Stanford 1988-1994: Stanford University Press.

Xunzi jijie (Gesammelte Kommentare zum *Xunzi*), hg. v. Wang Xianqian, basierend auf dem Kommentar von Yang Jing, in: *Xinbian zhuzi jicheng* (Neue Werkausgabe der frühen Philosophen), Bd. 2, Taipei 1974: Shijie shuju.

Yang Kuan, *Zhanguo shi* (Geschichte der Zeit der Streitenden Reiche), Shanghai 1955: Renmin chubanshe.

Zhang Xuecheng, *Wenshi tongyi* (Allgemeine Prinzipien von Literatur und Geschichte), Bd. 1, Taipei 1967: Guangwen shuju.

Zhongguo lishi ditu, Bd. 1, hg. v. Chang Ch'i-yun, Ch'eng Kuang-yü und Hsü Shen-mo, Taipei 1980: Zhongguo ditu chubanshe.

Zhongguo lishi dituji, hg. v. Tan Qixiang, Beijing 1982: Zhongguo ditu chubanshe.

Zhu Xi, *Sishiu zhangju jizhu* (Kommentar zu den Vier Büchern), Beijing 1986: Zhonghua shuju.

Zhu Xi, *Zhu Wengong wenji* (Literarische Werke von Zhu Xi), 2 Bde., Taipei 1980: Taiwan Shangwu yinshu.

Zhuangzi, *The Complete Works of Chuang Tzu* (Zhuangzi), üb. v. Burton Watson, New York 1968: Columbia University Press.

Zhuangzi jishi (Gesammelte Kommentare zum *Zhuangzi*), hg. v. Wang Xianqian, in: *Xinbian zhuzi jicheng* (Neue Werkausgabe der frühen Philosophen), Bd. 4, Taipei 1974: Shijie shuju.

REGISTER

DANKSAGUNG

Meine Liebe zur klassischen Literatur verdanke ich vor allem meinen Eltern. Sie waren immer für mich da – zuerst in Tainan, Taiwan, und später in Richmond, Virginia, wo sie eine neue Welt für uns schufen. Sie gaben mir den Mut und die Kraft, eigene Wege zu beschreiten.oo

Von höchster Bedeutung für mich und meine Arbeit waren die Wissenschaftler, die ich während der letzten fünf Jahre in China und Taiwan kennengelernt habe, sowie auch viele Gelehrte vergangener Generationen. Ihr Einfluß auf dieses Buch ist kaum mit Worten zu beschreiben. Großen Ansporn verdanke ich meinen Studenten, deren Begeisterung für Konfuzius auch mein Interesse lebendig hielt. Zu ganz besonderem Dank verpflichtet bin ich John Delury, mit dem ich immer wieder über die alten Philosophen diskutiert habe. Er war es auch, der mich nach Qufu begleitete. Unsere Reise verlief nicht immer planmäßig und auch nicht ohne Gefahren, an Heiterkeit hat es jedoch nie gefehlt. Ohne John hätte ich wohl nie mehr nach Hause gefunden.

Andrew Wylie hat mich wie schon so häufig vom Beginn bis zum Ende meiner Arbeit unterstützt. Nan Grahams und Samantha Martins wichtige Anregungen halfen mir, mein Buch klarer zu strukturieren. Janet Fletcher redigierte wie immer scharfsinnig und exakt. Als außerordentlich hilfreich erwiesen sich die Beiträge von Li Feng und Liang Tao. Tao Yang, Ya-Hwei Hsu und Masato Hasegawa leisteten entscheidende Unterstützung in der letzten Phase des Buches, und Abraham Parrish, Kurator der Abteilung für Kartographie in der Bibliothek von Yale, den ich zu kennen das Glück habe, hätte nicht großzügiger mit seiner Zeit und Geduld sein können.

Gewidmet ist dieses Buch meinem Mann Jonathan und meinen Kindern Meimei und Yar. Sie haben mein Leben reich gemacht. Ich danke ihnen, denn sie haben in mir den Wunsch geweckt, ihren Erwartungen gerecht zu werden.

Die Publikationen des Verlags der Weltreligionen werden gefördert durch die

UDO KELLER STIFTUNG
FORUM HUMANUM

In einer Zeit des zunehmenden Zugriffs von Technik und Ökonomie auf das Humanum möchte die Stiftung an die Bedeutung des geistigen und religiösen Erbes der Weltkulturen erinnern. Sie geht davon aus, daß die weitere Entwicklung des Menschen entscheidend davon abhängen wird, ob und wie es gelingt, die reichhaltigen Potentiale dieser Traditionen für die Zukunft fruchtbar zu machen. In diesem Sinne versteht die Stiftung ihr Engagement im Verlag der Weltreligionen.